中国财政科学研究院年度智库报告

# 疫情冲击下
# 主要国家
# 财政健康度研究

全球风险治理专题报告

傅志华 李成威 等著



中国财经出版传媒集团
中国财政经济出版社

# 参与本书研究和撰写人员

傅志华　中国财政科学研究院副院长、研究员
李成威　中国财政科学研究院全球风险治理研究中心主任、研究员
张晓云　中国财政科学研究院研究生院教研中心研究员
李　欣　中国财政科学研究院全球风险治理研究中心副主任、研究员
刘翠微　中国财政科学研究院全球风险治理研究中心副研究员
景婉博　中国财政科学研究院全球风险治理研究中心副研究员
于雯杰　中国财政科学研究院全球风险治理研究中心助理研究员
金殿臣　中国财政科学研究院全球风险治理研究中心助理研究员
田雅琼　中国财政科学研究院全球风险治理研究中心博士后
林　琳　中国财政科学研究院全球风险治理研究中心实习研究员
杜崇珊　中国财政科学研究院博士研究生

# 目录
CONTENTS

# 导 论

本书中财政健康度是指财政应对公共风险冲击的能力指数。蔓延全球的新冠疫情，是重大的公共风险和公共危机事件，对于各国财政健康度也是重要的检验。在疫情暴发前，与美国、日本、英国、德国、意大利等主要经济体相比，中国的财政健康度相对稳健。但是2019年底突如其来的新冠疫情，进一步加大了全球主要国家面临的公共卫生风险、经济下行风险与社会不稳定风险。为了应对这些风险，各国纷纷出台财政金融刺激政策降低疫情冲击。这些举措虽能在短期内降低疫情对各国经济社会的冲击，但大规模经济刺激政策引发赤字率、政府债务率增加，对各国的财政健康度带来重大冲击。

## 一、百年未有之大疫情

2020年，新冠疫情在全球范围内持续蔓延。根据世界卫生组织（WHO）发布的数据显示，截至2020年11月22日，全球累计确诊新冠肺炎人数超过5867万，死亡人数超过138万。世卫组织表示，全球新冠肺炎疫情风险仍然非常高，预计疫情持续时间较长。随着疫情在各国本土暴发和蔓延，疫情对各国经济社会带来重大冲击。具体来看，疫情冲击导致各国经济不同程度萎缩，各国失业率短期内大幅上升，社会不稳定风险上升。

自2020年1月21日在华盛顿发现美国首例新冠病毒病例以来，疫情在美国迅速蔓延，到3月17日，该病毒已经从华盛顿、纽约和加利福尼亚的几个孤立事件扩展到50个州和哥伦比亚特区。3月26日起，美国成为全球新冠疫情最严重的国家。根据世界卫生组织发布的数据显示，截至2020年11月22日，美国累计确诊新冠肺炎12457683人，累计死亡261843人。

英国在2020年2月7日首次检测并发现确诊病例，从3月中旬开始确诊病例数大幅增加。根据世界卫生组织发布的数据显示，截至2020年11月22日，英国累计确诊新冠肺炎1512045人，累计死亡55024人。总的来说，英国疫情有两大特点：一是感染率高。英国总人口6600多万，按11月22日的确诊人数计算，感染率超过2.2%。二是病死率高。

意大利是欧洲首先暴发疫情的国家，2020年2月中旬，意大利还只有3人感染新冠肺炎。2月中旬以后，意大利新冠肺炎感染病例数量显著增加。根据世界卫生组织发布的数据显示，截至2020年11月22日，意大利累计确诊新冠肺炎1380531人，累计死亡49261人。不过，在经过多月的努力后，意大利新增确诊人数和感染率均跌出全球前十。

德国是欧洲防疫准备方面开展最早的国家。2020年1月6日德国就成立了一个监测委员会，后来又开始加大储备呼吸机等医疗物资。在疫情暴发前期，德国疫情发展有三个特点：增长速度快，病例基数高，死亡率低。增长速度快与前期和中期防疫措施不到位有关，3月23日之后，德国开始实施严格的限制性措施，疫情的传播速度开始得到延缓。自新冠肺炎疫情暴发后，德国最初被称为欧洲抗疫的“优等生”——感染病例相对较少。根据世界卫生组织发布的数据显示，截至2020年11月22日，德国累计确诊新冠肺炎927990人，累计死亡14079人。

日本于2020年1月开始出现确诊病例。根据世界卫生组织发布的数据显示，2020年1月15日，日本国内确诊了首位新冠肺炎患者。新冠疫情于2020年2月开始在日本本土扩散。这一方面是因为日本开始出现输入性病例；另一方面是由于政府前期对新冠疫情的估计不足，相关防控措施不充分，导致疫情开始在本土扩散。加上钻石公主号邮轮上发生新冠疫情，日本面临的疫情防控局势骤然严峻起来。2020年3月开始，日本新冠肺炎确诊病例数从单日两位数开始上升到单日破百。根据世界卫生组织发布的数据显示，截至2020年11月22日，日本累计确诊新冠肺炎133034人，累计死亡1943人。

新冠肺炎疫情是2020年世界经济发展的“黑天鹅”事件，作为全球重要经济体之一的俄罗斯，是受疫情深度影响的国家。截至2020年11月22日，俄罗斯新冠肺炎感染2071858人，死亡35838人。

## 二、经济社会不能承受之重

首先，各国经济不同程度萎缩。疫情在国内外的蔓延，给各国经济社会造成重大冲击。2020年7月30日，美国商务部公布二季度经济数据显示，美国二季度GDP同比下降9.6%，按年率计算下滑32.9%，二季度GDP同比下降9.6%，创1947年美国发布季度GDP数据以来最大跌幅。根据英国国家统计局公布的数据显示，2020年第二季度，英国经济增速“创下了自1955年以来的最大季度降幅”——GDP环比萎缩20.4%，同比下降21.7%。英国统计局预计英国2020年经济或将出现较大程度的跌幅。意大利国家统计局2020年7月31日公布的数据显示，意大利二季度国内生产总值同比下降17.3%，环比萎缩12.4%，创下1995年一季度以来的最低水平。2020年7月30日，德国联邦统计局公布数据显示，受新冠疫情影响，2020年第二季度德国经济较上一季度萎缩10.1%。这是自1970年开始记录德国季度国内生产总值（GDP）统计数据以来的最大跌幅。与上年同期相比，德国GDP收缩11.7%。尽管经济数据仍然严峻，但德国经济界对未来经济形势的判断相对乐观。德国伊福经济研究所（Ifo – Institute）经济研究负责人沃尔默沙瑟（Timo Wollmershuser）7月30日表示，德国经济最坏的时刻已经过去。日本内阁府8月17日发布的2020年第二季度国内生产总值初值显示，剔除物价变动因素后，日本本年度第二季度实际GDP比上季度下降7.8%，换算成年率为下滑27.8%，降幅创第二次世界大战后最差纪录。俄罗斯统计局公布的最新数据显示，2020年第二季度俄罗斯GDP同比下跌8%，环比下跌10%，这是自2009年以来前两个季度首次出现GDP负增长的现象。

其次，各国失业率短期内大幅上升，社会不稳定风险上升。根据美国劳工部2020年7月7日公布的数据显示，7月美国失业率为10.2%，虽然环比下降0.9个百分点，但仍处于历史高位。7月美国非农业部门新增就业岗位180万个，远低于此前两个月新增就业岗位数量。失业人口环比减少至1630万，但仍远高于新冠疫情暴发前水平。自2月以来，美国失业率和失业人口已分别上涨6.7个百分点和1060万。虽然美国7月失业率环比下滑显示受疫情抑制的美国经济活动正逐步恢复，但永久失业人数和失业后重新进入劳动力市场的人数环比几乎没有变化，凸显疫情下美国劳动力市场复苏之路仍十分坎坷。根据英国国家统计办公室（ONS）2020年5月14日公布的数据显示，受到疫情影响，2020年英国失业率将从第一季度的3.9%大幅上扬到第二季度的10%，3季度将恢复到8.5%，全年预计为7.3%。根据意大利国家统计局2020年7月30日公布的数据显示，自2月新冠疫情暴发以来，意大利就业人口减少约60万。其中，6月意大利失业率为8.8%，环比上升0.6%；就业人口减少4.6万，环比下降0.2%；15—24岁青年人口失业率为27.6%，环比增加1.9%。意大利社会投资研究中心分析称，有210万个意大利家庭至少有一人无固定工作，其中105.9万个家庭完全依靠非固定工作生活。德国经济专家委员会在其报告中指出，受新冠肺炎疫情影响，德国2020年的失业率将达到5.3%；而伊弗研究所（IFO）的预计数据显示，2020年德国失业率将达到5.9%。根据德国联邦劳工局2020年7月1日发布的数据，受新冠肺炎疫情影响，德国劳动力市场6月失业率环比上升0.1个百分点至6.2%。失业人数环比增加4万，同比增加63.7万，达285.3万。而经季节调整后，德国6月失业人数环比增加6.9万。德国联邦劳工局局长德特勒夫·舍勒在一份声明中说，新冠肺炎疫情可能导致德国经济面临第二次世界大战后最严重衰退，让劳动力市场承受重压。2020 年 7 月 31 日，日本总务省公布的劳动力调查结果显示，6 月，日本完全失业人数同比增加 33 万达到 195 万，连续 5 个月同比增加。同日，日本厚生劳动省发布的数据显示，日本 6 月有效求人倍率下降 0. 09 点至 1. 11 倍，为 2014 年 10 月以来的最低水平，显示日本就业环境仍在恶化。俄罗斯中央银行 8 月 20 日发布的数据显示，4 月俄罗斯失业率为 5. 8%，7 月上升至 6. 3%，失业人数达 473. 1 万，仅 6 月俄罗斯新增失业人数就高达 125 万人；自 3 月疫情暴发以来，俄罗斯失业人数累计增加了 36%。

最后，各国消费者信心受到冲击，消费支出锐减。受新冠疫情蔓延的影响，各国国内很多商业活动都被迫关闭，消费支出锐减，消费者信心严重受挫。2020 年 7 月 31 日，美国密歇根大学发布 7 月份美国消费者信心指数，该指数从 6 月的 78. 1 下跌到 72. 5，而上年 7 月该指数为 98. 4。另外，7 月美国消费者期待指数也从上月的 72. 3 下降到 65. 9。实际上，美国 7 月消费者信心下滑与新冠肺炎疫情在全美各地反弹直接相关。英国市场研究机构 Gfk 发布的调查结果显示，英国消费者信心指数在 2020 年 7 月为 –27，仅比 1974 年开始记录这一数据以来的历史最低水平略高。意大利统计局 2020 年 7 月 24 日公布的数据显示，消费者信心指数从 6 月的 100. 7 降至 100. 0。意大利统计局表示，下降是由于对日益恶化的经济环境及未来前景的担忧。德国 2020 年 8 月 Gfk 消费者信心指数为 –0. 3，虽然已连续 3 个月上升，但消费者信心仍与疫情前水平相差较大。日本内阁府公布的数据显示，2020 年 7 月，日本家庭消费者信心指数为 29. 5，仅高于 21. 6 的历史低点。俄罗斯统计局数据显示，2020 年第二季度消费者信心指数为 –0. 3，与第一季度相比下降了 19 个百分点，跌至 2015 年以来的最低点。

## 三、财政对冲政策大比拼

疫情不仅对全球主要国家造成较大冲击，使得各国面临的公共风险不断上升，还对全球经济带来较大负面影响。对此，一些国家纷纷出台财政金融刺激政策，以尽可能降低疫情带来的经济社会冲击。

美国采取了货币宽松政策和财政刺激政策“组合拳”。为保障金融中介机构、实体经济和民生领域的流动性，美联储已将常规货币政策工具用至极限，重启并升级了上轮危机时期的政策工具箱。2020 年 3 月 3 日及 14 日，它先后在非议息会议期间紧急降息 50 个和 100 个基点，联邦基金利率目标区间重回 0—25% 的超低水平。常规货币政策工具空间用尽之后，量化宽松被重启。美联储计划购买 7000 亿美元的国债（5000 亿美元）及抵押贷款支持证券（MBS，2000 亿美元），并将后者到期后的本金再投入抵押贷款支持证券（MBS）中（之前会投入国债）。此外，美联储还联手财政部设立总额达3000亿美元的信贷融资计划，以向企业、雇主和雇员提供信贷支持。这些举措在一定程度上能防止金融机构在疫情期间过度收缩流动性，从而尽可能避免实体和民生领域因流动性匮乏而出现企业大量倒闭、工人大批失业等经济和社会问题。除了将常规货币政策工具用至极限，美国联邦政府还接连出台了一系列财政政策来抗击疫情、托底经济、保障民生。特别是美国已经出台了第二次世界大战以来最大规模的救助方案——《冠状病毒援助、救济、经济保障法案》（涉及金额2.3万亿美元），并于2020年3月27日将该法案签署成为法律，旨在通过为个人、企业以及各级政府机构提供多种援助和支持来稳定经济。

英国将利率降至历史低点配合政策应对方案。疫情被报告的初期，英国最先采取的财政措施就是在第一时间支持疫苗的研发。2020年2月3日，英国政府提议将2000万英镑的资金用于加快推进新型冠状病毒疫苗的研发生产。英国2020年预算在3月11日颁布，正是疫情形势转为本土暴发和蔓延的时间点上。2020年预算最重要的内容就是一项为应对新冠肺炎（COVID－19）疫情而拟定的总额为120亿英镑的针对性计划。本着有需要就扶持的原则，该计划将为财务状况受到COVID－19影响的个人和企业提供支持。除了2020年预算包括的财政应对措施外，英国政府还将再提供180亿英镑的额外政府支出。与预算提供的120亿英镑一起，政府在2020/2021财年政策措施提供的资金总额达到300亿英镑，大约相当于英国GDP的1.3%。此外，3月17日，英国财政大臣宣布了一项规模空前的一揽子政府背书和担保贷款计划，其初始担保金额为3300亿英镑，相当于英国GDP的15%。该计划是在2020年预算宣布的一系列措施的基础上采取的新措施。另外，英国央行分别于3月11日与3月19日连续两次降息，将政策利率降低至0.1%的历史低点。6月18日，英国央行还宣布将购债计划规模扩大1000亿英镑。至此，其资产购买安排（APF）的目标规模达到7450亿英镑。

意大利出台史上最大规模的经济干预措施。为了降低疫情冲击，2020年3月10日，意大利公布了增强版紧急经济措施，将向该国经济注入100亿欧元，并暂停抵押贷款等债务偿还，以减轻全国实施封城的影响。3月11日，意大利总理孔特、财政部长瓜尔蒂耶里及劳工部长卡塔尔佛共同宣布，众议院以332票赞成一致通过新的财政拨款方案，方案资金从75亿欧元增加到250亿欧元，以应对疫情在意大利的疯狂蔓延。3月28日，意大利总理孔特宣布，为应对新冠肺炎疫情，总理府批准了43亿欧元的市政基金对受影响的企业、个人进行补助。4月6日，意大利总理孔特在内阁会议结束后发表电视讲话，宣布政府通过法令出台一系列新经济纾困措施，追加提供4000亿欧元以保证各类企业渡过难关、重整旗鼓。这是意大利历史上最大规模的经济干预措施。

德国推出规模空前的救助方案。为应对疫情冲击，德国联邦政府在2020年3月

9日、3月13日、3月23日分别公布了一系列有针对性的应对政策，最终推出规模空前的救助方案。财政部增加补充预算1560亿欧元，包括1225亿欧元的额外支出和335亿欧元的税收减免。此外，针对大型企业推出了6000亿欧元的援助计划。根据企业利用这些工具的程度，今年德国新增债务可能升至3560亿欧元，约占德国GDP的10%。根据德国《基本法》规定，政府可承担的新债务不得超过GDP的0.35%，但上述援助计划的债务超出法定上限1000多亿欧元。综合来看，德国为应对疫情提出的救助方案金额超过7500亿欧元，目的在于保障就业，帮助所有企业、个体经商户和自由职业者渡过难关。

日本量化宽松配合多轮紧急经济对策。为了化解疫情带来的公共风险，日本通过实施量化宽松与多轮紧急经济对策对冲疫情影响。在货币政策方面，日本通过增加量宽规模加大对实体经济的流动性支持。特别是2020年4月27日，日本央行宣布无限量购买日本国债。在财政政策方面，日本实施三轮紧急经济对策。第一轮紧急经济对策涉及金额约153亿日元，措施主要有利用财政资金加大对受疫情影响的中小企业扶持力度、支持企业设备投资与生产、加大对新冠肺炎疫苗的研发与投入等。第二轮紧急经济对策，政府将提供约1.6万亿日元用于企业融资援助，向受疫情影响的中小企业发放低息或无息贷款，并提供规模为4308亿日元的财政资金，通过向企业发放员工在家育儿补贴、雇佣补助金等方式减轻疫情带来的影响。其中，直接用于抗击病毒和加强医疗系统的经费约620亿日元，对家庭的直接补助约2240亿日元，缓解疫情对经济的冲击约1410亿日元。第三轮紧急经济对策，日本将出台总规模高达108万亿日元的刺激计划，以降低疫情对日本经济社会的影响。刺激计划包括政府财政支出39.5万亿日元与向企业提供45万亿日元金融支持。

俄罗斯推出一系列救助性、支持性货币和财政政策。货币政策方面主要包括稳定卢布汇率、补充和扩大流动性、暂缓商业银行信用风险评级并为其提供信用支持。财政政策分两轮实施：第一轮支持的重点是防失业，实行带薪休假；第二轮重点是用于企业员工薪金发放、防疫人员奖励、多子女困难家庭资助，从消费端为企业生产提供商品需求支持。为应对疫情造成的经济停顿，俄罗斯于3月30日经国家杜马、联邦委员会和政府共同讨论后出台反危机法案，于4月2日推出第二轮抵御经济衰退的一揽子计划，于6月2日由政府提出到2021年底的经济复苏计划。依据3月30日出台的反危机法案，俄罗斯政府共投入1.4万亿卢布（相当于GDP的1.2%）用于抗击疫情和稳定社会经济。其中，超过6000亿卢布为现金，5000亿卢布为担保，还有相当可观的数目为对地区贷款的重组。根据6月2日提出的经济复苏计划，将分适应、复苏、积极增长3个阶段拨款5万亿卢布重点资助500项经济活动，并于2021年底逐步实施完成，以克服疫情引起的经济衰退，稳定GDP增长率，最终稳定地增加居民的实际收入等。具体包括：居民实际工资年增长率不低于2.5%；低收入群体在国民中的占比下降，固定资产投资同比至少增长4.5%，非原材料、非能源产品出口同比至少增长5%，工业生产指数同比至少增长3%。政府抗疫反危机措施的实施和执行主要指向中小企业扶持、失业与困难群体救助、关键行业支持，同时确保金融和财政的安全与可持续。

## 四、各国财政健康受到严重冲击

各国出台的一系列抗疫措施中有不少涉及财政支出，在疫情引发经济增长下滑导致财政收入减少的同时，抗疫需要又不得不增加财政支出，这导致各国财政赤字不同程度上升，财政健康状况进一步降低。不过，根据IMF公布的数据显示，2020年日本、德国、意大利、英国、美国、俄罗斯的赤字率将分别达到-7.09%、-5.52%、-8.34%、-8.31%、-15.45%、-3.07%，较2019年分别上升4.26个百分点、6.97个百分点、6.7个百分点、6.23个百分点、9.67个百分点与5.32个百分点。由此可见，在疫情冲击下，全球主要经济体赤字率增加已成确定性事件，这势必会降低各国财政的健康状况。特别是美国作为全球第一大经济体，赤字率在创下第二次世界大战后新高的同时，其财政脆弱性进一步凸显，可能会给全球经济造成风险。根据美国国会预算办公室预计，截至2020年9月30日，美国全年赤字总额将达到3.7万亿美元。面对持续蔓延的新冠肺炎疫情，美国政府可能推出新一轮刺激政策，这意味着美国赤字规模可能会进一步增加，给全球经济带来的风险也可能进一步扩大。

如果说赤字率是衡量当前财政健康度的主要指标，那么债务占GDP比重就是衡量中期财政健康度的主要指标。为了满足抗疫的资金需要，各国均不同程度地发行了一定规模的债券。这虽能在短期内为应对疫情筹集需要的资金，但也会导致政府债务规模大幅增加。不过与美国、英国、意大利、德国与日本相比，中国政府债务规模上升相对较少，政府债务率相对稳健。根据IMF公布的数据显示，2020年日本、德国、意大利、英国、美国、俄罗斯的政府债务率将分别达到251.91%、68.66%、155.54%、95.73%、131.07%、18.94%，较2019年分别上升14.53个百分点、8.9个百分点、20.77个百分点、10.31个百分点、22.09个百分点与5.03个百分点。另外，除了德国之外，日本、意大利、英国、美国的政府债务率均创下了历史新高。根据美国国会预算办公室的预计，至2020财年末，公众持有的美国联邦债务将达到GDP的101%，到2021年底将达到GDP的108%，而2019财年末仅为79%。由于频繁发行美债，美国的债务总额已经达到了26.6万亿美元，逼近债务容量的极限，稍有不慎可能就会暴发债务危机，造成全球经济动荡。鉴于美国政府债务激增，公共财政状况持续恶化，且没有值得信赖的财政巩固方案，国际评级机构惠誉2020年7月31日发布报告，将美国债务评级展望从稳定下调至负面。

更为严重的是各国财政收支矛盾加剧。美国财政部表示，2020 财年前 9 个月的预算缺口总计为 2.7 万亿美元，是上年同期赤字的 3 倍有余。2019 年 10 月至 2020 年 6 月，美国财政收入同比下降了 13%，支出增长了 49%。对于英国来说，随着 2020 年 3 月开始出台的减税措施，稳定器作用和减税措施的叠加导致英国政府的经常性收入明显下降。疫情发生之前，从支出来看，英国财政健康度已经明显向好。突如其来的疫情导致英国支出大增。根据英国预算责任办公室 2020 年 7 月 14 日公布的《财政可持续性报告》，英国政府应对新冠疫情支出的费用总计将达到 1923 亿英镑，比 6 月预计的 1325 亿英镑大幅增加。意大利国家统计局 2020 年 6 月 26 日发布的报告显示，为应对疫情，意大利 2020 年第一季度财政收入减少，支出增加，尤其是 3 月的裁员和各种类型的补偿性支出非常大，因此财政赤字占 GDP 的比例跃升至 10.8%，而 2019 年同期数据为 7.1%。德国联邦财政部公布的数据显示，德国 2020 年 6 月税收收入为 635.43 亿欧元，同比减少 171.22 亿欧元，降幅为 19%；2020 年上半年，德国合计税收达 3277 亿欧元，同比下降 9.1%。收入下降的主要原因，是疫情导致的经济影响及为此实施的税收措施。而为了对抗疫情，德国已经大幅扩大了财政支出。无薪假和企业贷款担保等措施预计将会让德国债务上升 1560 亿欧元，相当于 2019 年 GDP 的 4.5%。根据日本财务省公布的数据显示，日本 2020 年税收收入有望达到创历史新高的 63.5 万亿日元，但 2020 年的一般会计预算支出高达 102.66 万亿日元。在一般会计预算支出快速增长、税收收入增长缓慢的背景下，日本一般预算支出与税收收入间的缺口进一步扩大。这表明即使在正常情况下，日本的税收收入都已经越来越难以覆盖政府不断增加的各项支出。如果再考虑疫情拖累日本经济增速进而减少税收收入，以及日本为应对疫情而额外增加公共支出等因素的影响，日本的税收收入势难应对由公共卫生事件引发的公共风险。俄罗斯国库数据显示，2020 年 1—9 月，俄罗斯联邦预算收入总额为 116883 亿卢布，同比下降 11.8%；同时，抗疫反危机支出上升推动财政支出大幅上涨，同期俄联邦财政支出 30390 亿卢布，涨幅达 25.4%。持续下降的财政收入与不断增长的财政支出，使俄罗斯财政重回赤字状态。截至 2020 年 9 月 1 日，俄罗斯联邦预算赤字达 32997 亿卢布，超出同期 GDP 的 2%，这一规模远超 2009 年金融危机时的同期水平。

## 五、以风险思维构筑财政健康之基

世界的本质是不确定性。人类已经步入风险社会，各种风险事件的发生概率与过去相比明显上升。财政作为国家治理的基础和重要支柱，主要手段之一就是以承担适度的财政风险来对冲公共风险，从而保障市场主体和人民群众的利益。但是，在对冲公共风险过程中，由于风险事件本身发展的不确定性，可能会发生政策用力过猛现象，从而导致政府债务膨胀与赤字规模上升，进而使得财政可持续性下降。因此，在今后推动财政改革的过程中，要运用风险思维，在经济复苏与繁荣期时尽可能地节约政策空间，以预留足够财政弹性应对不确定的风险事件。

要形成基于风险决策的财政思维。在现代社会，作为政府重要的政策工具，财政的基本功能是防范化解经济风险等各类公共风险，以维持整个经济社会系统的稳定，熨平波动性，实现发展的可持续性。因此，在疫情带来经济下行压力不断增加的情况下，各国不得不利用财政工具，实行扩张性财政政策，主动降税、增支，以此来稳定经济社会，避免公共风险的扩大和转移，这对于各国财政来说是一场巨大的考验和挑战。鉴于此，中国要加强风险管理，尽快树立基于风险决策的财政政策新思维。

要把维护财政健康作为一贯的追求。负责任的政府必然追求收支的基本平衡、支出的可持续性，不会因当代人的利益增加下一代人的负担，因此财政健康是一贯的追求而不是短期暂时性目标。但是疫情当前，财政的首要任务是实现稳定经济和社会这一最重要的目标，财政健康度的位置必然排在其后。这并不是说财政健康度不再是财政的目标，对财政健康度的追求体现在：一是坚决贯彻按需支出，有需要就支持，无需要不支持。疫情中一旦确定为必需的资金，财政就要提供支持，根据需要来支出，应花尽花，但也绝不是为花钱而花钱，措施要明确是短期和暂时性帮扶，要有针对性。二是支出要讲效率和效果，支持和援助的内容要清晰明确。对企业，要帮助有市场前景但面临暂时资金流困难的企业存活下来；对家庭，要帮助中低收入家庭减轻还款压力和解决基本生活，并对已出台措施进行效果评估并据此作出改进。

功夫用于平时，关键时候才能减小风险事件对财政造成的冲击。德国一直严格遵守欧盟和国家层面的财政纪律。德国政府自 2015 年以来连续 5 年实现预算盈余。同时，2019 年德国联邦债务率重新降到《马斯特里赫特条约》规定的 60% 的水平以下，达到 58. 75% 。债务水平的降低带来利息支出的减少，为缓解财政压力增加了空间，同时也为实施扩张性财政政策提供了资金支持。尤其是稳健扎实的财政基础增强了德国应对重大冲击的抗压和抗打击能力。因此，在疫情应对上，德国财政部门采取的政策力度空前。虽然 2020 年德国债务率将有所上升，超出《马斯特里赫特》条约的规定，但其债务率与其他主要国家相比仍然处于较低水平；而且德国联邦政府称，有信心在 2021 年将债务率重新降至 60% 的警戒线以下，重新恢复财政健康。对此，中国也应适时通过财政改革，打牢财政根基，在提高财政应对各类风险事件能力的同时，增强财政健康度。

# 第一章
# 公共风险与财政健康度

**本章导读：**

伴随着政府职能和规模的扩大以及风险社会的到来，不少国家的公共债务快速积累起来，尤其是在新冠疫情期间，各国债务普遍大幅攀升。而公共债务规模是衡量一国财政健康度的重要指标。本章在梳理国内外相关文献和典型案例的基础上发现，随着时代及政府职能的变化，公共债务的实质及其深层根源也发生了改变，公共风险日益成为推动公共债务和财政风险积累的重要因素；在债务规模的边界问题上学者们并未达成一致，这就要求各国更加谨慎地看待公共债务的膨胀；在风险社会下财政风险源呈现出不断扩大的趋势，政府应尽可能地将多维度风险因素纳入财政健康度评估体系，同时在预算中留出化解风险的空间，以及时识别风险，减轻公共风险和危机对财政健康的破坏。

随着全球不确定性的加剧以及公共风险的骤升，财政作为国家治理的基础和重要支柱，对于防范化解重大风险所发挥的基础性作用越来越得到社会和学界的广泛关注。近年来，受国内外形势影响，各国财政运行普遍出现了一些体制性、制度性的风险与矛盾，对国家财政健康作一个客观、全方位的评估，对于管理国家治理面临的各种风险、保持国民经济持续健康发展，发挥了重要作用。

## 一、何谓财政健康度

财政健康，作为衡量国家治理能力和治理水平的重要指标，对于提高财政可持续性、防范化解重大风险具有重要作用，是各国政府持续关注的焦点和国家治理的重点。对于财政健康的理论，学术界有不同的定义和表述，也并未就相关评价标准达成一致。本章通过对传统财政经济学中涉及财政健康的观点和研究进行梳理和评价，以对财政健康的概念、健康度的评价标准，以及财政健康的管理框架有一个系统而精确的了解。

## （一）财政健康的概念

财政健康是与财政可持续、财政风险、财政脆弱性等联系在一起的概念。财政可持续要求协调财政当前与未来的关系，财政脆弱性更强调风险暴露程度以及冲击变化等对财政的危害。

1. 财政健康。法国的 Stokes Berry（1994）①将一个机构的财政健康定义为其财政资源超出其支出义务的程度。这个定义虽然缺乏细节上的描述，但简单易懂，易于理解。Helen Ladd 和 John Yinger（1991）② 将一个城市的财政健康定义为一个城市向其居民提供公共服务的能力，表示一个城市向其居民提供公共服务的潜在或结构性能力，该能力与政府的预算安排无关。同时提出了“实际”财政健康和“标准化”财政健康。“标准化”财政健康是指不考虑外部援助的财政健康，衡量的是城市的财政自给能力；“实际”财政健康是指实际收入增长能力和实际所需支出之间的差异，衡量的是一个城市在加上外部援助或者转移支付的情况下提供公共服务的能力。Honadle（1981）认为财政健康是对政府财政管理能力（fiscal management capacity）框架的总体和有机组成部分的健康度评价。评价一个国家或者地方的政府财政是否健康，就是看它的财政管理能力框架是否正常运行。

与财政健康密切相关的概念是财政状况（fiscal condition），Wenshan Lin 和 K. K. Raman（1998）③ 将其描述为财政努力程度或者更直观地表述为税收和支出的相对水平。他们指出，一个政府可能具有良好的流动性，但财政状况不佳。也就是说，政府在可接受的税收水平上维持当前服务水平的可能性相对较低。

当政府的财政状况不佳时，就有可能陷入财政压力（fiscal strain）甚至财政危机（fiscal crisis）。财政压力是一个笼统的术语，Terry Clark 和 Lynn Appleton（1989）④ 将

---

① Frances Stokes Berry. Innovation in Public Management: The Adoption of Strategic Planning [J]. Public Administration Review, 1994, p. 323.

② Kern C R, Ofek H, Ladd H F, et al. America's Ailing Cities: Fiscal Health and the Design of Urban Policy [J]. Journal of Policy Analysis & Management, 1991, 9 (1): 418.

③ Wenshan, Lin, and, K. K. Raman. The housing value – relevance of governmental accounting information [J]. Journal of Accounting & Public Policy, 1998, p. 96.

④ Clark, T., and Appleton, L. Coping in American cities. In S. Clarke (ed.), Urban Innovation and Autonomy. Newbury Park, CA: Sage Publications, 1989, p. 47.

财政压力定义为“政府对不断变化的环境缺乏适应能力”。Badu 和 Li（1994）[①] 将财政压力定义为“政府收入增长能力与支出之间的不平衡”。Reschovksy（1997）[②] 主张将一个政府是否存在财政压力作为衡量其财政健康状况的指标，并将财政压力定义为支出需求和政府收入能力之间的差距，而不是仅仅着眼于短期预算状况。Harold Wolman（1992）[③] 认为：“财政压力既可以指一个国家或者地区与其他国家或者地区相比，也可以是该国家或地区自己的财政状况随着时间的推移而恶化。”这表明，财政压力是一个横向或者纵向对比后得到的相对概念。Werner Hirsch 和 Anthony Rufolo（1990）[④] 认为财政危机是“当政府处于正常的预算流动性不再存在的状态时，如果不存在可接受的削减开支、增加收入和借贷的组合，那么政府就陷入危机境地。”美国政府间关系咨询委员会以一个政府是否陷入财政紧急状况（governmental financial emergency）来判断其是否遭遇财政危机，并将财政紧急状况定义为“一个城市由于以下原因而无法再履行其现有服务水平：缺乏现金或拨款授权，无法支付工资单、支付当前账单、支付其他政府机构应付的款项、偿还债券或到期短期票据的债务”。

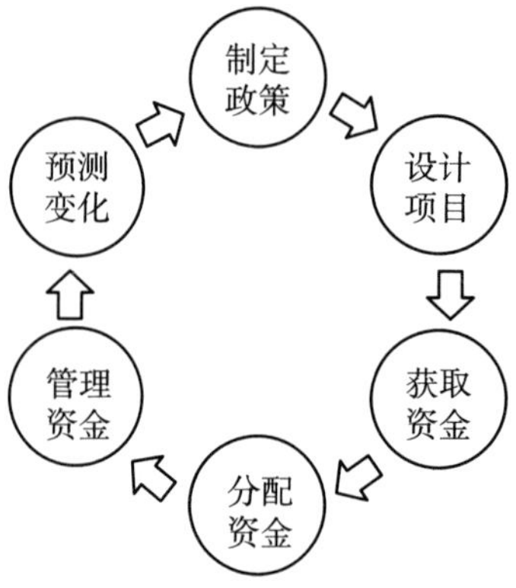


**图 1－1　政府财政管理能力框架体系**

资料来源：Adapted from Honadle, B. W.（1981）. A capacity－building framework：A search for concept and purpose. Public Administration Review, 14, 575－580.

2. 财政风险。财政风险是可能导致财政结果偏离预期或预测的因素，用于指定这些潜在的与财政预测有较大偏差的来源。财政风险被定义为“实际和预期财政绩

① Li B S Y. Fiscal stress in local government：A case study of the tri－cities in the Commonwealth of Virginia [J]. The Review of Black Political Economy, 1994, p. 9.

② Reschovsky, A. Are city fiscal crises on the horizon? Chapter in D. Netzer, and M. P. Drennan, (eds.), Readings in State and Local Public Finance（439－464）. Oxford, UK：Blackwell Publishers, Ltd, 1997, p. 447.

③ Wolman, H. Urban fiscal stress. Urban Affairs Quarterly, 1992, p. 473.

④ Hirsch, Werner Z. Public finance and expenditure in a federal system /[J].（san diego）, 1990.

效之间存在显著差异的可能性”（OECD/Kopitz，2014）[①] 或“财政结果偏离预算或其他预测时的预期的可能性”（IMF，2008）[②]。

财政风险可能来自宏观经济冲击或由不确定事件引发的或有负债的实现。这些责任可以是显性债务，即有法律依据的明确责任（如政府贷款担保），也可以是隐性债务，即公众对法律未确立的政府责任的预期（如救助陷入困境的地方政府）。

尽管现在对财政风险的研究日益增多，但对其内涵的界定还没有一个公认的统一说法。从现有的文献来看，多数侧重于从政府债务的角度来研究，也有的是按照传统的收入、支出、平衡、管理的思路来研究的，如收入风险、支出风险、赤字风险、债务风险等。这种研究对认识财政风险有一定的作用，但缺乏内在的联系，无法形成一个对财政风险的整体性认识。国内研究财政风险的权威定义来自刘尚希（2003）[③]，他认为所谓财政风险是指国家在组织财政收入和安排财政支出的过程中，由于财政制度和财政手段本身的缺陷以及多种经济因素的不确定性，导致财政收支总量失衡或结构失衡，进而对国民经济整体运行造成损失和困难的可能性。换个角度说，财政风险实际上是指由于各种原因导致财政发生债务危机的可能性。

从上述论述可以看出，随着政府财政健康程度的降低，财政风险是逐渐增加的，其财政危机暴发的可能性也相应增加，也就是说，财政健康和财政风险之间呈现负相关。但财政风险不等同于财政危机。财政危机是确定性的事件，而财政风险是不确定性的事件，只是一种可能性。通过对政府财政风险进行评估，有助于决策者了解财政健康状况，并及时作出相应的决策。从财政可持续性到财政风险，这些概念虽然仍以赤字和债务为关注重点，但其所关注的范围却随着政府职能的扩大和风险社会的到来而不断地延伸扩展。如今财政健康所考量的已不仅仅是政府收支的问题，而是越来越多地将未来难以预料的不确定性因素纳入其中。这在一定程度上说明，在风险社会，公共风险日益成为公共债务和财政风险的深层根源。

### （二）财政健康的影响因素

影响国家或者地区财政健康的因素有很多，既有确定性较强的可控因素，也有充满不确定性的不可控因素。例如，地震、干旱、气候变化等自然灾害是影响

---

① OECD/Kopits, G.（2014）, “Coping with fiscal risk: Analysis and practice”, OECD Journal on Budgeting, vol. 14/1, https: //www. oecd – ilibrary. org/governance/coping – with – fiscal – risk_budget14 – 5jxrgssdqnlt.

② IMF（2008）, Fiscal Risks – Sources, Disclosure, and Management, https: //www. imf. org/en/Publications/Policy – Papers/Issues/2016/12/31/Fiscal – Risks – SourcesDisclosure – and – Management – PP4265.

③ 刘尚希．财政风险：一个分析框架［J］．经济研究，2003（5）：23.

政府财政健康的极大不确定因素，通常难以预测，而且会产生可观的财政支出，影响政府预算平衡，对政府造成巨大债务冲击。此外，经济景气状况也是影响财政健康的重要因素。低失业率、高经济增长率、低通货膨胀率等指标将促进政府财政收入的增加，也有助于提高政府的财政支出水平，从而有助于政府财政健康状况的改善。IMF 调查了 1990—2014 年 80 个国家的政府债务冲击来源（IMF，2016）[①]，根据 IMF 的数据，名义 GDP 增长大幅下降带来的宏观经济冲击相对频繁，对公共债务有很大影响。公共财政通常每 12 年受到一次宏观经济冲击，平均财政成本相当于国内生产总值的 9%。金融部门对公共财政的冲击甚至更大，尽管不如宏观经济冲击频繁。政府对陷入困境的金融机构的救助平均每 24 年进行一次，平均成本约为国内生产总值的 10%（其中一次导致的财政成本占国内生产总值的 57%）[②]。

法律案件是一个出人意料的财政风险来源，虽然不常见，但会给财政造成巨大影响。要求政府赔偿的成本平均约为国内生产总值的 8%，在最极端的情况下占国内生产总值的 15%。地方政府也是财政风险的重要来源，但频率较低，对陷入困境的地区和地方政府的救助平均花费占国内生产总值的 4%，在极端情况下占国内生产总值的 12%。国有企业（SOE）是潜在的重大和常见的财政风险来源，政府对陷入困境的国有企业的救助平均成本为国内生产总值的 3%，最极端的情况下为国内生产总值的 15%。私营非金融公司是一个适度且不经常发生的财政风险来源，企业救助或承担债务的成本平均约为国内生产总值的 1.5%，极端情况下为国内生产总值的 4.5%。自然灾害是财政风险相对频繁的一个来源，平均占国内生产总值的 1.5%，在极端情况下占国内生产总值的 6%。公私伙伴关系（PPP）是一个相对温和且不常见的财政风险来源，政府对 PPP 项目的救助平均占 GDP 的 1%，极端情况下占 GDP 的 2%[③]。

此外，Philip Dearborn（1994）[④] 认为，联邦预算、医疗卫生改革、福利制度改革也是影响财政健康的三个重要因素。William Fox 和 Patrick Sullivan（1978）[⑤] 研究发现，人口结构的变化也会影响一个国家或者地区的财政健康状况，出生率、老龄化程度的改变都会影响社会对公共服务的需求和劳动生产率的水平，进而影响政府的财政健康状况。除了以上外部因素的作用，政府的决策和政治环境也会对政府的财政健康产生影响。

---

①②③ IMF. 2016. Analyzing and Managing Fiscal Risks – Best Practices, Informal Session to Brief, June 2016.

④ Dearborn, P. M.. The state – local fiscal outlook from a federal perspective [J]. Intergovernmental Perspective, 1994, 20 – 23.

⑤ Fox, W. F., and Sullivan, P. J.. Fiscal impacts of changes in population for nonmetropolitan areas of the northeast. Journal of the Northeast Agricultural Economics Council, 1978, 7 (1), 41 – 46.

## （三）财政健康度的评价标准

财政健康的评价指标有很多，基本上涉及财政收入、财政支出、政府运行情况和债务结构，其中财政收入主要包括税费收入和政府间转移支付等，财政支出包括经常性支出、资本支出和还本付息支出，政府运行状况包括现金流量状况以及政府投资状况等，债务结构则考察政府长期的举债和偿还能力等。此外，财政风险会削弱政府利用财政政策稳定经济活动和长期增长的能力，对国家治理能力产生重大影响。对财政风险进行评估和测度，可以及时掌握国家财政健康状况，降低国家治理中的不确定性。

Bahl 和 Duncomb（1991）① 在对纽约州财政健康的研究中考虑了三种类型的评价标准——盈余/赤字状况、债券评级和债务率、财政能力和支出需求。Hanna Brixi（1998）②提出的财政风险矩阵从显性负债（explicit liability）、隐性负债（implicit liability）、直接负债（direct liability）、或有负债（indirect liability）四个维度出发，建立财政风险矩阵。该矩阵可以用来评价政府的债务状况，但并不能反映出政府财政风险的大小。刘尚希（2005）提出，公共债务引致的风险不能仅仅从其规模大小来看，还要看它与经济总量的循环性质，是良性循环还是处于恶性循环状态。③

Slack 和 Bird（2015）④ 总结了财政健康的四个研究视角及其对应的测度方法，这些研究视角包括：是否具有良好的财政管理能力，能否维持良好的信用评级，能否规避可能发生的财政困境，如何通过转移支付保障地方政府财力。王立勇（2017）⑤ 结合中国国情和国际惯例，构建了包含 42 个变量的财政脆弱性指标体系。其中，债务相关指标 13 个，财政收支相关指标 11 个，宏观经济和国际贸易指标 11 个，金融市场相关指标 7 个。

中国财政科学研究院宏观经济研究中心课题组（2016）⑥ 结合中国国情和数据可得性，为中国政府量身定做一套财政风险指标体系（见图 1－2），从不同维度反映财政风险状态，最后形成一个综合的财政风险指数（Fiscal Risk Index，FRI）。

---

① Bahl，R.，and Duncombe，W.. Economic Growth and Fiscal Planning：New York in the 1990s. New Brunswick，NJ：Rutgers University，Center for Urban Policy Research，1991，p. 194.

② Polackova－Brixi，Hana and Alan Schick（1998），Government at Risk，World Bank，https：//www. worldbank. org/en/programs/debt－toolkit/fiscal－risk.

③ 刘尚希．财政风险：从经济总量角度的分析［J］．管理世界，2005（7）：39－47，178.

④ Bird R M，Slack E. Is Your City Healthy? Measuring Urban Fiscal Health［M］. Toronto：Institute on Municipal Finance and Governance，2015.

⑤ 王立勇．基于突变级数法的财政脆弱性指数研究［J］．人民论坛·学术前沿，2017（16）：68－81.

⑥ 中国财政科学研究院宏观经济研究中心课题组，刘尚希，白景明，石英华，罗建钢，王志刚，王宏利，张鹏．财政风险指数框架研究［J］．财政科学，2016（4）：5－23.

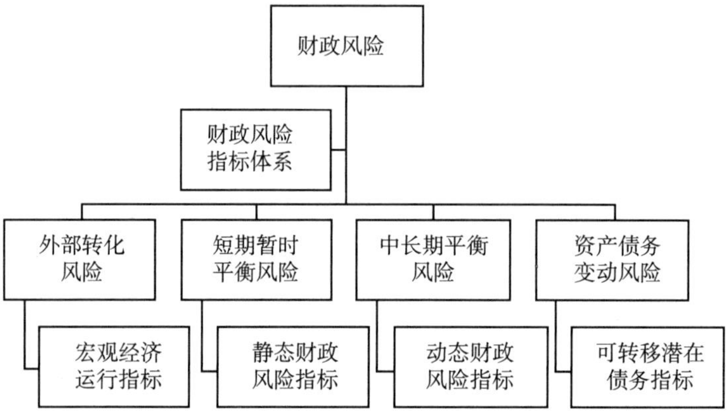


**图 1－2　财政风险指标体系的基本框架**

## （四）财政健康管理

在理论和学术界，通常将财政健康管理置于国家治理的大背景下，认为财政健康管理就是通过制定相关政策控制并降低财政风险，维持良好的财政健康状况。例如，OECD（2020）① 提出降低财政风险的两个途径：一是预防。一些国家在立法框架中会对财政风险的边界和财政负担作出原则性规定。例如 2008 年金融危机暴发后，荷兰和芬兰等国呼吁实施大型担保计划，随后对公共财政造成影响，导致立法收紧；荷兰立法随后规定，除非有压倒一切的原因，否则政府不承担新的或有负债。二是储备。大多数国家都会在其财政计划中列出一部分准备金，作为预留财政空间。但是由于财政风险的不确定性和不可控性，这些准备金的数额与风险程度之间无法建立具体的联系。

现有学术研究大多是从狭义的角度，单纯从财政管理的层面来看待财政健康的可持续性，忽视了财政与其他国家治理主体之间的互动和平衡。事实上，财政作为国家治理的基础和重要支柱，其健康程度与国家治理其他领域的健康运行是密不可分的。因此，在狭义财政健康管理的基础之上，更要将财政纳入国家治理的大框架体系之下，权衡财政健康和国家治理其他主体健康度之间的平衡和转化。

## （五）文献述评

当前国家治理面临的主要挑战，就是不确定性引发的各类公共风险。更好发挥财政作为国家治理的基础和重要支柱作用，需要抓住当前公共风险的主要矛盾和矛盾的主要方面，有效防控公共风险。从风险社会的角度看，要实现国家长治久安，

① OECD（2020），OECD Best Practices for Managing Fiscal Risks，Lessons from case studies of selected OECD countries and next steps post COVID－19.

促进经济社会等各方面协调发展，实现公共风险综合平衡是关键。

在财政收入增长下滑、财政支出刚性较大的背景下，应当对财政健康度进行实时观测，理解和掌握财政状况的变化动态，将其作为财政收支调整和财政规则讨论的出发点和基准，以保持财政可持续性，提高政府的财政治理能力。同时要认识到，虽然财政风险也有自身的限度，但是如果公共风险足够大，在需要牺牲财政风险的时候，财政风险也必须作出让步，以有效分担经济或者社会风险，发挥“平衡器”的重要作用。

因此，在狭义财政健康管理的基础之上，更要重视广义财政健康管理，也就是风险转化（risk transfer），即风险在政府、企业、社会之间的转移和平衡。经济风险最初是以其他风险，如金融风险、企业财务风险等形式表现出来的，如果政府对其进行干预，那么必然会动用公共资源，形成政府的支出压力。自然灾害、突发事件等外部冲击都会加速财政风险的形成与转化。2020 年新冠肺炎疫情暴发后，各国纷纷采取财政扩张的手段来抵抗疫情对经济和社会造成的影响。财政扩张手段导致各国的赤字率和债务率纷纷高企，IMF 预测 2020 年发达国家的赤字率将达到 11%，债务率将达到 120%。这是政府主动选择通过牺牲财政健康来维持社会稳定、保障市场活力的不得已之举①。因此，风险的种类识别和政府干预边界的界定对于防范化解财政风险、维持财政健康尤为重要。什么情况下需要政府动用公共资源进行干涉和救助，什么情况下应当坚决防范财政风险的扩大、避免财政危机的暴发，这需要政府提前进行识别。

## 二、公共债务背后的公共风险

财政健康度是与财政可持续性、脆弱性、透明度以及财政风险等联系在一起的概念。学界对它的认识始于国债或公共债务，直至今天，公共债务依然是一国财政健康度的重要内容，只是其问题实质和背后的深层根源有所不同。

### （一）传统公共债务理论

多数西方经济学流派都有着关于公共债务的理论和主张。在《国富论》中，亚当·斯密指出，公共债务往往是当权者的奢靡造成的，是非生产性的，且政府可以利用通胀来化解债务；而在非和平时期，举债也是战争经费的主要来源。在《政治经济学及赋税原理》中，大卫·李嘉图表示，政府债务会抽离民众的生产性资本，从而有碍于经济的发展，而且债务的偿还需要依靠税收，这并不能带来

① Public finance risk，https：//www. sr – sv. com/the – rise – of – public – finance – risk/.

财富的增长。凯恩斯主义学派则认为，发行国债是政府筹集资金、实施财政政策的重要工具。在萧条期，发行国债可以扩大财政支出、增加社会总需求，从而推动经济复苏；经济过热时，政府还可以通过国债回购来减少流通中的货币量。理性预期学派的“巴罗—李嘉图等价定理”指出，未来的税收收入现值等价于当前的债务规模，因而国债规模不可无限膨胀。公共选择学派的布坎南认为，公共债务会增大预算决策收益与成本的不一致性，进而扭曲公共选择行为，并导致债务规模的增长。

上述经典文献反映了理论界对公共债务认识的不断深入。从当权者非生产性的筹资行为到财政政策的重要工具，公共债务的实质随着国家职能的演变和时代的发展发生了很大的变化。实践和理论的发展也让人们对债务规模和财政健康状况有了更多的认知。与之相关的概念越来越多地出现在研究报告和政府文件之中，它们都试图从各种角度来监测、评估一国的财政健康程度。

### （二）公共风险是公共债务与财政风险的深层根源

可持续性、脆弱性、风险等词汇常常被用来衡量或阐述一国的财政健康程度。其中，可持续性要求协调财政当前和未来的关系，而债务是其核心关注点。其逻辑在于政府可以通过发债来弥补财政的收支矛盾，只要公共债务是可持续的，那么财政就是可持续的。凯恩斯指出，当财政收入不足以弥补政府新发债券的成本费用时，债务发行就会出现困难，进而导致财政不可持续。Bird（2003）认为赤字率和债务率可用于评判财政可持续性。而在他之前，《马斯特里赫特条约》也划定了赤字率不超过3%、债务率不高出60%的红线。还有一些学者从跨期预算约束的角度来评估财政的可持续性，即当前需要偿付的政府债务总量不能超过未来财政预期盈余的贴现和（谢承宏，2018）。

财政脆弱性更强调风险暴露程度以及冲击变化等对财政的危害，赤字和债务问题也是其关注的重点。Brixi等（2000）认为如果政府缺乏足够的资金来源，进而难以偿付债务，财政政策就是脆弱的。Hemming和Petrie（2000）则认为，财政脆弱性描述的是一国政府可能无法实现其总体财政目标的情况，并分析了宏观上的原因：一是初始状况比较差，如高企的赤字和债务等；二是短期（2年内）风险，如未预料到的经济下滑、或有债务、因政策规划不细致导致的意外大额支出等；三是中期（5年内）风险，如继续执行当前政策可能导致债务规模过度膨胀等；四是收支问题引发的财政脆弱，如大量的强制性支出弱化了政策的灵活性，政府职能不合理致使支出过大等。他们还认为，财政透明度也是财政脆弱性的重要影响因素之一，缺乏透明度就难以准确评估一国的财政脆弱性。

财政风险则是一个更加宽泛的概念。国际货币基金组织财政事务部（Fiscal

Affairs Department）2009 年的一篇文章提到，财政风险是指财政变量偏离预算或其他预测预期的可能性。OECD 指出，政府负有确保整个经济体系顺利运行的最终责任。为此，它必须进行政策工具的部署并承担各种职责，这也意味着财政风险有无数的来源。因而，政府的预测和计划经常会偏离预期或被证明是错误的。世界银行也认为财政风险是指财政结果偏离预算制定时的预期，而且这种偏差可能会对财政产生重大影响，并削弱政府利用财政政策稳定经济和支持长期增长的能力。经验表明，各国政府往往没有能力很好地了解它们所面临的总体或个别财政风险，它们减少风险的手段可能很有限。

从财政可持续性到财政风险，这些概念虽然仍以赤字和债务为关注重点，但其所关注的范围随着政府职能的扩大和风险社会的到来而不断地延伸扩展。如今财政健康度所考量的已不仅仅是政府收支的问题，而是越来越多地将未来难以预料的不确定性因素纳入其中。这在一定程度上说明，公共风险日益成为公共债务和财政风险的深层根源。

近年来，科学技术的快速迭代、各国联系的日益密切以及资源环境的污染破坏等导致“灰犀牛”“黑天鹅”事件频发。一方面，这些公共风险对经济社会的破坏会推升债务水平和财政风险；另一方面，财政可以主动出击，通过增支减收、提高债务规模来对冲和化解一定程度的公共风险，但这往往又会以其自身风险的提升为代价。

### （三）公共风险向财政风险的传导

公共风险和财政风险是联通的。一方面，公共风险所带来的经济下滑、失业率上升等破坏，最终都会反映到财政上，导致收支矛盾的加剧，而这又可能会推升债务规模和财政风险。另一方面，从法律或者道义方面来考虑，政府负有整个经济社会顺利运行的最终责任，这也就意味着财政是各种重大公共危机的买单者，也因此必须承担起化解公共风险的职责。而在预算或者长期的财政预测中，公共风险往往无法被完全考虑到，且由于各种不确定因素的影响，财政在化解公共风险的同时，原定的预算收支目标可能无法达成，甚至会出现巨大的赤字缺口。这将推升债务水平，导致财政自身风险的扩大（刘尚希，2015）。

根据国际货币基金组织财政事务部的研究，在经济增长偏离预期、贸易条件突变、自然灾害以及政府担保风险等的冲击下，一国的财政结果往往会与预算或其他财政预测有很大差别。很多情况下，这些意料之外的风险会让一国政府措手不及并推升公共债务，有时还会导致再融资困难甚至引发危机。另外，意外的支出压力或者收入损失常常需要政府对本财年乃至之后的政策部署作出特殊的调整，这些调整会打乱原有的发展计划，具有一定的破坏性。当前即使是在债务和赤字不那么严重的国家，决策者的注意力也转向风险，特别是或有负债和表外项目等主要财政指标难以有效捕捉到的事项。为了应对这些风险带来的挑战，一些国家加强了风险披露，以促进财政可持续性，降低借贷成本和危机发生的可能性。

## （四）公共债务的边界取决于公共风险与财政风险的权衡

财政风险并非可以无限累积下去，公共债务的规模也是限度的。如果掌握不好这个度，则可能会对经济社会产生反向的负面作用。对于公共债务的边界问题，很多学者都试图从债务规模与经济增长的关系角度来开展研究。他们发现，债务对经济增长的影响是非线性的，即只有债务/GDP 超过一定的阈值后，才会阻碍经济增长，但阈值到底是多少尚无定论。

Reinhart 和 Rogoff（2010）在分析了 20 个发达国家 1790—2009 年的公共（中央政府）债务增长情况与长期实际 GDP 增长率之间的关系后认为阈值为 90%（债务的 GDP 占比）。而 Cottarelli（2011）认为他们的论文没有考虑到可能出现的反向因果关系，而且也不是基于计量经济学的分析。Kumar 和 Woo（2010）在弥补了上述缺陷后发现，当初始债务率低于 30% 时，债务率增加 10% 对实际年人均 GDP 的影响为 0. 04；初始债务率为 30%—60% 时，影响为 -0. 11；为 60%—90% 时，影响为 -0. 16；高于 90% 时，影响为 -0. 19。Checherita 和 Rother（2010）研究了自 1970 年起 40 年间 12 个欧元区国家的政府债务规模对人均 GDP 增长的平均影响，并认为拐点大约为 90%—100%，超过这个拐点，债务的累积将对长期经济增长产生副作用，而且高债务率的负增长效应可能在 70%—80% 的水平就已经开始出现，因而他们建议政府采取更为谨慎的债务政策。

相较于发达国家，资本市场对新兴市场国家债务率的容忍度更低，因而其阈值也更低（Cottarelli，2011）。同时，外债规模过大也会对发展中国家的经济产生负面影响。一些学者们通过实证研究发现外债对增长的影响是非线性的。Pattillo 和 Ricci（2002）在分析了 1969—1998 年 93 个发展中国家的面板数据后发现，当外部债务净现值的 GDP 占比超过 35%—40% 的水平时，外债对人均 GDP 增长的影响为负。Clements 等（2003）对 55 个低收入国家在 1970—1999 年的数据进行了同样的研究，并发现以外债净现值的 GDP 占比计，20%—25% 是其影响的转折点。

综上可知，公共风险可能会推升公共债务水平，并导致财政风险的累积。而且这种积累并不是无限度的，过高的公共债务会对经济产生负面影响。但在债务率的阈值方面学者们并未得出一致的结论。不过，该阈值对于发展中国家来说往往会较发达国家更低，且过高的外债也会有碍于经济发展。此外，在债务规模的边界问题上学者们并没有认识到公共债务的理论边界取决于公共风险与财政风险的权衡。由于对公共债务理论边界把握不准，各国很难对债务规模和财政风险程度作出准确的评价和判断，而高企的债务一旦超过某个限度就必然会对经济社会造成严重的影响。债务削减的过程也往往异常艰难和痛苦，通常还会伴随着对经济社会的巨大破坏。这在一定程度上要求各国更加谨慎地看待公共债务的膨胀。

## 三、公共风险冲击下的财政健康危机

公共风险引发的公共债务问题甚至是财政健康危机早已不是新鲜事，并且在过高公共债务的破坏性方面也有很多现实案例。早在 17 世纪的欧洲，英国、法国政府就已经开始通过借债来弥补军费开支，然后通过违约和高通胀来化解债务压力；在 21 世纪初，全球金融危机诱发的欧洲主权债务危机一度影响欧元区的存亡，并给全球经济的复苏蒙上阴影；当前日本政府的巨额债务已经拖累了其经济的发展，并且这样的财政状况也是极其脆弱的。

### （一）历史上英法对高额债务的处理

在 20 世纪之前，政府债务的积累总体上是缓慢的，而且主要发生在战争时期。Reinhart 和 Rogoff（2010）认为，战争债务对未来经济增长的影响可能较小，部分原因是战争时期的高额支出会随和平的回归而停止，而和平时期的债务激增则可能会持续更长的时间。但从历史上看，这些债务的处理大多伴随着对私人资本的残酷剥夺和对经济增长的破坏性压制。

欧洲国家间的战争摩擦和两次世界大战曾使英法积累起大量的公共债务。根据托马斯（2014），18 世纪法国公共债务的国民收入占比曾高达 100%，并间接引发了大革命、“2/3 破产”（1797 年 2/3 的公共债务违约）以及高通胀，这也使其债务得以迅速削减，到 1815 年上述比值已降至不到 20% 的水平。在 19 世纪的头 10 年，英国的公共债务约占国民收入的 200%，为法国同期的 10 倍。此后，英国政府通过 1815—1914 年整整一个世纪的财政紧缩和盈余将上述数字压缩到 30% 以内。到 20 世纪上半叶，英国、法国再次出现公共债务问题。1913 年法国债务的国民收入占比达 80%，直至 1950 年其财政赤字高企，但债务的国民收入占比却逐步降到了 30%。这背后的主要原因是 1945—1948 年的年通胀率超过 50%。英国在两次世界大战中积累了大量的公共债务，1950 年其债务占国内生产总值的比重超过了 200%。此后，借助 20 世纪 50 年代 4% 以上和整个 70 年代 15% 的年通胀率，上述占比下降到了 50% 左右。

### （二）21 世纪初的欧洲主权债务危机

金融和经济风险所引发的大规模危机也会将财政拖入困境。2007—2009 年的金融危机及之后的大衰退等连锁反应给欧元区国家的金融市场和公共财政都带来了相当大的压力。根据欧盟委员会 2010 年 5 月的春季预测（the European Commission Spring Forecast），欧元区政府的赤字率将从 2007 年的 0.6% 升至 2011 年的 6.6%，债务率将从 66.0% 升至 88.5%。其财政可持续性明显恶化。

希腊的财政赤字和公共债务最先引起投资者的担忧，并致使其被资本市场拒之门外，而这又进一步增加了其债务偿付能力的不确定性（统一货币后，希腊丧失了通过通胀来压缩债务的能力）。之后，投资者开始对其他欧元区国家公共财政的可持续性持不信任态度，主权债务危机迅速蔓延至爱尔兰、葡萄牙、塞浦路斯、意大利和西班牙。这些国家的债务问题对欧洲银行体系构成了威胁，阻碍了经济增长，并导致许多欧洲国家失业率上升。

走出债务危机的过程也是艰难而漫长的。以希腊为例，由于担心它的债务问题对欧元区其他国家和更广泛的国际经济构成系统性风险，欧洲央行、欧盟、国际货币基金组织等先后向它提供了三轮财政援助。在债务重组中大量希腊政府债券被转移到欧洲和国际公共机构手中，但私人投资者也蒙受了重大损失。在财政和结构性改革中，苛刻的财政紧缩政策（包括削减工资福利、增加税收等）使希腊经济一度濒临崩溃并进一步推升其债务负担。2008—2017 年，其 GDP 下降了 25%，而且经济产出的收缩时间超过了美国大萧条时期；失业率几乎增加了 3 倍，达到 21%；公共债务的 GDP 占比从 100% 上升到超过 180%（IMF，2017）；其国内舆论也一度转向反对欧元区及紧缩政策，经济、政治和文化仇恨的结合还导致了领导人的更迭。2018 年，欧洲官方债权人进一步延期了希腊的债务和利息，作为回报，希腊政府承诺至少在 2022 年之前将基本盈余的 GDP 占比控制在 3.5%，2060 年前保持在超过 2% 的水平（Peterson Institute for International Eonomics，2020）。次年 8 月，经过了多轮救助（金额约 3230 亿欧元）的希腊终于重返资本市场，但其债务压力依然很大（2018 年其债务 GDP 占比约为 178%），若想恢复投资者的信任，仍需继续勒紧裤腰带过日子。

### （三）高额债务下的日本综合征

针对公共债务问题，Cottarelli（2011）认为，原则上至少有两件不愉快的事情是人们想要避免的，一是从利率飙升到公开违约的各种形式的展期风险，二是“日本综合征”。在这种情况下，并不存在迫在眉睫的不稳定风险，但高额的公共赤字和债务拖累了经济增长。

自 1990 年金融泡沫破裂以来，日本一直处于预算赤字状态，赤字率甚至一度高达 8%（2009 年），债务率也处在全球最高水平，但这样极端的财政状况并未推升其国内的通胀和利率水平。高盛（Goldman Sachs）经济学家达恩·斯特鲁伊文

（Daan Struyven）和戴维·梅利克（David Mericle）表示，日本案例具有借鉴意义，很难想象债务危机会发生在一个可以本币发行债券、汇率灵活且央行具有可控性的国家。

而事实上，日本是一个具有误导性的例子。其政府债务表面的平和状态是以牺牲经济增长为代价的。研究发现，日本的实际利率低于其他高负债国家包含了正常财政风险溢价的利率。而日本风险溢价较低的主要原因是，其政府债务主要依靠国内融资。德意志银行（Deutsche Bank）报告说，近90%的日本国债是由其国内居民或央行持有的，而这又依赖于其国内显著的本土偏好、较高的私人储蓄率以及自20世纪80年代初以来一直处于盈余状态的经常账户。因此，日本不必依靠外部资金来为政府赤字融资，这也使其免于受到国外资本市场定价机制的影响。其国内家庭部门所贡献的资金在20世纪80年代早期约占GDP的7%—8%，而目前则下降到了2%—3%；与此同时，企业部门从资金净借入方（20世纪80年代到1992年，净额约占GDP的4%—8%）变成了净借出方，其借出额在2011年达到顶峰，约占GDP的11%，2018年则下降到5%左右。居民和企业部门的大量盈余反映了私人消费和商业投资的疲软，并导致了过去30年日本经济1%的年平均增长率（Hung，2020）。

这种财政状态是脆弱的，至少有三个因素会导致其难以为继：一是过低的经济增长率难以化解巨额的赤字和债务。二是老龄化可能导致私人储蓄率下降。根据联合国2019年数据，日本的老年抚养比预计将从2020年的56.9%上升到2050年的88.4%。而且在劳动年龄人口减少的情况下，维持预算赤字对于偿还公共债务、满足日益增长的养老和医疗需求是必要的。如此，企业部门可能会成为日本政府更为重要的资金来源，而这又将进一步拖累其经济；或者日本政府将开始向外国部门借款，而外国投资者会要求“正常”的财政风险溢价，这将使其赤字和债务雪上加霜。三是本土投资者有可能会日益倾向于通过增加海外投资来分散风险，这就会打破当前日本国内部门间的平衡，迫使政府向外国部门借款。

无论是理论还是实践都充分说明，过高的公共债务是不可持续的。但是由于债务边界的模糊性，各国很难对自身的财政健康度作出准确的判断，这也使得它们在政策的权衡比较中，常常忽视对财政风险的控制。而财政健康度的持续恶化又会削弱一国政府应对和化解公共风险的能力，甚至可能引发财政危机。

## 四、影响财政健康度的重要公共风险来源

财政是国家治理的基础和重要支柱，承担着为各种公共风险兜底的责任。随着经济社会的发展，财政的风险源呈现出不断扩大的趋势，而当前的研究主要集中于经济增速等宏观经济变量、老龄化等趋势性因素以及自然灾害等突发公共事件方面。

### （一）关键宏观经济变量的意外变化往往会带来巨大的财政风险

Cebotari 等（2009）对宏观经济变量引致财政风险的前瞻性估计显示，如果实际经济增长受到0.5个标准差的永久性冲击，5年后债务率平均将增加6.8%；基本赤字受到0.5个标准差的冲击，债务率将提高5.2个百分点；如果同样的冲击发生的利率上，则债务率的增幅会相对较小，但对于主要依赖浮动利率债务的国家来说，其影响也会较为显著。另外，在发展中国家，经济增速的放缓将会对债务动态变化产生特别显著的影响。

汇率贬值对债务率的影响是立竿见影的，尤其是当外币债务占比较大时，这种影响更为强烈。对20世纪90年代新兴市场危机的研究发现，汇率贬值是政府债务率上升的主要原因。在巴西（1998）和印度尼西亚（1998），50%的新增债务率是由汇率贬值造成的；在阿根廷（2001）、菲律宾（1998）、土耳其（2001）、乌克兰（1998）和乌拉圭（2002），几乎所有的新增债务率都是由汇率贬值造成的；在厄瓜多尔（1999）、墨西哥（1995）和俄罗斯（1998），这一比例甚至超过了100%（其他因素部分抵消了债务率的上升）（Cebotari et al.，2009）。

大宗商品价格的变化对财政也有重要影响。Villafuerte 等（2008）对石油生产国的研究发现，以GDP占比计，油价每下跌20美元就会使其总体财政平衡恶化10个百分点。对于进口国而言，商品价格的变化一般会先对经济产生影响，然后再间接作用于该国的财政可持续性；而对于出台了能源补贴政策的国家来说，石油等价格的上涨可能会对该国的财政产生重大的直接影响。

### （二）老龄化及不断增长的医疗支出等趋势性因素将极大地增加财政压力

老龄化趋势会增加与年龄相关的公共支出（公共性质的养老金等）并缩小税基，从而引发债务的可持续性问题。一些学者指出人口老龄化给公共预算和强制医疗保险体系带来了越来越大的压力，这对公共财政的可持续性构成了威胁。近几十年来，许多发达经济体医疗保健支出的增速明显超过了经济增长，这在美国和一些欧洲国家尤为明显。美国的医疗支出约占GDP的17%，几个欧洲国家紧随其后，瑞士为12.1%，德国为11.2%，法国为11.1%（Colombier and Braendle，2018）。除了人口结构因素的影响外，国民收入的增加、医疗技术的进步以及鲍莫尔成本病等非人口因素也驱动着医疗费用的增长。

### （三）或有事项可能导致高额的突发性财政成本

1. 银行危机。Honohan 和 Klingebiel（2000）发现，阿根廷、智利和乌拉圭20世纪80年代早期银行危机的财政成本约占GDP的30%—35%；1997—1998年的印度尼西亚、韩国和泰国，该类财政成本的 GDP 占比约为 25%—50%；20 世纪 90 年代的日本约为 20%。这些成本主要来自政府对存款人和债务人的救助、无限制的流动性支持和反复的资本重组计划，而如果将国有金融机构多年的暗中补贴计算在内，财政成本将更大。

2. 对国有企业和地方政府的救助。公共企业往往是政府或有负债的重要来源。当这些企业因政治干预、管理不善或者不负责任的借贷等原因产生损失或者过度负债时，政府往往会投入巨额资金进行救助。根据 Cebotari 等（2009），印度尼西亚中央政府在 1998 年危机期间为电力部门支付的燃料费用约占 GDP 的 4%，欧洲数家航空公司接受的补贴或救助金额平均达 20 亿美元，哥伦比亚、匈牙利、日本、马来西亚和泰国对铁路（以及地铁）的补贴等约占 GDP 的 1%—5%。

当地方政府违约或破产时，中央政府常常会提出一揽子的救助方案，有时还会为此付出巨大的代价。研究显示，巴西在 1993 年和 1997 年对地方政府的救助支出分别约占 GDP 的 7% 和 12%，20 世纪 90 年代中期阿根廷对地方政府的救助支出累计约占 GDP 的 1%，龙舌兰酒危机（the Tequila crisis）后墨西哥对地方政府的救助支出约占 GDP 的 1%（Cebotari et al.，2009）。

3. 法律要求的赔付。各种类型的索赔案件也会对一国的财政健康度带来负面影响，而且需要政府赔付的金额往往难以在判决前进行准确的预测。根据 Cebotari 等（2009），波黑的战争赔款及冻结的外汇存款约占 GDP 的 12%，乍得政府的国内诉讼欠款约占 GDP 的 9%；其他案例还包括巴西和印度尼西亚的国有企业清算，加拿大和美国关于环境清理的赔付等。

此外，政府和社会资本合作（PPP）项目也已成为许多国家重要的财政风险源，尤其是交通基础设施和电力部门的大型投资项目。这些项目中常常包含未计入财政账户的义务，例如国家对特许企业借款、最低收入或汇率损失的担保。而且越来越多的证据表明，由于不切实际的需求预测、项目规划以及管理中的其他缺陷，PPP 项目失败的代价往往很高。

4. 自然灾害及流行性疾病。由于地理位置、抗灾能力等的差异，灾害损失在各国大相径庭。Freeman 等（2003）发现，在发展中国家，自然灾害所造成的直接经济损失约占 GDP 的 10% 以上，在发达国家则为几个百分点。Caballeros Otero 和 Zapata（1995）发现拉丁美洲和加勒比国家几次财政支出的大幅增加都发生在自然灾害之后。此外，大规模的流行性疾病也会给财政带来考验。在新冠肺炎疫情中，不少国家的财政状况都大幅恶化。

总结来看，财政健康度的影响因素随着风险社会的到来而变得更加多源，这就要求各国必须对财政健康状况进行长期的跟踪与监督，以及时规避和化解风险，防止财政状况的突然恶化。

# 五、公共风险视角的财政健康度评价

随着风险社会的到来（刘尚希，2018），不确定因素对财政健康度的破坏力日益凸显。考虑到风险来源的多样化和多变性，国际货币基金组织等设计出了一些多维度的综合指标体系，以尽可能地捕捉风险因素，追踪各国财政健康状况的变化。

## （一）风险八边形

在 2010 年的财政监测报告中，国际货币基金组织引入了一个评估财政可持续性风险的概念框架（见图 1 –3）。Cottarelli（2011）称之为“风险八边形”（The Risk Octagon）。它将国债展期风险的影响因素归纳为三大类，分别是基线假设下财政变量的期望值、基线假设的冲击因素以及其他因素。其中，后两者都是从风险角度出发进行考量，主要涉及的内容包括或有负债、宏观及对财政政策产生影响的冲击、非财政漏洞（如私人部门负债）、市场情绪等。考虑到各国所面临风险的差异性，该框架未对各影响因素赋予权重。值得一提的是，此框架还可以用于政策设计，以平衡财政风险及其对需求的支持作用等。例如，扩张性财政政策对财政风险的推升可以通过其他维度的政策加以对冲。

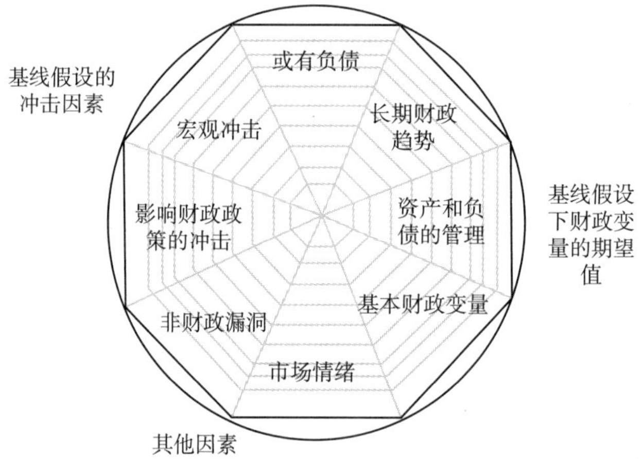


**图 1 –3　风险八边形**

资料来源：Cottarelli，C.，The Risk Octagon：A Comprehensive Framework for Assessing Sovereign Risks，https：//www. imf. org/external/np/fad/news/2011/docs/Cottarelli1. pdf，2020 年 8 月 7 日查询。

## （二）财政可持续风险图

在 2011 年 4 月份的财政监测报告中，IMF 介绍了财政可持续风险图（the Fiscal

Sustainability Risk Map）这一评估体系。该体系包括六个维度，前三个维度考察的是基线假设下财政的预期情况，其余三个维度主要用于捕捉各类风险因素对基线预测的冲击，例如宏观经济的不确定性、政策实施风险等。如图 1－4 所示，每个维度上的数值为子指标的平均值（通常加权），其取值范围为 0—10。一般来说，数值越大，风险越高。多数情况下，每一个国家的风险状况都是与其历史情况比较得出的，而历史平均值对应的是中性水平“5”。此外，一个国家在财政可持续风险图上的位置还需要经过研究人员判断、校准，其目的是反映风险因素的变化。

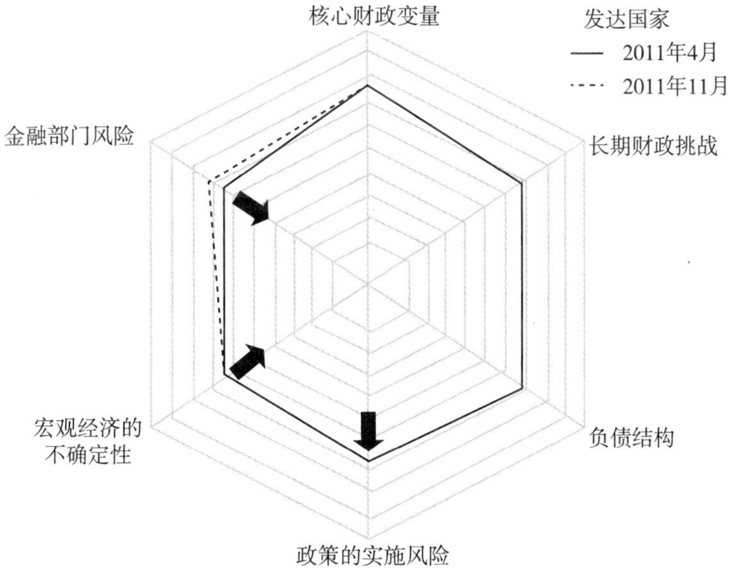


**图 1－4　财政可持续风险图**

资料来源：IMF, Fiscal Monitor – Shifting Gears: Tackling Challenges on the Road to Fiscal Adjustment, https://www.imf.org/en/Publications/FM/Issues/2016/12/31/Shifting－Gears－Tackling－Challenges－on－the－Road－to－Fiscal－Adjustment, 2020 年 8 月 13 日查询。

上述评估体系构建于 2008 年金融危机之后。这场危机提高了人们对金融风险的认识，因而金融市场指标在其中占据了较大的分量。从这点上也可以看出这些评估体系对风险的识别可能会存在一些局限性和滞后性。同时，风险因素的变化和不确定性也会使上述评估体系的灵敏度大打折扣，例如，自然灾害、大型传染性疾病等一些难以提前预知和度量的风险并未被充分考虑，而近期的新冠疫情对财政健康度的影响可能并不亚于 2008 年金融危机。由此可知，如果等到相关指标恶化之后才开始采取措施修复财政健康度，那么就可能会出现积重难返的情况，或者需要为此付出巨大的经济社会代价。因此，更为稳妥的做法是未雨绸缪，即政府在每年的预算中留出化解风险的空间，以尽可能地减少公共风险或危机对财政健康度的损害。

# 六、小结与启示

## （一）公共风险日益成为公共债务和财政风险的深层根源

从当权者的非生产性筹资行为到财政政策的重要工具，公共债务的实质随着时代的发展和政府职能的转变发生了极大的变化。随着人类进入风险社会，一方面，金融危机等各类公共风险对经济社会的破坏最终都会作用于财政，导致收支矛盾加剧，并增加公共债务规模；另一方面，出于法律义务或者道义责任，财政往往会是各种重大公共危机的买单者，因此必须承担起化解公共风险的职责。但在此过程中，公共债务和财政风险又会被放大。从当前的实践来看，公共风险已日益成为公共债务和财政风险的深层根源，越来越多的国家和国际机构开始加强对各类风险的监测和披露，以降低危机发生的可能性，促进财政的可持续性。

## （二）公共债务规模是衡量一国财政健康度的重要指标

学者们尚未就债务规模的边界问题达成一致，也没有很好地认识到公共债务的理论边界取决于公共风险与财政风险的权衡，这在一定程度上要求各国更加谨慎地看待公共债务的膨胀。

在理论界，债务问题是财政可持续性讨论的起点。古典经济学派、凯恩斯主义学派、公共选择学派、货币学派等都有对公共债务的明确主张。越来越多的实证研究也证明了公共债务规模与经济增长之间的非线性关系，即债务规模超过一定的限度就会对经济社会产生副作用。但这个界限到底在哪里，学界并未达成一致，而且在公共风险和财政风险的权衡方面也缺乏深入的研究和探讨。这就导致各国很难对其公共债务水平作出准确的评判。而从现实经验来看，债务规模过大会对经济社会造成严重的破坏，例如，欧洲主权债务危机就为世界各国上了生动的一课，日本高企的债务也严重拖累了其经济增长。债务边界的模糊性及过高债务的破坏性都要求各国密切监测并谨慎应对债务规模的膨胀。

## （三）冲击财政健康度的公共风险源呈现出不断扩大的趋势

在20世纪之前，战争是导致政府债务累积的主要原因，而在此之后，随着政府规模的扩张以及风险社会的到来，财政的风险源不断扩大。由于财政往往需要对各类公共风险进行兜底，而且在预算或长期的财政预测中，很多风险无法被完全考虑到，在各种不确定因素的影响下，财政在化解公共风险的同时，原定的预算收支目标可能无法达成，甚至会出现巨大的赤字缺口，这将推升债务水平，导致财政自身风险的扩大。例如在新冠疫情期间，许多国家都出台了大规模的财政政策来对冲疫情所带来的经济社会风险，这导致了政府债务的普遍大幅攀升。

## （四）建议将多维度影响因素纳入财政健康度评估体系

我国应构建起尽可能完整的财政健康度评价体系，并及时将新的潜在风险因素纳入其中，以实现对财政健康状况的定期、全面评估，识别存在的问题并及时作出调整和应对。同时，考虑到风险的多变性和不确定性，建议在每年的预算中预留出防范和化解公共风险的政策空间，以尽可能地减少各类风险对财政可持续性的破坏。

**本章参考文献**

1. Bird, R. M. , Fiscal Flows, Fiscal Balance, and Fiscal Sustainability, https：//www. r esearchgate. net/publication/4983741_Fiscal_Flows_Fiscal_Balance_and_Fiscal_Sustainability, 2020 年 8 月 6 日查询。

2. Brixi, P. H. , S. Shatalov, and L. Zlaoui. Managing Fiscal Risk in Bulgaria, the World Bank Policy Research Working Papers, 2000.

3. CaballerosOtero, R. , and M. R. Zapata. The Impacts of Natural Disasters on Developing Economies. M. Munasinghe and C. Clarke, eds. *Disaster Prevention for Sustainable Development.* Washington：World Bank, 1994：11 –37.

4. Cebotari, A. , J. Davis, and L. Lusinyan, et al. Fiscal Risks Sources, Disclosure, and Management, IMF Departmental Paper No. 09/01, 2009.

5. Checherita – Westphal, C. , and P. Rother. The Impact of High and Growing Government Debt on Economic Growth：An Empirical Investigation for the Euro Area, Working Paper Series 1237, European Central Bank, 2010.

6. Clements, B. , R. Bhattacharya, and T. Q. Nguyen. External Debt, Public Investment, and Growth in Low – Income Countries, IMF Working Paper No. 03/249, 2003.

7. Colombier, C. , and T. Braendle. Healthcare Expenditure and Fiscal Sustainability：Evidence from Switzerland. *Public Sector Economics*, Institute of Public Finance, 2008.

8. Cottarelli, C. , The Risk Octagon：A Comprehensive Framework for Assessing Sovereign Risks, https：//www. imf. org/external/np/fad/news/2011/docs/Cottarelli1. pdf, 2020 年 8 月 7 日查询。

9. Freeman, P. K. , M. Keen, and M. Muthukumara. Dealing with Increased Risk of Natural Diasters：Challenges and Options, IMF Working Paper No. 03/197, 2003.

10. Hemming, R. , and M. Petrie. A Framework for Assessing Fiscal Vulnerability, IMF Working Paper No. 00/52, 2000.

11. Honohan, P. , and D. Klingebiel. Controlling the Fiscal Costs of Banking Crises, The World Bank Policy Research Working Paper Series 2441, 2000.

12. Hung, T. , Do Deficits Matter? Japan Shows They Do, https：//www. atlanticcouncil. org/blogs/new – atlanticist/do – deficits – matter – japan – shows – they – do/, 2020 年 8 月 10 日查询。

13. IMF. Greece：2017 Article IV Consultation – Press Release；Staff Report；and Statement by the Executive Director for Greece，IMF Country Report No. 17/40，2017.

14. Kumar，M.，and J. Woo. Public Debt and Growth，IMF Working Paper No. 10/174，2010.

15. Pattillo，C.，H. Poirson，and L. Ricci. External Debt and Growth，IMF Working Paper No. 02/69，2002.

16. Peterson Institute for International Economics，The Greek Debt Crisis No easy way out，https：//www. piie. com/microsites/greek – debt – crisis – no – easy – way – out，2020 年 8 月 9 日查询。

17. Reinhart，C. M.，and K. S. Rogoff，Growth in a Time of Debt，https：//www. nber. org/papers/w15639. pdf，2020 年 8 月 7 日查询。

18. Villafuerte，M.，R. Ossowski，and T. Thomas，et al. Managing the Oil Revenue Boom：The Role of Fiscal Institutions，IMF Occasional Paper No. 260，2008.

19. 刘尚希．财政新常态：公共风险与财政风险的权衡［N］. 光明日报，2015 – 3 – 18（15）.

20. 刘尚希. 公共风险论［M］. 北京：人民出版社，2018.

21. ［法］托马斯·皮凯蒂. 21 世纪资本论［M］. 巴曙松，等，译. 北京：中信出版社，2014.

22. 谢承宏. 中国公共财政及债务的可持续性研究——基于跨期预算约束检验和 DSGE 模拟预测［J］. 现代经济探讨，2018（2）.

# 第二章
# 对冲疫情风险的财政政策

**本章导读：**

新冠疫情在全球范围的加速扩散扰乱了全球经济活动，包括美国、德国、英国、法国、日本等发达经济体相继行动，出台大规模财政政策稳定疫情下受冲击的经济社会发展。这些政策，既对其应对疫情冲击、维护其自身经济社会稳定发展具有不可或缺的作用，又对全球具有一定的溢出效应。从传统宏观经济维度来看，发达国家大规模财政政策能够保证低收入家庭和失业居民的基本收入，为企业提供担保贷款，增加政府投资，进而刺激消费、投资和进出口，拉动经济增长，抵消部分疫情对经济社会的负面冲击，也会通过国际贸易、国际投资等途径带动全球的消费与投资。发达国家大规模财政政策的外溢性也将给全球经济带来冲击。其大规模财政政策释放的大量流动性，可能无法及时收回，进而导致全球流动性泛滥，刺激资产价格泡沫与非理性繁荣，给全球带来巨大经济金融风险，甚至有可能把世界经济拖入深渊。此外，各国的财政风险进一步增大，给全世界带来了更大的不确定性。

## 一、美国大规模财政政策轮番出台

### （一）美国出台多轮疫情应对财政政策

截至 2020 年 10 月，为降低疫情对本国经济社会的负面冲击，美国一共出台了四轮财政应对举措，分别用于卫生抗疫、家庭收入支持、企业纾困与失业救济等，每一轮支持的重点有所不同，涉及资金 29833 亿美元，包括：83 亿美元的《冠状病毒防范和响应补充拨款法案》，1920 亿美元的《家庭优先冠状病毒应对法案》，2. 3 万亿美元的《CARES 法案》，4830 亿美元的《薪资保护计划与优化医疗保健法案》。

1. 用于卫生部门抗疫：83 亿美元紧急补充拨款法案。2020 年 3 月 6 日，针对美国境内和全球快速蔓延的新冠疫情，美国总统特朗普紧急签署了一项总额 83 亿美元的《冠状病毒防范和响应补充拨款法案》（Coronavirus Preparedness and Response Supplemental Appropriations Act）①，以资助相关疫苗、治疗药物、诊断试剂的研发。这是美国出台的第一轮纾困措施，主要用于支持医疗卫生部门抗疫。

2. 支持带薪休假：1920 亿美元的《家庭优先冠状病毒应对法案》。2020 年 3 月 18 日，美国国会通过第二轮救助计划的法案，规模约 1920 亿美元。这项法案被命名为《家庭优先冠状病毒应对法案》（Families First Coronavirus Response Act）②。法案于 2020 年 4 月 1 日至 2020 年 12 月 31 日生效。其中超过一半的资金（1050 亿美元）用于支持企业带薪病假，剩余资金用于提供免费检测、扩大失业保险、增加食品补助等。

3. 用于企业纾困与失业救济：2.3 万亿美元的《CARES 法案》。美国参众两院分别于 2020 年 3 月 26 日和 27 日通过应对疫情的总计约 2.3 万亿美元的《冠状病毒援助、救济、经济保障法案》（Coronavirus Aid, Relief, and Economic Security Act，简称《CARES 法案》）③，随后美国总统特朗普将其签署生效。《CARES 法案》是第二次世界大战以来美国出台的最大规模救助方案。CARES 法案的主要内容包括：（1）2930 亿美元用于向个人提供一次性退税；（2）2680 亿美元用于扩大失业救济金；（3）250 亿美元用于为弱势群体提供食品保障；（4）5100 亿美元用于为企业提供贷款支持；（5）3490 亿美元支持小型企业管理局（SBA），以向符合条件的企业提供贷款和担保，帮助留住工人的小企业；（6）1000 亿美元用于支持医院；（7）1500 亿美元用于对州和地方政府的转移支付；（8）499 亿美元用于国际援助（包括 280 亿特别提款权用于国际货币基金组织的新借贷安排）。

4. 保护薪资与支持医疗卫生体系：4830 亿美元的《薪资保护计划与优化医疗保健法案》。2020 年 4 月 21 日，美国参议院通过了 4830 亿美元的《薪资保护计划与优化医疗保健法案》（Paycheck Protection Program and HealthCare Enhancement Act）④，用于为中小型企业提供贷款、帮助医院运行以及对新冠肺炎的研究。方案具体内容包括：（1）3210 亿美元的新资金将用于"薪资保护计划"（Paycheck Protection Program），以帮助留住工人的小企业；（2）620 亿美元将被用于小型企业管理局（SBA）的灾难援助贷款和赠款；（3）750 亿美元用于医院建设；（4）250 亿美元用于支持扩大新冠病毒测试。

## （二）美国财政政策托底特征明显，刺激效果有限

美国政府的财政政策主要侧重于直接补偿受疫情影响的企业和家庭，为其提供

①②③④ https://www.imf.org/en/Topics/imf-and-covid19/Policy-Responses-to-COVID-19#U.

更多收入补助，巨大的投入可以在一定程度上暂时缓解疫情背景下企业和家庭面临的巨大现金流压力。例如，与次贷危机和国际金融危机时期的两个法案——2008年《经济稳定紧急法案》（TARP）和2009年《美国经济复苏与再投资法案》（ARRA）——进行比较。在三个法案中，《CARES法案》对非金融企业部门的支持力度是最大的，且绝大多数是给予企业的纾困贷款支持。另外，美国出台的救助政策对于消费和投资的影响，主要在于托底，而不在于刺激。具体而言：第一，对于居民部门的支持会传导至消费，但效果较为有限，目前的支持政策是帮助低收入和失业群体纾困，支持的仅是生活必需品的消费；第二，帮助企业纾困的措施能让企业在尽量减少裁员的情况下维持更长时间的运营，但对于企业的再投资效果有限；第三，对企业的支持还能尽量减少裁员，保障在职员工的收入来源，但是考虑到社交距离限制和对预期的不确定性，民众会减少消费，这是美国刺激政策无法改变的。

### （三）财政政策短期内能缓解经济下行压力，但将迅速推高美国赤字水平

1. 美国财政政策对消费和投资的拉动。为了应对冲疫情冲击，美国政府启动了激进的财政政策，政策主要作用于需求端，财政政策在短期内能防止企业倒闭带来居民收入下降，进而导致消费不足与企业进一步倒闭的恶性循环，从而有助于缓解一定的实体经济下行压力。根据笔者的测算，美国已经出台的财政政策或将拉动消费与投资分别增长10493.6亿美元和943亿美元，分别占2019年美国GDP的4.9%与0.44%。

财政政策通过刺激居民消费和政府消费两方面拉动消费。刺激居民消费方面，美国刺激规模为10740亿美元，具体为：1920亿美元的《家庭优先冠状病毒应对法案》;《CARES法案》个人一次性退税2930亿美元，失业救济金2680亿美元；《薪资保护计划与优化医疗保健法案》中的薪资保护的3210亿美元。我们利用1970—2019年美国GDP和家庭消费支出数据进行回归，得到家庭消费倾向系数为0.69。因此，10740亿美元针对居民消费的刺激政策会增加美国居民消费7410.6亿美元。另外，美国《CARES法案》中用于食品保障的250亿美元直接形成最终居民消费。这样来看，美国本轮财政政策将拉动居民消费增加7660.6亿美元。在政府消费层面，本轮刺激计划共涉及金额2833亿美元。这样来看，本轮财政政策将合计拉动消费增加10493.6亿美元，占2019年美国GDP的4.9%。投资也分为企业投资和政府投资，9210亿美元企业贷款并不能直接形成固定资本投资。我们根据美国1970—2019年M2和固定资本投资数据，利用OLS估计方法回归，得到两个变量具有显著的相关关系，系数为0.021，这就是说9210亿美元贷款能够带动193亿美元企业投资。《薪资保护计划与优化医疗保健法案》中用于医院建设的750亿美元为政府投

资。这样来看，本轮财政政策将合计拉动投资增加943亿美元，占2019年美国GDP的0.44%（见表2-1）。

**表2-1　美国财政政策规模和拉动效果**

| 经济变量 | 财政支持规模 | 财政政策拉动效果 |
|---|---|---|
| 消费 | | 10493.6亿美元 |
| 居民消费 | 1920亿美元（家庭优先冠状病毒应对法案）<br>2930亿美元（《CARES法案》个人一次性退税）<br>2680亿美元（《CARES法案》失业救济金）<br>3210亿美元（《薪资保护计划与优化医疗保健法案》中的薪资保护）<br>250亿美元（《CARES法案》食品保障） | 7660.6亿美元<br>7410.6亿美元 |
| | 83亿美元（《冠状病毒防范和响应补充拨款法案》） | 250亿美元 |
| 政府消费<br>公共卫生支出 | 1000亿美元（《CARES法案》用于支持医院）<br>1500亿美元（《CARES法案》用于对州和地方政府的转移支付）<br>250亿美元（《薪资保护计划与优化医疗保健法案》中用于病毒测试） | 2833亿美元 |
| 投资 | | 943亿美元 |
| 企业投资 | 8590亿美元（《CARES法案》企业贷款）<br>620亿美元（《薪资保护计划与优化医疗保健法案》中的企业贷款） | 193亿美元 |
| 政府投资 | 750亿美元（《薪资保护计划与优化医疗保健法案》中的医院建设） | 750亿美元 |

2. 美国政府财政赤字与债务水平创历史新高，达到空前水平。在全球高债务背景下，新冠疫情之前美国赤字已屡次刷新纪录。由于疫情的蔓延，美国本就高企的债务雪上加霜。由于财政政策对经济的自动稳定器效应，新冠疫情带来的经济停摆会通过税收和转移支付的下降导致财政收入进一步减少。同时，财政支出的大幅增加势必会进一步增加美国财政赤字规模。另外，伴随2020年美国的经济衰退进程深化，美国财政赤字规模增幅可能会更大。实际上，美国财政赤字已经达到20世纪30年代以来的最高水平。2020财年（2019年10月1日至2020年9月30日）前三个季度，联邦财政赤字总额高达2.74万亿美元，已经是历史最高水平。到2020年底，美国所欠的债务将达到国内生产总值的98%①。新联邦预算数字显示，在刚刚

① https://www.washingtonpost.com/us-policy/2020/09/02/government-debt-economy-coronavirus/.

完成的财政年度中，赤字高达 3.1 万亿美元[①]。在此之前，美国战后财政赤字最高的两年为 2009 年和 2010 年，受金融危机的影响，美国这两年的财政赤字分别达到了 1.4 万亿美元和 1.3 万亿美元。另外，美国大规模的财政支出也容易产生债务激增和通胀风险的后果。

## 二、英国大幅扩大预算支出

### （一）英国大幅扩大预算支出，着重扶持企业与家庭以应对疫情

截至 2020 年 10 月，为了降低疫情对本国经济社会的负面冲击，英国主要出台了三项应对疫情的财政举措，涉及资金规模为 5080 亿英镑，包括：平均每年投入为 1280 亿英镑的新预算（新预算总规模 6400 亿英镑分 5 年投入），为应对疫情额外增加的 300 亿英镑，以及公布的 3500 亿英镑资金援助计划。

1. 新预算公共支出水平创新高，额外增加应对疫情支出。2020 年 3 月 11 日，英国“脱欧”后首份预算案正式公布。英国财政大臣里希·苏纳克在议会上表示，此次公布的预算案聚焦承诺兑现，包括未来 5 年在公路、铁路、宽带、住房等方面投入 6400 亿英镑[②]，约占英国 GDP 的 28.9%，净公共支出为 1955 年以来最高水平。假设 6400 亿英镑分 5 年内平均投入，则 2020 年的基建投资规模为 1280 亿英镑。此外，为应对疫情额外增加 300 亿英镑[③]，其中 50 亿欧元用于公共卫生支出。

新预算将总计投入 6400 亿英镑，约占英国 GDP 的 28.9%，用于促进经济增长、创造市场机遇、实现低碳经济目标等。特别是重点解决英国基础设施长期缺乏投资这一短板，翻新铁路、公路、电网、光缆线路、港口、学校和医院等设施建设，为英国提供世界领先的基础设施。在支持商业繁荣方面，降低企业用工成本，保持在 G20 和 G7 国家中最低的企业税率，为初创企业提供更多贷款支持。同时，在预算年度将公共研发支出提升至 220 亿英镑，占 GDP 的 0.8%。

2. 支持企业：3500 亿英镑资金援助计划。2020 年 3 月 17 日，英国财政大臣公布 3500 亿英镑资金援助计划[④]，其中，有 3300 亿英镑将通过银行以低息贷款的形式发放（相当于 GDP 的 15%），对于符合条件的中小企业，政府还将为他们提供最多 500 万英镑的担保贷款，且自贷款日期的 6 个月内不需要支付利息；另外，200

① https：//apnews. com/article/virus – outbreak – business – economy – 2bcc6fc65429d957b7f8275b2203f76d.

② https：//www. gov. uk/government/news/budget – 2020 – what – you – need – to – know.

③ https：//www. gov. uk/government/speeches/budget – speech – 2020.

④ https：//www. gov. uk/government/speeches/chancellor – of – the – exchequer – rishi – sunak – on – covid19 – response.

亿英镑用于营业房产税（Business rates）减免和小企业现金补助等。具体措施：一是对于购置过保险的公司，政府将尽力支持他们通过保险索赔；二是对于没有保险且应课税额（Ratable value）在51000英镑以下的小企业，政府将提供至多2.5万英镑的现金补助；三是由于疫情对餐饮、酒店和剧院等实体的影响最大，这些公司在未来12个月内将不用支付营业房产税（Business rates）；四是对于符合条件的70万家小商业小企业，政府将把给它们的现金补助从3000英镑提升至10000英镑；五是在民生方面，对于受疫情影响较大的个人，英国政府将要求各大银行给予3个月的抵押贷款宽免期，以减轻贷款负担。

3. 支持居民就业：推出前所未有的薪资补贴计划。英国政府承诺，将为所有受疫情影响（不包括被解雇者）而无法工作的数百万人，补贴其工资的80%，补贴上限为每人每月2500英镑（约人民币20734元）。这一数值略高于英国工人收入的中位数。该计划将为期最少3个月，如有需要，计划的实施时间还将延长。

## （二）财政政策短期内降低经济下行风险，但也导致赤字与债务率激增

1. 财政政策短期内拉动消费和投资效果明显。英国政府救助经济资金规模远不如美国，但一定程度上也起到了四两拨千斤的作用。为了减轻疫情对经济和社会的冲击，避免其给经济和财政造成长期更大的损失，英国政府积极采取了必要的专门为疫情打造的措施，帮助医疗卫生体系、经济和社会渡过暂时性冲击。这些措施在提供公共服务、稳定经济、支撑就业、保障需求和供给能力等方面发挥了重要作用。

财政政策通过刺激居民消费和政府消费两方面拉动消费。英国财政政策在短期内能有效对冲经济下行压力。根据笔者的测算，英国财政政策将拉动消费和投资分别增加427亿英镑和1304.5亿英镑，分别占2019年英国GDP的1.9%与5.8%。

刺激居民消费方面，英国提出薪资补贴计划，但并没有公布具体规模。2019年末，英国企业员工规模为2775万人①，如果假定10%获得薪资补贴，而且连续获得3个月最高标准补贴，那么薪资补贴计划将达到208.12亿英镑。我们利用1993—2019年英国GDP和家庭消费支出数据进行回归，得到英国家庭消费倾向系数为0.61，这意味着英国的薪资补贴计划将带动消费增加127亿英镑。在政府消费层面，本轮刺激计划额外增加了300亿英镑，其中50亿欧元用于公共卫生支出。这样来看，本轮财政政策将拉动消费增加427亿英镑，占2019年英国GDP的1.9%（见表2-2）。

① 2019年末英国就业总人口为3298.5万，其中企业员工人数为2775万。英国薪资补贴计划主要针对有工作的企业员工，保障就业。

表 2－2　　英国财政政策规模和拉动效果

| 经济变量 | 财政支持规模 | 财政政策拉动效果 |
| --- | --- | --- |
| 消费 | | 427 亿英镑 |
| 居民消费 | 208.12 亿英镑（薪资补贴计划，估算） | 127 亿英镑 |
| 政府消费 | 300 亿英镑 | 300 亿英镑 |
| 公共卫生支出 | 50 亿英镑 | |
| 其他 | 250 英镑 | |
| 投资 | | 1304.5 亿英镑 |
| 企业投资 | 3500 亿英镑（贷款低息＋税收减免） | 24.5 亿英镑 |
| 政府投资 | 1280 亿英镑（基建投资） | 1280 亿英镑 |

投资也分为企业投资和政府投资，3500 亿英镑企业低息贷款和税收减免能够发挥稳定企业投资的作用，而英国政府推出未来 6400 亿英镑的基础设施投资能够直接增加政府投资，平均每年 1280 亿英镑，占 2019 年英国 GDP 的 5.7%。3500 亿英镑企业贷款并不能直接形成固定资本投资，我们根据英国 1993—2019 年 M2 和固定资本投资数据，利用 OLS 估计方法回归，得到两个变量具有显著的相关关系，系数为 0.007，这就是说 3500 亿英镑贷款能够带动 24.5 亿英镑企业投资。

2. 增加财政赤字和政府债务率，对财政健康度产生不利影响。根据我们的测算，英国实施财政应对政策增加额外赤字规模 1780 亿英镑，导致其 2020 年赤字率增加 8.6%。假设额外赤字规模均通过发债来解决，将增加英国政府债务 1780 亿英镑，导致政府负债率增加 101.37%。具体测算过程如下，增加的赤字规模包括平均每年投入为 1280 亿英镑的新预算（新预算总规模 6400 亿英镑分 5 年投入），为应对疫情额外增加 300 亿英镑，3500 亿英镑资金援助计划中 200 亿英镑用于营业房产税减免和小企业现金补助，合计增加额外赤字规模 1780 亿英镑。按照 IMF 的预测，2020 年，英国实际 GDP 下降 6.5%，消费者价格上升 1.2%，则英国 2020 年 GDP 名义规模为 20709.20 亿英镑，实施财政应对政策导致英国赤字率增加 8.60%。假设额外赤字规模均通过发债来解决，英国政府债务本身增速按照过去 3 年平均增速，则财政应对政策导致 2020 年英国政府负债率达到 101.37%。

## 三、法国千亿欧元经济紧急计划

### （一）提供贷款国家担保，推出千亿欧元的经济紧急计划

截至 2020 年 10 月，为了降低疫情对本国经济社会的负面冲击，法国主要出台

了三项应对疫情的财政刺激计划，涉及资金规模为5250亿欧元，包括：发布1100亿欧元的经济紧急计划，出台3150亿欧元的银行贷款担保和信贷再保险计划，发布1000亿欧元的经济刺激方案

1. 推出1100亿欧元的经济紧急计划。2020年3月17日，法国政府承诺立即向受新冠疫情影响的企业及员工提供450亿欧元的援助。之后，法国政府将经济紧急计划从450亿欧元提升至1100亿欧元①，其中，200亿欧元支持大型企业，向中小企业贷款5亿欧元，80亿欧元用于医疗卫生，近10亿欧元分配给最不稳定者，240亿欧元用于部分失业人员②。

2. 出台3150亿欧元的银行贷款担保和信贷再保险计划支持企业。2020年4月出台的法国新预算法发布了3150亿欧元（接近GDP的14%）的银行贷款担保和信贷再保险计划③。法国总统马克龙表示，不会让任何企业处于破产风险之下，也不会让任何法国人失去收入来源。

3. 公布1000亿欧元的经济刺激方案，以提高经济竞争力，支持企业与居民就业。2020年9月3日，法国政府宣布了一项新的财政计划，两年投入总额1000亿欧元④，希望在2022年底前，通过增加公共投资、政府补贴和削减税率等措施缓解新冠疫情对法国经济的冲击。具体来说，350亿欧元用于提高法国经济竞争力，300亿欧元用于发展清洁能源，250亿欧元用于支持就业，100亿欧元用于削减营业税。

### （二）财政政策首要任务是稳定就业，短期内能有效对冲经济下行压力

法国大规模的财政政策首要目的是保障雇员的工作机会，首要任务仍是稳定就业；其次是保障地方经济和社会弱势群体；最后是促进经济转型，以实现法国绿色经济的领先地位。

法国财政政策短期内能有效对冲经济下行压力。根据测算，法国财政政策或将拉动法国消费和投资分别增加432亿欧元和1331亿欧元，分别占2019年法国GDP的1.7%和5.4%。

对于居民消费刺激规模，我们根据法国出台的有关政策的主要支持对象及内容进行大致估算。比如，法国政府将经济紧急计划从450亿欧元提升至1100亿欧元，以帮助企业抵抗疫情冲击，其中包括法国政府将支付公司在危机期间不需要的那些员工的工资。由于该计划未提及政府投资，而员工的工资主要用于消费，因此，假设1100亿欧元中用于居民消费与企业投资的各占50%，具体金额均为550亿欧元。另外，1000亿欧元的经济刺激方案中用于支持就业的250亿欧元，假设也主要用于

① https：//www. imf. org/en/Topics/imf - and - covid19/Policy - Responses - to - COVID - 19#B.

② http：//www. mofcom. gov. cn/article/i/jyjl/m/202004/20200402956052. shtml.

③④ https：//www. imf. org/en/Topics/imf - and - covid19/Policy - Responses - to - COVID - 19#U.

居民消费。利用1995—2019年法国GDP和家庭消费支出数据进行回归，得到家庭消费倾向系数为0.54。这意味着法国上述刺激政策会带动法国居民消费增加432亿欧元（见表2-3）。

**表2-3　　　　　　　法国财政政策规模和拉动效果**

| 经济变量 | 财政支持规模 | 财政政策拉动效果 |
|---|---|---|
| 消费 | | 432亿欧元 |
| 居民消费 | 1100亿欧元经济紧急计划 | 297亿欧元 |
| | 1000亿欧元经济刺激方案 | 135亿欧元 |
| 投资 | | 1331亿欧元 |
| 企业投资 | 1100亿欧元经济紧急计划 | 550亿欧元 |
| | 3150亿欧元的银行贷款担保和信贷再保险计划 | 31亿欧元 |
| | 1000亿欧元经济刺激方案 | 750亿欧元 |

投资资金规模同样按照法国出台的有关政策的主要支持对象及内容进行大致估算。其中，继续假设法国政府1100亿欧元经济紧急计划中用于居民消费与企业投资的各占50%，具体金额均为550亿欧元；1000亿欧元经济刺激方案中750亿欧元用于支持企业投资。法国为企业提供的3150亿欧元的银行贷款担保和信贷再保险计划，并不能直接形成固定资本投资。根据法国1980—2019年银行企业贷款和固定资本投资数据，利用OLS估计方法回归，得到两个变量具有显著的相关关系，系数为0.0097，这就是说3150亿欧元的银行贷款担保和信贷再保险计划能够带动31亿欧元企业投资。综合来看，财政政策能够拉动投资增加1331亿欧元。

## （三）赤字与负债率攀升在所难免

大规模的财政政策导致法国赤字与债务率攀升。具体来说，法国财政应对政策涉及5250亿欧元，占法国2020年GDP的23.17%。法国实施财政应对政策增加额外赤字规模1600亿欧元，导致其2020年赤字率增加7.10%。假设额外赤字规模均通过发债来解决，这将增加法国政府债务1600亿欧元，导致2020年政府负债率增加至116.04%。具体测算过程，2020年增加的赤字规模为经济紧急计划1100亿欧元与500亿欧元经济刺激。按照IMF的预测，2020年，法国实际GDP下降7.2%，消费者价格上升0.3%，则法国2020年GDP名义规模为22529.14亿欧元，实施财政应对政策导致法国赤字率增加7.10%。假设额外赤字规模均通过发债来解决，法国政府债务本身增速按照过去3年平均增速，则财政应对政策导致2020年政府负债率增加至116.04%。

# 四、德国一揽子救助计划

## （一）公布一揽子救助计划，下调增值税率

截至2020年10月，为了降低疫情对本国经济社会的负面冲击，德国主要出台了三项应对疫情的财政举措，涉及资金规模为8860亿欧元，包括：1225亿欧元财政预算增加，335亿欧元税收减收，6000亿欧元企业股权信贷支持，1300亿欧元经济刺激方案。

1. 推出7500亿欧元的一揽子救助计划。此次疫情使得德国推出历史最大规模的7500亿欧元财政刺激计划①。2020年3月23日，德国公布了规模高达7500亿欧元的一揽子救助计划，约占GDP总量的21.83%。德国政府试图通过加强财政刺激以减轻新冠疫情给欧洲最大经济体造成的损害。举措中的1560亿欧元的联邦政府补充预算，包括1225亿欧元的额外支出和335亿欧元的税收减收。这笔款项将通过发行新债来筹集，这也是德国政府自2013年以来首次发行新债。7500亿欧元的一揽子救助计划的具体内容包括：

一是为大型企业提供高达6000亿欧元的股权救助与担保贷款方案。其中1000亿欧元的经济稳定基金用于对陷入财务困境的公司进行投资。这部分注资可直接购买企业股权，在解决企业应急需要的同时，可以阻止外资收购。此外，政府向企业提供4000亿欧元的担保，联邦政府用政府信誉为企业负债背书。另外1000亿欧元是通过德国政策性银行——德国复兴信贷银行（KfW）给企业提供流动性贷款。这将大大减轻其他商业银行和融资机构的贷款压力。政府将授权复兴信贷银行发行2000亿欧元债券为上述两项举措筹资，政府为债券发行提供担保。为使疫情对企业的影响降到最低，德国复兴信贷银行将放宽贷款条件，降低对于企业信用度的要求，确保大部分的企业都可以申请。为了简化贷款流程，方案还规定，企业只需要通过其往来银行的风险评估，就可以拿到最高300万—1000万欧元的信用额度。贷款可用于企业的投资和运营支出，包括办公场所的租金成本和人员费用等。

二是政府加大公共卫生投入。德国政府将分配35亿欧元保障医疗健康相关措施，包括防护装备购买和疫苗研发等。额外550亿欧元作为备用，应对疫情进一步蔓延。另外，联邦政府将会采取措施帮助医院和医生应对因收入下滑和成本上升带来的冲击。

① https：//www.bundesfinanzministerium.de/Content/EN/Standardartikel/Topics/Priority - Issues/Corona/2020 - 03 - 25 - combating - the - corona - virus.html.

三是设立500亿欧元直接援助项目基金（Soforthilfe），为自由职业者、个体户和小型商业等提供一次性补助，以覆盖3个月运营成本，补贴无须偿还，并将尽量减少申请程序和条件。按照计划，规模小于5人的公司每3个月将得到一笔一次性9000欧元的资金注入，而全职员工数量为5—10人的公司，每个季度获得一次性补助15000欧元。

2. 公布旨在保护就业、帮助企业渡过难关的措施。2020年3月13日，德国联邦副总理兼财长朔尔茨、经济部长阿尔特迈尔公布一揽子经济政策措施，旨在保护就业，帮助企业渡过难关[①]。具体内容包括：

一是加大短时工作津贴保障劳动力收入。联邦政府将在2020年4月之前有针对性地调整短时工作津贴相关规定，简化并放宽申请条件。申请门槛降至10%（即当企业有10%的员工受到影响而无法正常工作时，可申请短时工作津贴，此前为1/3）。临时工也可申请短时工作津贴。社保由联邦劳动局（BA）全额退缴。

二是为企业在税收方面给予延期或提供便利。在政府公布的一揽子救助计划中还提到政府将采取允许延期纳税、降低预付税款金额以及免缴滞纳金等措施，帮助改善企业流动性。联邦财政部将牵头与各州进行协调。具体内容如下：（1）延期纳税许可便捷化。如果如期纳税确有困难，税务部门可以允许延期纳税，不得提出严格要求，以帮助纳税人纾解流动性困难。（2）预先支付调整便捷化。一旦明确纳税人当年收入低于往年，就可简单快速降低其预付税款金额。（3）只要应缴税款的债务人受到新冠病毒直接影响，在2020年12月31日前可以免受惩罚（如冻结账户）或免缴滞纳金。

3. 降低逆周期资本缓冲比例。2020年3月18日，德国财政部、德国联邦金融监管局和德国央行发表联合声明称，自4月1日起将逆周期资本缓冲比例降至0，至少持续到12月份[②]。该资本缓冲要求的目的是在经济状况良好时让银行为经济低迷作好准备。由此，可释放银行超过50亿欧元（55亿美元）的资本。

4. 为不同人数企业提供最多50万或80万欧元贷款。2020年4月6日，德国财政部长肖尔茨表示，政府将提供多达100%的担保，为员工人数为10—50人的企业提供最多50万欧元的贷款，对于拥有更多员工的企业，贷款总额可达80万欧元[③]。

5. 1300亿欧元的经济刺激方案，涵盖促进消费、企业支持与民众补贴。2020年6月3日，德国执政联盟通过了一揽子总金额1300亿欧元的经济刺激方案[④]，其中1200亿欧元由联邦政府负担。内容涵盖促进消费、企业支持与民众补贴多个方面，时间覆盖2020年和2021年。依据这一方案，2020年从7月1日开始，增值税标准税率从19%下调至16%，低税率从7%下调至5%，持续6个月。这部分减税预计总计200亿欧元。另外，至少100亿欧元投入地方政府，帮助税收减少的地方

①②③④　https：//www. imf. org/en/Topics/imf - and - covid19/Policy - Responses - to - COVID - 19#U.

当局应对公共开支；每名儿童获得一次性300欧元补贴，单亲家庭享受更多补贴；增加对儿童看护设施的投入；加大对电动汽车和混合动力汽车的行业扶持；对严重受创行业延长援助期限以及投资于可再生能源、量子计算和数字化行业。

## （二）德国财政政策注重长短结合

德国出台的财政政策包含多种对抗疫情的“正确动能”。在疫情危机前期，德国及时采取了维持企业生存、保护就业、增加公共卫生投入等强有力的抗疫举措，缓解疫情对经济冲击。在疫情可能长期存在的情况下，德国政策的出发点不仅包括降低疫情对经济的短期冲击，还注重增强德国经济竞争力。例如，1300亿欧元的经济刺激方案不仅包含减税，还包括鼓励在交通、气候保护等领域加大新技术推广，这有助于增强德国在这些领域的竞争力。

德国财政政策短期内能有效对冲经济下行压力，根据测算，德国财政政策将拉动德国消费和投资分别增加1985.8亿欧元和970亿欧元，分别占2019年德国GDP的5.74%和2.8%。

财政政策层面，通过刺激居民消费和政府消费两方面拉动消费。居民消费层面，尽管财政直接用于家庭补助的资金规模未知，但本次税收减收的335亿欧元将会最终形成家庭收入，并用于疫情期间的消费。我们利用1997—2019年德国GDP和家庭消费支出数据进行回归，得到德国家庭消费倾向系数为0.48，这意味着德国税收减收的335亿欧元将形成160.8亿欧元的消费。另外，假设1300亿欧元的经济刺激方案中增值税减税（200亿欧元）与地方公共支出（100亿欧元）外剩余的1000亿欧元中的一半（500亿欧元）用于支持家庭消费。在政府消费层面，7500亿欧元的一揽子救助计划包括1225亿欧元额外支出，其中35亿欧元用于公共卫生支出；1300亿欧元的经济刺激方案中有100亿元用于公共支出。

投资分为企业投资和政府投资，6000亿欧元企业贷款担保和股权注入基金能够发挥稳定企业投资的作用，而德国政府的120亿欧元基础设施投资能够直接增加政府投资。6000亿欧元企业贷款并不能直接形成固定资本投资。根据德国2000—2019年银行企业贷款和固定资本投资数据，利用OLS估计方法回归，得到两个变量具有显著的相关关系，系数为0.025，这就是说6000亿欧元贷款能够带动150亿欧元企业投资（见表2-4）。另外，假设1300亿欧元的经济刺激方案中200亿欧元增值税减免全部用于企业投资，除去减税（200亿欧元）与地方公共支出（100亿欧元）外剩余的1000亿欧元中的一半（500亿欧元）用于支持企业投资。

表 2-4 德国财政政策规模和拉动效果

| 经济变量 | 财政支持规模 | 财政政策拉动效果 |
| --- | --- | --- |
| 消费 | | 1985.8 亿欧元 |
| 居民消费 | 835 亿欧元 | 660.8 亿欧元 |
| | 335 亿欧元（税收减收） | 160.8 亿欧元 |
| | 500 亿欧元（1300 亿经济刺激计划） | 500 亿欧元 |
| 政府消费 | 1325 亿欧元 | 1325 亿欧元 |
| 公共卫生支出 | 35 亿欧元 | |
| 公共支出 | 100 亿欧元 | |
| 其他 | 1190 亿欧元 | |
| 投资 | | 970 亿欧元 |
| 企业投资 | 6000 亿欧元（贷款担保 + 股权基金） | 150 亿欧元 |
| | 700 亿欧元（1300 亿经济刺激计划） | 700 亿欧元 |
| 政府投资 | 120 亿欧元（基础设施投资） | 120 亿欧元 |

### （三）德国长期实施的零赤字财政平衡原则被打破，财政风险上升

为了应对疫情冲击，德国政府推出的大规模财政刺激计划，在促进经济复苏的同时，也打破了德国长期实施的零赤字财政平衡原则，并导致德国赤字率与政府债务上升，增加德国的财政风险，对德国的财政健康形成巨大考验。根据测算，德国财政政策总规模为 8860 亿欧元，占德国 2020 年 GDP 的 27.64%，德国实施财政应对政策增加额外赤字规模 2160 亿欧元，将导致其 2020 年赤字率增加 6.74%。假设额外赤字规模均通过发债来解决，增加德国政府债务 2160 亿欧元将导致 2020 年政府负债率达到 69.62%。

## 五、日本三轮紧急经济对策

### （一）重点支援企业稳定就业和支撑家庭收入，加速推进数字化改革

截至 2020 年 10 月，为了降低疫情对本国经济社会的负面冲击，日本出台了三轮紧急经济对策，涉及资金规模达 110.05 万亿日元，包括：153 亿日元的第一轮紧急经济对策，2.03 万亿日元的第二轮经济对策，108 万亿日元的第三轮紧急经济对策。

1. 第一轮紧急经济对策：支持中小企业与抗疫物资生产。2020 年 2 月 14 日，

日本通过了应对新冠疫情扩大的第一轮紧急对策方案①。该方案涉及金额约153亿日元。措施主要有：一是利用财政资金加大对受疫情影响的中小企业扶持力度；二是支持企业设备投资与生产，推动企业尽快从供应链受损的状态中恢复正常；三是加大对新冠肺炎疫苗的研发与投入；四是对口罩生产企业每条生产线给予最高3000万日元补助，鼓励企业尽快扩大产能，支持疫情期间短缺的口罩尽快增产。此外，日本政府还将通过政策金融公库设置5000亿日元的紧急贷款与担保额度，支持受疫情影响的中小企业。同时，日本进一步放宽了雇佣调整助成金条件，以帮助陷入经营困境的企业继续雇佣员工。

2. 第二轮紧急经济对策：支持中小企业、家庭与医疗系统。日本在2020年3月10日召开的新冠病毒感染对策会议上再次宣布，将出台应对新冠疫情扩大的第二轮紧急对策方案②。政府将提供约1.6万亿日元用于企业融资援助，向受疫情影响的中小企业发放低息或无息贷款，并提供规模为4308亿日元的财政资金，通过向企业发放员工在家育儿补贴、雇佣补助金等方式减轻疫情带来的影响。其中，直接用于抗击病毒和加强医疗系统的经费约620亿日元，对家庭的直接补助约2240亿日元，缓解疫情对经济的冲击约1410亿日元。

3. 第三轮紧急经济对策：为企业减税、支持企业融资、提供家庭补助与支持医疗系统。日本政府在2020年4月7日召开临时内阁会议，正式确定了为应对新冠疫情实施的第三轮紧急经济对策。总的来看，日本将出台总规模高达108万亿日元的刺激计划③，以降低疫情对日本经济社会的影响。政策计划包括政府财政支出39.5万亿日元和向企业提供45万亿日元金融支持。这是日本有史以来发布的最大规模经济刺激方案。为了落实这一方案，日本政府还将编制补充预算，这也是日本首次在年度开始不久就编制补充预算。

第三轮紧急经济对策的主要内容包括疫情防控和疫后经济发展两方面内容。具体政策措施包括：一是对家庭和企业进行现金补助，对于处境艰难的家庭、中小微企业，政府将提供超过6万亿日元现金补助；二是对儿童的特殊补助，每户家庭除补助30万日元外，每个孩子还能获得1万日元的儿童补助，以帮助有多个孩子的家庭；三是创设首个面向企业和个体户的给付金制度，向销售额大幅减少的中小企业提供200万日元补助，向个体经营户提供100万日元补助，并减免固定资产税；四是允许企业推迟一年缴纳消费税、社会保险费等，无须负担延迟缴纳费，延期缴纳规模为26万亿日元，以确保企业继续运转；五是确保企业和个体户能从地方银行、信用金库、信用组合等民间金融机构获得无息、无担保、还款期最长为5年的贷款，以保护就业；六是计划将雇佣调整补助的补助率提升到历史最高；七是向医疗系统拨款1.8万亿日元防止疫情扩散；八是设置1.5万亿日元的疫情对策特别预备费。

---

①②③ https://www.imf.org/en/Topics/imf-and-covid19/Policy-Responses-to-COVID-19#U.

## （二）财政政策能够在短期内发挥促进经济增长的作用

日本财政政策短期内能有效对冲经济下行压力，根据测算，日本财政政策将拉动日本消费和投资分别增加33.51万亿日元和21.20万亿日元，分别占2019年日本GDP的24.88%和15.74%。

假设第一轮紧急对策方案中的1/3用于维持企业雇佣，1/3用于支持企业投资，1/3用于公共卫生支出。第二轮紧急经济对策中，直接用于抗击病毒和加强医疗系统的经费约620亿日元，对应政府公共卫生支出；对家庭的直接补助约2240亿日元，对应居民消费；缓解疫情对经济的冲击约1410亿日元，假设为政府投资。日本暂未公布第三轮108万亿日元的刺激计划的具体投向，根据已有信息可知，45万亿日元用于向企业提供金融支持，假设其类似贷款，剩余63万亿日元假设平均用于居民消费、政府消费与政府投资。

财政政策层面，通过刺激居民消费和政府消费两方面拉动消费。居民消费层面，我们利用1970—2019年日本GDP和家庭消费支出数据进行回归，得到日本家庭消费倾向系数为0.56，这意味着日本21.23万亿日元的消费刺激可以增加12.45万亿日元居民消费。政府消费为21.06万亿日元。投资方面，政府投资为21.14万亿日元，46.6万亿日元的金融支持并不能直接形成固定资本投资。根据日本2003—2019年M2和固定资本投资数据，利用OLS估计方法回归，得到两个变量具有显著的相关关系，系数为0.0012，这就是说46.6万亿日元的金融支持能够带动559亿日元的企业投资。另外，假设第一轮刺激的51亿日元直接用于支持企业投资。因此，日本刺激政策推动企业投资610亿日元（见表2－5）。

**表2－5　　　　日本财政政策规模和拉动效果**

| 经济变量 | 财政支持规模 | 财政政策拉动效果 |
|---|---|---|
| 消费 | | 33.51万亿日元 |
| 　居民消费 | 51亿日元（第一轮）<br>2240亿日元（第二轮）<br>21万亿日元（第三轮） | 12.45万亿日元 |
| 　政府消费<br>　　公共卫生支出 | 51亿日元（第一轮）<br>620亿日元（第二轮）<br>21万亿日元（第三轮） | 21.06万亿 |

续表

| 经济变量 | 财政支持规模 | 财政政策拉动效果 |
|---|---|---|
| 投资 | | 21.20 万亿日元 |
| 企业投资 | 51 亿日元（第一轮） | 610 亿日元 |
| | 1.6 万亿日元融资援助（第二轮） | 51 亿日元 |
| | 45 万亿日元金融支持（第三轮） | 559 亿日元 |
| 政府投资 | | |
| | 1410 亿日元（第二轮） | 21.14 万亿日元 |
| | 21 万亿日元（第三轮） | |

### （三）财政政策导致日本赤字与债务激增，财政健全化目标延后

与以往应对经济危机类似，为了应对疫情对日本经济社会造成的巨大冲击，日本不得不再次出台大规模经济刺激政策，这势必导致日本大幅增加财政支出，并导致日本赤字与债务激增。债务激增势必会再次加重日本本就沉重的债务负担，赤字的大幅攀升也不利于日本财政保持稳健水平，从而导致日本财政健康度的进一步下降，并使日本实现财政稳健目标越发困难。根据 IMF 公布的数据显示，2020 年日本赤字率将达到 14.7%，较 2019 年上升近 12 个百分点，创历史新高。另外，以日本出台的 108 万亿日元刺激计划为例，直接财政支出高达 39.5 万亿日元，占日本 GDP 的 7%，超过 2008 年金融危机期间日本财政支出的 2 倍。为了确保财政收入能够支持刺激计划的实施，日本政府计划发行 16.8 万亿日元国债，其中，赤字国债规模约为 14.5 万亿日元，这也是 2012 年第二次安倍内阁成立以来，首次因采取经济对策而发行赤字国债。根据日本财务省公布的数据显示，2020 财年日本预算收入为 102.66 万亿日元，其中，新发行国债为 32.56 万亿日元，预算收入中国债占比为 31.7%。如果再加上日本为保证刺激计划实施而额外发行的 16.8 万亿日元国债，那么 2020 年日本新发行国债将增加至 49.36 万亿日元，预算收入中国债占比则进一步提高到 41.32%。

## 六、小结与启示

### （一）各国财政政策的特点

新冠疫情在本国范围内的蔓延，对各国经济社会造成了巨大负面冲击。为了缓解疫情带来的负面影响，美国、德国、英国、法国、日本等经济体相继行动，出台大规模的财政政策，稳定疫情下受冲击的经济社会发展。通过梳理可以发现上述国

家出台的财政政策具有如下特点：一是财政政策出台非常及时。面对疫情在国内的蔓延，美国、德国、英国、法国在2020年3月就出台了有关财政政策，日本更是在2月就出台了有关财政政策。二是财政政策刺激力度逐步达到空前水平。例如，美国财政刺激规模从83亿美元逐步增加到创纪录的2.3万亿美元；在日本出台的三轮刺激政策中，第三轮的刺激规模同样增加到创纪录的108万亿日元。三是财政政策的综合性不断增强。财政政策的发力点从疫情初期的支持抗疫支出，演变成现在的支持抗疫支出、为企业与家庭纾困、重启经济并重。

### （二）对全球的溢出效应

美国、德国、英国、法国、日本等经济体出台的大规模财政政策，既对其应对疫情冲击、维护自身经济社会稳定发展具有不可或缺的作用，又对全球具有一定的溢出效应。由于世界经济具有高度的相互关联性，美国经济前景的不确定性，美元危机以及日本、欧洲国家的债务问题等都是不可忽视的风险点。这些风险在一定条件下有可能相互转化，任何一个风险点的暴发都可能引发多米诺骨牌效应，财政风险可能转化为金融风险甚至全面经济危机风险。

1. 一定程度上带动全球消费与投资。从短期看，上述国家大规模财政政策会增加公共财政负担，但在应对经济衰退方面将发挥重要作用。另外，通过测算发现，这些国家出台的财政政策在拉动本国消费投资的同时，还会通过国际贸易、国际投资等途径带动全球的消费与投资。

2. 非常规政策的副作用逐渐显现。随着时间的推移，各国非常规政策的副作用也会逐步显现。例如，英国大规模财政政策带来的政府支出增加将给通胀带来上行压力。另外，英国试图通过财政援助政策稳定企业经营和居民收入，以刺激需求、促进增长。然而，在疫情没有根本缓解或缺乏稳定预期的条件下，这些政策可能效力有限且缺乏可持续性。

3. 美国国债主要债权国面临资产缩水风险。新冠疫情在全美范围内的蔓延，导致美国经济停摆与金融市场震荡，美国经济衰退风险大幅上升。以目前的疫情进展来看，美国经济依然面临较大下行压力，前景存在高度不确定性。财政政策虽能帮助美国在短期内维持有效需求，以更好地应对疫情危机与经济下行风险，但也会导致美国财政收支状况进一步恶化，并在中长期给美国经济带来一定的隐患，同时美国财政政策的外溢性将给全球经济带来巨大冲击。美国财政刺激的前提是美联储无上限的QE承接美债。实际上，目前美联储大部分QE资金都用于购买美国国债与市政债，为美国数万亿美元经济刺激计划与巨额财政赤字“买单”。美联储购买美债，从广义政府部门的角度看，就是将财政部的债务转化为央行的债务，最终走向财政货币化的道路。这会导致美国信誉下降与美元价值大幅降低，从而引发各国央行以及国际投资者减持美元资产、抛售美元，进而加速全球去美元化进程。

4. 引发全球流动性泛滥风险。从中期来看，上述国家大规模财政政策释放的大量流动性，可能无法及时收回，进而导致全球流动性泛滥，刺激资产价格泡沫与非理性繁荣，给全球带来巨大经济金融风险，甚至有可能把世界经济拖入深渊。以日本为例，日本也出台了大规模财政政策，同样需要日元量化宽松的支持，除了美元，日元也是全球外汇储备的主要币种与世界公认的避险货币之一。尤其在全球出现“去美元化”背景下，日元债券受到投资者关注。日元流动性泛滥，一方面会导致日元贬值，另一方面会对新兴市场国家造成通胀压力。不过与美元相比，日本财政政策带来的外溢效应与美国相比有限。

5. 推高全球债务风险和金融风险。从长期看，大规模财政政策将导致美国、德国、英国、法国、日本等国家面临财政赤字激增与公共债务水平高企的困境，这可能会进一步加剧全球公共债务风险。另外，在疫情过后，大规模财政政策的“后遗症”还包括全球经济将长时间面临低增长、低通胀、低利率的局面。以法国为例，法国大规模财政政策将导致法国减债目标延后。法国政府曾承诺将有效削减债务规模，此前计划在 2019 年将债务占 GDP 的比重降至 97. 1% ，到 2022 年稳步降至 91. 4% 。但数据显示，2019 年三季度，法国的公共债务占 GDP 的比重已攀升至 100% ，如今为抗疫再度扩大支出，让这一减债目标变得遥不可及。疫情冲击下为财政支出开绿灯是无奈之举，这也必将为疫情过后的法国以及欧洲经济带来新的考验。更高的公共债务水平有可能成为包括法国在内的欧洲经济的永久特征。

另外，美国等发达国家的大规模财政政策导致公共债务规模快速攀升，可能会给全球带来巨大金融风险。例如美国，伴随美国债务规模快速攀升与美债收益率下滑，投资者可能为了追求收益，配置更高风险和更差流动性的资产，这无疑会进一步推升全球金融市场的脆弱性，加大财政危机向金融危机转化的风险。

6. 日趋狭小的财政空间增加世界经济复苏的不确定性。虽然美国、德国、英国、法国、日本等国家政府能够在短期内显著增加支出以应对疫情，但随着紧急融资转向更长期的恢复计划，这些国家的政府需要财政空间来制定可持续的、积极的反周期财政政策，以便为公共卫生和社会保护体系提供资金，并满足可持续发展目标。由于全球面临债务和财政赤字高企的状况，全球经济衰退给公共财政带来沉重负担。即使是注重财政稳健的德国，疫情期间也出台大规模财政政策计划，表明其财政思维出现了根本性改变。基于德国多年的预算盈余，在疫情暴发前，德国对债务融资基本没有兴趣。但在疫情暴发后，德国开始通过利用债务融资支持大规模财政刺激。

下一步视疫情引起的供需危机的缓解情况，各国收紧财政政策的可能性极高。收紧的时间点是关键，如果过快收紧财政政策，没有政府的持续支持，破产和失业率可能出现报复性增长。这不仅对本国经济产生负面影响，更会加剧世界经济复苏的不确定性。

## 本章参考文献


1. Taylor A, COVID－19 relief pushes U. S. budget deficit to a record ＄3. 1T, 2020－10－9, https://apnews. com/article/virus outbreak－business－economy－2bcc6fc65429d957b7f8275b2203f76d.

2. CBO, The 2020 Long－Term Budget Outlook, https://www. cbo. gov/publication/56598.

3. Jeff Stein, U. S. government debt will nearly equal the size of the entire economy for first time since World War II, CBO finds, September 3, 2020, https://www. washingtonpost. com/us－policy/2020/09/02/government－debt－economy－coronavirus/.

4. DREW DESILVER, The U. S. budget deficit is rising amid COVID－19, but public concern about it is falling, AUGUST 13, 2020, https://www. pewresearch. org/fact－tank/2020/08/13/the－u－s－budget－deficit－is－rising－amid－covid－19－but－public－concern－about－it－is－falling/.

5. ロイター，米経済、完全回復なお遠い　下方スパイラルの恐れも＝FRB 議長，2020 年 10 月 6 日，https://jp. reuters. com/article/usa－fed－powell－idJPKBN26R2U1.

6. Jon Hilsenrath，トランプ氏の経済政策、コロナ前後で評価は?，2020 年 10 月 16 日，https://jp. wsj. com/articles/SB11558895924352213554804587039093370467520.

7. IMF, World Economic Outlook Update, June 2020: A Crisis Like No Other, An Uncertain Recovery, https://www. imf. org/en/Publications/WEO/Issues/2020/06/24/WEOUpdateJune2020.

8. StatisticsBureay of Japan, Implementation of Regular Surveys Taking into Consideration Countermeasures against the Novel Coronavirus Disease (COVID－19) (Labour Force Survey, Family Income and Expenditure Survey, Retail Price Survey) http://www. stat. go. jp/english/info/covid－19/index. html.

9. 刘尚希．公共支出范围：分析与界定［J］．经济研究，2002（6）.

10. 刘尚希．公共风险论［M］．北京：人民出版社，2018.

# 第三章
# 财政健康度比较

**本章导读：**

疫情发生之前，多个国家的财政健康度就已经暴露出各种问题。而疫情的冲击更是导致各国财政健康度明显恶化。研究发现，财政健康度与国家的经济实力及赤字和债务偏好密切相关，平时严守财经纪律可以为危机预留更多的政策空间。因此建议在风险更为多发的背景下，财政政策在正常情况下应该更为审慎，在危机期间更为积极，有必要提高中央政府的统筹能力，以及赋予财政收支更多的弹性。

在新冠肺炎疫情的冲击下，世界各国财政状况都出现明显恶化，本章选取美国、日本、德国、英国和意大利为样本，研究这些国家在疫情冲击下财政健康度的变化、存在的相同特点和不同趋势，总结经验和教训。

## 一、疫情前部分国家财政健康度已有问题

虽然在疫情的冲击下，各国财政健康度都明显下滑，但是早在疫情发生之前，部分国家的财政健康就已经暴露出各种问题。

### （一）美国财政健康度在退化

与发达经济体的总体趋势相反，2018 年美国债务率仍在增长。2018 年 4 月，国际货币基金组织报告称，自 2012 年以来，发达经济体整体赤字占 GDP 的比重一直在下降，并预测未来 5 年，大多数发达经济体的债务占 GDP 的比重将下降。2019 年

12月，该组织表示，发达经济体公共部门的债务比率总体在下降，其中有一半的国家在2018年实现了财政盈余，与上一年相比有1/3的国家实现了赤字的缩减或盈余的增加。整体来看，2018年发达经济体的平均债务率较2017年下降了0.9%。然而，与之形成鲜明对比的是，美国的债务负担继续增长①。

2019年美国财政状况仍然落后于发达国家的整体水平。国际货币基金组织的财政监测（Fiscal Monitor）数据显示，2019年与发达国家总体水平相比，在所监测的多数指标中，美国的财政情况仍在继续恶化。从预算平衡来看，美国赤字情况远比发达国家总体水平严重，且二者间的差距仍在扩大，但是趋势有所放缓；从债务水平来看，无论是总债务还是净债务，美国都更高且增速更快。与经济形势的影响相比，财政政策的调整是赤字增加的更为重要的原因；总债务和净债务分别增长2.08%和0.86%，债务仍在攀升，且有加速趋势②。

### （二）日本过度依赖发债，老龄化问题突出

在疫情暴发前，日本财政就面临收入增长缓慢、过度依赖赤字和国债、支出刚性增长、社保与利息费用居高不下等问题。日本经济增速长期低迷，这不仅导致税基无法稳定增加，不利于财政收入的持续提高，而且依靠上调消费税税率增加税收收入无异于饮鸩止渴，结果导致预算收入高度依赖发债。日本2020财年预算案显示，计划新发行国债约32.56万亿日元，占预算收入的31.7%。日本财政支出刚性增长，支出结构不断固化。伴随突出的老龄化问题的包括养老金、医疗保险和护理保险在内的社会保障费支出的增加带来的社会风险，对日本财政健康的冲击不容忽视。这些都降低了在正常情况下财政应对公共风险的能力，大大增加了风险处理难度，使经济发展中出现的风险无法得到及时化解，这些风险的持续积累无疑会对财政健康构成威胁③。

### （三）意大利主权债务评级不断被下调

2020年2月7日，穆迪把意大利的长期债务信用评为Baa3级。Baa3是投资级别中的最低一级，意味着保证程度一般，利息支付和本金安全现在有保证，但在相当长远的一些时间内具有不可靠性，缺乏优良的投资品质。风险程度上，安全性中等，短期内还本付息无问题，但在经济不景气时风险增大。意大利短期债务评级为P-3，意味着发行人（或相关机构）短期债务偿付能力尚可。1985年意大利的主权评级还处于Aaa的最佳评级，2012年之前虽有所波动，但一直处于A区间，2012

①② 张晓云等：《疫情背景下美国财政健康度分析》。

③ 金殿臣：《疫情背景下的日本财政健康度分析：公共风险的穿透》。

年6月，评级陡降至Baa2，2018年10月进一步降至Baa3，这说明在疫情暴发之前，意大利的整体资产负债状况已经处于不佳的状态①。

## 二、疫情对主要国家财政健康度的影响路径

疫情对上述主要国家财政健康度的影响是分阶段的，在疫情本土大暴发之前，财政健康度受到的影响相对有限，影响主要来自疫情导致的全球供应链的中断和对进出口的影响传导到经济上进而传导到财政上。但是在疫情本土大暴发之后，除了疫情通过影响经济进而影响财政外，疫情应对措施也对财政造成影响。

### （一）疫情本土大暴发之前：疫情—经济—财政健康度

在疫情本土大暴发之前，疫情对主要国家的影响体现在由于疫情对其他国家造成影响，各国作为开放型经济体也会受到影响，主要表现在全球供应链的中断和进出口上，具体包括国外需求的下降、产业链条中断导致的供应不足。虽然受到疫情影响，但是其对各国经济的整体影响相对有限，传导到财政上，财政健康度受到的影响也不显著。以英国为例，2020年3月下旬英国遭遇疫情的本土大暴发，从财政数据来看，英国2020年1月和2月的公共部门净借款（不包括公共部门银行）和公共部门净债务（不包括公共部门银行）与上年同期相比没有太大的变化（见图3-1和图3-2）②。

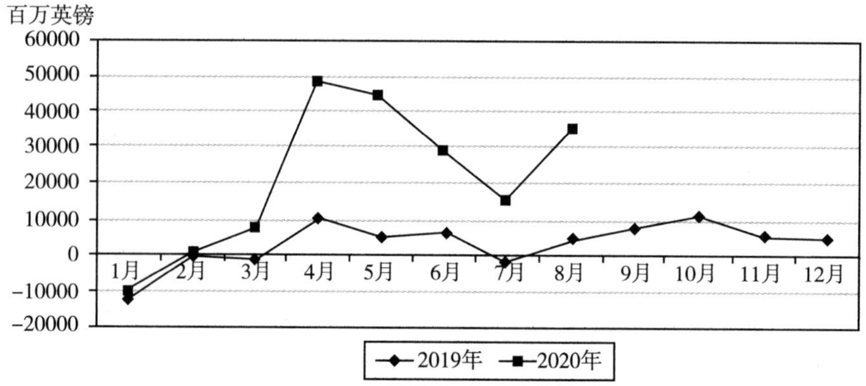


**图3-1 公共部门净借款（不包括公共部门银行）**

资料来源：英国国家统计办公室，https：//www. ons. gov. uk/。

① 刘翠微：《一块“短板”影响财政健康度——医疗卫生体系脆弱性对意大利财政健康度影响分析》。

② ONS发布的Public Sector Finance。

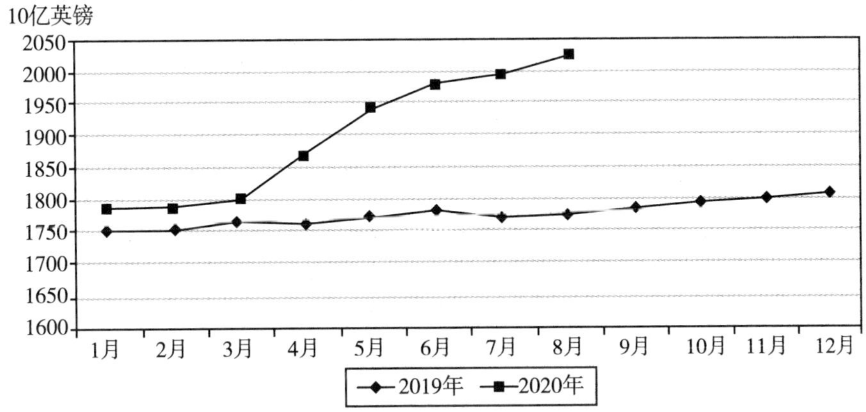


**图 3－2　公共部门净债务（不包括公共部门银行）**

资料来源：英国国家统计办公室，https：//www. ons. gov. uk/。

## （二）疫情本土大暴发后：疫情—经济—财政健康度、疫情—政策—财政健康度

疫情本土大暴发后，疫情对财政健康度的影响出现了新的传导路径，传导路径分为 2 条，一是疫情—经济—财政健康度，二是疫情—政策—财政健康度。随着疫情的本土暴发和蔓延，疫情对经济的影响体现在疫情本身的影响和疫情采取的措施的影响上。其影响程度有很大的不确定性，取决于与疫情直接相关的一些指标，如感染的人数、每一病例的诊治时长、疫情的持续时间等，还取决于政府采取的措施以及措施的实施期限，如暂时关停、社交距离、禁足令等。其影响包括供应链的中断和临时性失业，这在短期内将对产出直接造成影响，降低生产能力。由于疫情，个人消费需求、企业投资需求和国外需求都会出现下降，反过来也会对产出造成不利影响。

为了减轻疫情对经济社会的冲击，避免其给经济和财政造成长期更大的损失，政府积极采取了其认为必要的专门为疫情打造的政策措施，帮助医疗卫生体系、经济社会渡过暂时性冲击。这些措施增加政府支出、减轻企业负担，导致政府赤字规模创下和平时期的新高。这些应对疫情的措施直接导致财政健康度的下滑。

以英国为例，2020 年 3 月公共部门净借款超过 68 亿英镑，无论环比还是同比都出现明显上升；该指标在 4 月创下新高，接近 500 亿英镑（见图 3－1）。公共部门净债务从 3 月的略超过 1. 8 万亿英镑（占 GDP 的 87. 7%）开始明显上升，截至 8 月已经超过 2 万亿英镑，占 GDP 的 101. 9%（见图 3－2）[①]。

---

① ONS 发布的 Public Sector Finance。

## 三、疫情冲击下一些国家财政健康度明显恶化

为了限制新冠肺炎疫情的传播，减轻疫情对经济社会的冲击，避免其给经济和财政造成长期更大的损失，各国政府纷纷采取公共卫生限制措施和支持企业和个人的措施。这些措施是有成本的，对各国的财政健康造成了明显的负面影响。

### （一）赤字规模纷纷创下和平时期的新高

在新冠疫情暴发之前，这些国家的财政赤字除美国外都处于较低的水平，其占GDP的比重基本上低于3%。疫情发生后，按照IMF（国际货币基金组织）2020年10月《世界经济展望》（World Economic Outlook）的预测，2020年这些国家的财政赤字占GDP的比重除德国外预计超过10%，除德国外其他国家的该比重与上年相比预计上升10个百分点以上，而且2021年财政赤字预计超过3%（见表3－1）①。

**表3－1　政府财政盈余/赤字占GDP比重（2018—2021年）**　单位：%

| | 财政盈余/赤字 | | | | 结构性盈余/赤字 | | | |
|---|---|---|---|---|---|---|---|---|
| | 2018年 | 2019年 | 2020年预测数 | 2021年预测数 | 2018年 | 2019年 | 2020年预测数 | 2021年预测数 |
| 美国 | －5.8 | －6.3 | －18.7 | －8.7 | －5.7 | －6.8 | －15.0 | －7.6 |
| 日本 | －2.5 | －3.3 | －14.2 | －6.4 | －2.5 | －3.0 | －12.7 | －5.6 |
| 德国 | 1.8 | 1.5 | －8.2 | －3.2 | 1.3 | 1.3 | －5.8 | －1.8 |
| 英国 | －2.3 | －2.2 | －16.5 | －9.2 | －2.3 | －2.2 | －14.0 | －6.4 |
| 意大利 | －2.2 | －1.6 | －13.0 | －6.2 | －1.9 | －1.3 | －3.8 | －3.4 |

注：（1）盈余为正数，赤字为负数。（2）政府指整个政府。（3）结构性盈余/赤字是指经周期调整后的财政盈余/赤字。

资料来源：IMF2020年10月的《世界经济展望》（World Economic Outlook）表A8。

以赤字占比最高的美国为例，根据IMF的预测，2020年美国政府的财政赤字占GDP的比重预计上升到18.7%，比上一年增长12.4个百分点，该比重在2021年预计仍然高达8.7%②。不仅IMF的预测结果不够乐观，美国自己预测的结果也是如此。2020年4月24日，美国国会预算办公室（CBO）发布预测，如果涉及财政收支的法律大体保持不变，且没有重大的额外紧急资金支出，那么2020财年联邦赤字

①② IMF在2020年10月发布的《World Economic Outlook：A Long and Difficult Ascent》。

预计约为 3.7 万亿美元，占 GDP 的 17.9%，2021 财年为 2.1 万亿美元，占 GDP 的 9.8%，而 2019 财年该比率仅为 4.6%。之前名义赤字的最高纪录是在 2009 年创下的，约 1.4 万亿美元，即使在大衰退期间，赤字占 GDP 的比重也从未超过 10%。唯一能与 2020 年相比的，只有第二次世界大战期间的 1943 年，赤字占 GDP 的比重达到了 29.6%[①]。

## （二）债务规模急剧膨胀[②]

在新冠疫情暴发之前，这些国家政府总债务占 GDP 的比重呈现明显的差异化，最低的德国接近 60%，最高的日本接近 240%。疫情发生后，2020 年这些国家的政府总债务占 GDP 的比重预计明显上升，与上年相比上升 20—30 个百分点，差异化继续存在。这些国家政府净债务占 GDP 的比重的情况也类似。

政府总债务占 GDP 的比重最高和增长最多的都是日本。根据 IMF 的预测，2020 年日本政府总债务占 GDP 的比重预计上升到 266.2%，比上一年增长 28.2 个百分点，该比重在 2021 年预计略降至 264.0%。

政府净债务占 GDP 的比重最高的是日本，增长最多的是意大利。根据 IMF 的预测，2020 年日本政府净债务占 GDP 的比重预计上升到 177.1%，比上一年增长 22.2 个百分点，该比重在 2021 年预计继续上升至 178.9%。2020 年意大利政府净债务占 GDP 的比重预计上升到 148.8%，比上一年增长 25.8 个百分点，该比重在 2021 年预计下降至 146.1%。

**表 3－2　　政府债务占 GDP 比重（2018—2021 年）**　　单位：%

| | 总债务 | | | | 净债务 | | | |
|---|---|---|---|---|---|---|---|---|
| | 2018 年 | 2019 年 | 2020 年预测数 | 2021 年预测数 | 2018 年 | 2019 年 | 2020 年预测数 | 2021 年预测数 |
| 美国 | 106.9 | 108.7 | 131.2 | 133.6 | 83.2 | 84.0 | 106.8 | 107.3 |
| 日本 | 236.6 | 238.0 | 266.2 | 264.0 | 153.5 | 154.9 | 177.1 | 178.9 |
| 德国 | 61.6 | 59.5 | 73.3 | 72.2 | 42.7 | 41.1 | 54.1 | 54.2 |
| 英国 | 85.7 | 85.4 | 108.0 | 111.5 | 75.9 | 75.4 | 98.1 | 101.6 |
| 意大利 | 134.8 | 134.8 | 161.8 | 158.3 | 122.9 | 123.0 | 148.8 | 146.1 |

注：政府指整个政府。

资料来源：IMF2020 年 10 月的《世界经济展望》（World Economic Outlook）表 A8。

① 张晓云等：《疫情背景下美国财政健康度分析》。

② IMF 在 2020 年 10 月发布的《World Economic Outlook：A Long and Difficult Ascent》。

### （三）长期财政可持续性下降

疫情冲击对短期和中期的财政赤字和债务带来不利影响，长期财政可持续性也受到冲击。

以美国为例，美国政府问责局（GAO）、国会预算办公室和2019年财务报告（2019 Financial Report）虽然在对财政长期可持续性的预测中使用了不同的假设，但得出了相同的结论，即现行法律和政策中的收支不平衡问题将导致美国财政走上一条不可持续的道路，现行政策难以为继①。

以英国为例，英国对经济和财政数据进行官方预测的独立机构预算责任办公室（OBR）在2020年7月发布的《财政可持续报告：2020年7月》（Fiscal sustainability report – July 2020）通过3个潜在情景（上行、中间和下行）对经济和财政进行了预测。预测显示，从长期财政可持续性来看（50年），根据中间情景，公共部门净借款占GDP的比重预计在2020/2021财年后会有所回落，但是之后仍将持续上升，到2069/2070财年将会超过30%，而公共部门净债务占GDP的比重将持续增长，预计从当前财年的100%左右增长到2069/2070财年的420%左右（见图3–3）②。因此，消减赤字和债务是财政稳定的必选项，政府必将为此付出巨大努力。

## 四、在风险冲击中维护财政健康的砝码

在新冠疫情冲击下，各国财政状况出现明显的恶化，其财政健康度既呈现相同特点也显示出差异化，具体总结如下：

### （一）经济实力是构建确定性的基石

为了减轻疫情对经济社会的冲击，避免给经济和财政造成长期更大的损失，各国政府积极采取了其认为必要的专门为疫情打造的财政措施。这些措施可以被分为两类：一是减税和增加财政支出的措施，这些措施将直接导致财政健康度的恶化；二是政府为企业提供贷款或为企业贷款提供担保以及向企业注资，其对财政健康度

① 张晓云、李成威、杜崇珊：《疫情背景下美国财政健康度分析》。

② 预算责任办公室：《Fiscal sustainability report – July 2020》。

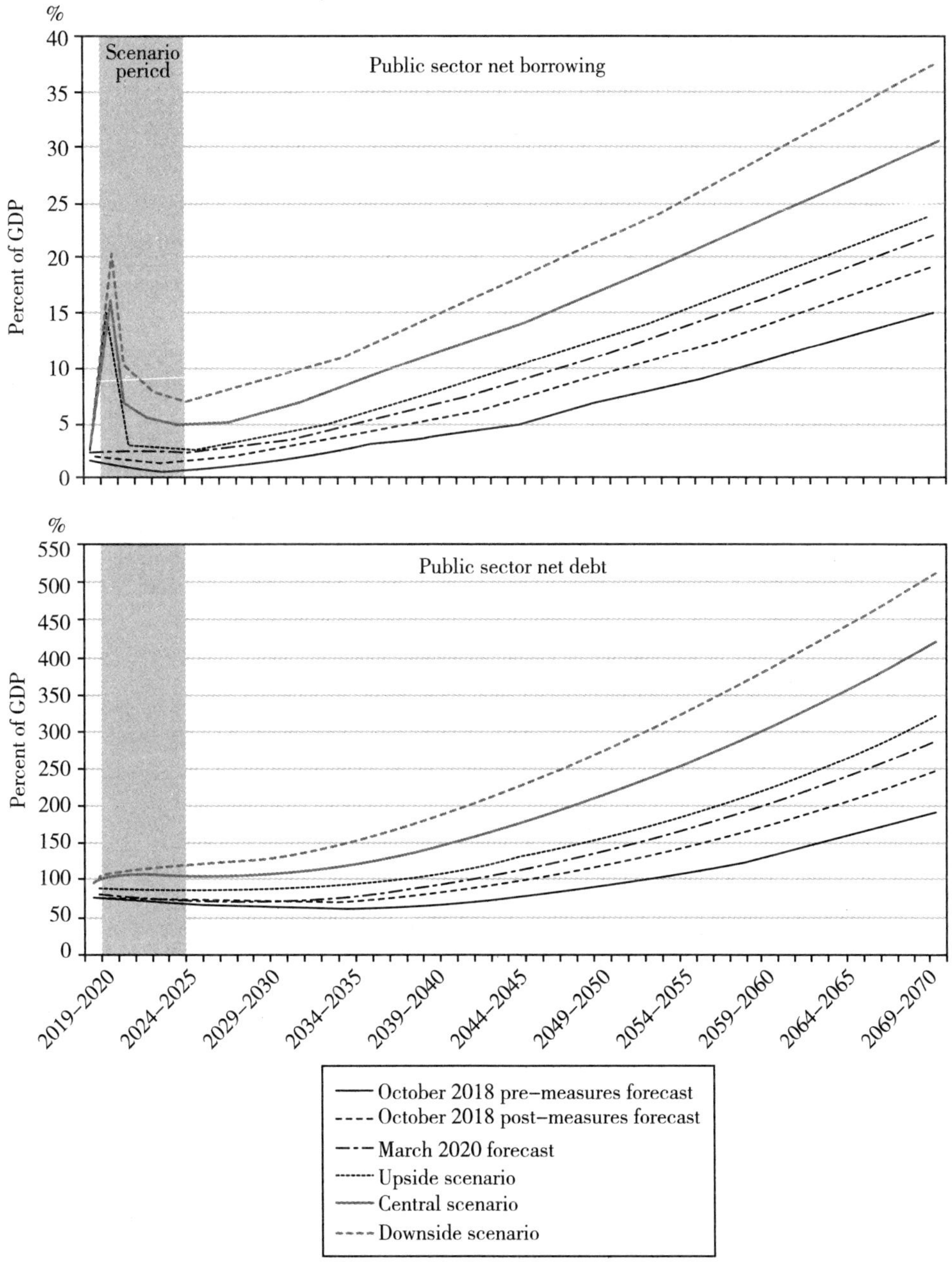


**图 3－3 公共部门净借款和净债务占 GDP 比重预测**

**（2019/2020—2069/2070 财年）**

注：（1）上图为公共部门净借款占 GDP 的比重，下图为公共部门净债务占 GDP 的比重。（2）图中的线从右侧看从上到下依次表示下行情景、中间情景、上行情景、2020 年 3 月的预测、2018 年 10 月措施后的预测、2018 年 10 月措施前的预测。

资料来源：《财政可持续报告：2020 年 7 月》图 4.5。

的影响存在不确定性。据 IMF 的测算[①]，采取的财政措施占 GDP 的比重较高的国家依次是德国、意大利、日本、英国、法国、西班牙、美国，与美元计量的 GDP 排名最高的 8 个国家高度重合（见图 3－4）。也就是说，虽然认识到应对措施有助于减少经济社会和财政的更大损失，但是应对冲击的大规模财政措施依靠的是国家的经济实力，国家有实力才可能动用更多资源应对冲击。

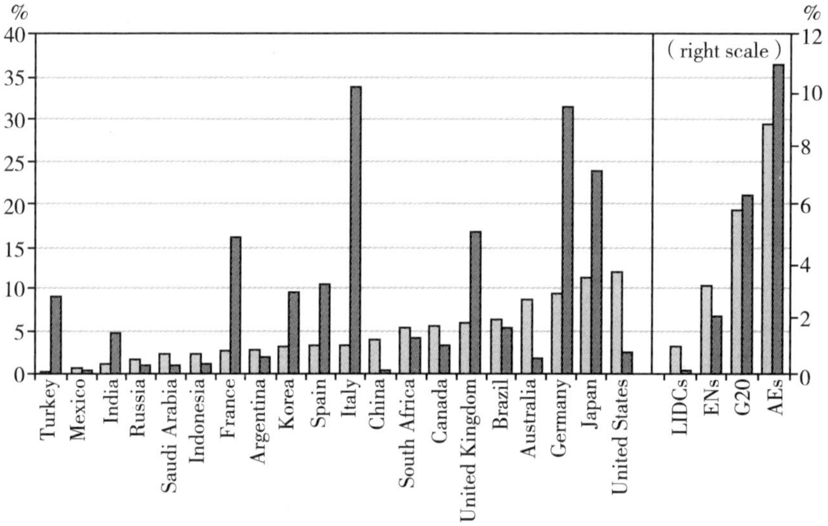


**图 3－4　各国应对 COVID－19 大流行采取的财政措施占 GDP 的比重**

注：（1）每个国家的第 1 个柱状表示收入和支出措施，第 2 个柱状表示贷款、注资和担保措施。（2）横轴从左数第 11 个国家是意大利，12 是中国，15 是英国，18 是德国，19 是日本，20 是美国，之后分别代表低收入发展中国家、新兴市场、G20 国家和发达经济体。

资料来源：IMF《世界经济展望：2020 年 6 月》附件图 1。

## （二）债务空间影响财政健康度的韧性

如上文所述，减税和增支措施将直接导致财政健康的恶化。采取这类措施规模最高的国家依次是美国、日本和德国（见图 3－4）。这些措施必然反映到赤字和债务上。按照 IMF 的预测，2020 年赤字占 GDP 的比重最高的是美国，赤字占 GDP 的比重增加最多的是英国，总债务和净债务占 GDP 的比重最高的都是日本（见表 3－1、表 3－2）[②]。这说明美国对赤字的容忍度较高，这与美国的经济实力、经济结构、在世界的地位和美元的地位是密切相关的。美国央行通过购买国债投放货币，美元作

① IMF 发布的《World Economic Outlook Update，June 2020》。

② IMF 在 2020 年 10 月发布的《World Economic Outlook：A Long and Difficult Ascent》。

为结算货币和国际储备货币在世界流通，美国的贸易逆差加速了美元向其他国家的流动，减轻了国内通货膨胀的压力，这个循环对美国是有利的，所以美国对赤字的容忍度高于其他国家。日本是世界主要经济体中债务率最高的国家，由于经济低迷，其利率长期维持在很低的水平；日本国民有较高的储蓄偏好，因此可以以很低的成本借入大量资金，同时债务的实际风险又很低，因此对债务存在偏好。英国原本就打算利用脱欧的机遇，通过重新获得的财政上完全的自主权，放松对赤字的控制，利用低利率的有利环境增加赤字，增加公共支出的均等化水平，将筹集的资金用于有助于经济长期发展的基础设施建设，增加医疗、教育、环境保护和警察等优先事项支出。

### （三）平时严守财经纪律可为危机储备政策空间

各国都在维护财政健康和实现经济稳定发展间寻求着自己的舒适区间，找寻着两者的平衡点。虽然欧盟对成员国的赤字率和债务率有统一的规定，但是各成员国在规定的尺度内还是有弹性的。其中德国是严控赤字和债务的样板，而其他国家控制的严格程度要弱得多。

德国一直严格遵守欧盟和国家层面的财政纪律，2009 年颁布《新债务限额》法案，又称“债务刹车”，规定自 2016 年起，不考虑经济周期引起的赤字，德国联邦政府结构性赤字不能超过 GDP 的 0.35%，州及以下政府不允许有任何赤字。此外，政府需要每年减少新增债务，至 2020 年各州政府不允许新增任何债务。在该法案框架下，默克尔政府提出了更为苛刻的“黑零”规则，该规则要求联邦政府严格遵守赤字为零的财政平衡政策。在上述两项规则的约束下，德国政府自 2015 年以来连续 5 年实现预算盈余，2019 年德国联邦政府债务率重新降到《马斯特里赫特条约》规定的 60% 的水平以下。即使遭受到疫情的冲击，德国联邦政府仍称有信心在 2021 年将债务率重新降至 60% 的警戒线以下，重新恢复财政健康①。

通过与同是欧盟成员国的英国进行比较可以更好地观察出德国坚持财政纪律的决心。2008 年全球金融危机以来，德国政府财政盈余占 GDP 的比重明显高于英国，截至 2019 年的这 12 年里，德国政府财政盈余占 GDP 的比重平均每年比英国高 5 个百分点以上（见图 3－5）②。

---

① 于雯杰：《在风险平衡中保持财政健康——疫情背景下德国财政健康度分析》。

② IMF 在 2020 年 4 月更新的 World Economic Outlook Database。

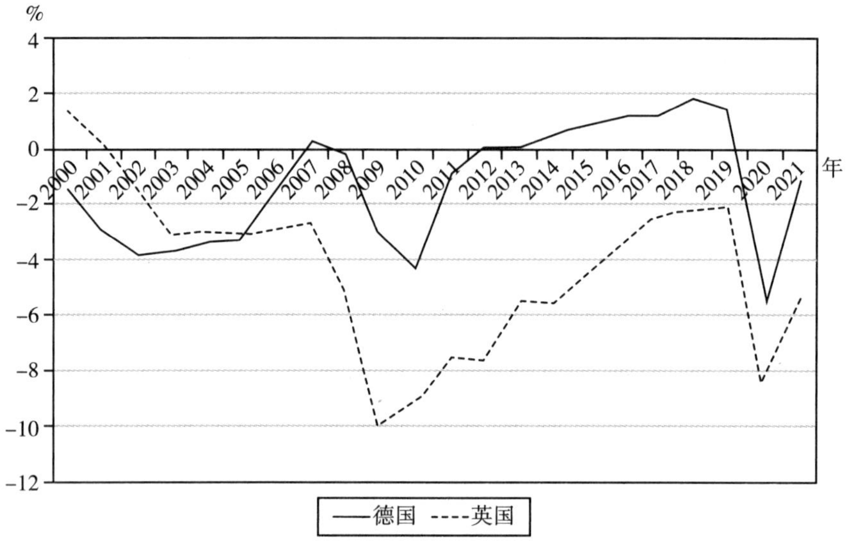


**图 3 –5　德国和英国政府财政盈余/赤字占 GDP 比重比较（2000—2021 年）**

注：2020 年和 2021 年数据为预测数。

资料来源：IMF 的 WEO 数据库。

## 五、小结与启示

各国对财政健康的偏好存在差异，在此次疫情冲击下，其财政健康度既呈现相同特点也显示出差异化，可以为我国提供的借鉴和启示总结如下：

### （一）财政政策坚持行为主义取向，适时在积极和审慎之间切换

进入 21 世纪，各类风险更加多发，2008 年的全球金融危机和 2020 年的新冠疫情让人们在 12 年时间里经历了两次和平时期"百年一遇"的危机。这为财政政策提出了一项新的课题，即在正常情况下和危机期间财政政策的策略选择。在正常情况下，特别是经济繁荣的时候，财政可能需要采取超出以往的更为审慎的态度来对待财政健康，为财政留出更多空间和余地。在危机期间，财政可能被要求采取更为积极的行动，更加容忍财政健康指标的下滑，为避免经济社会和财政未来更大的损失而采取更加积极的措施。财政要在积极和审慎之间平滑地变换角色，这也要求财政要有更多弹性进行收支方面的调整。

### （二）提高中央的统筹能力

应对像新冠疫情这种重大风险，主要还得依靠中央/联邦政府，因此有必要加强

中央/联邦政府财政的调节能力，特别是在危机阶段的调节能力，过度的财政分权、收入和支出责任的过度下放不利于应对风险。特别要防止政府间的各自为战，更要避免以邻为壑和互挖墙脚。应对新冠疫情的过程反映出，中央/联邦政府掌控对财政资金等的资源控制和调配能力极其重要，地方内部和地方之间的协调配合十分重要，公有制的制度优势也得到了突出的体现。

### （三）赋予财政收支更多的弹性

财政理论一直强调财政自动稳定器作用的重要性。在收入体系的设计上一定要充分考虑，更好地发挥财政自动稳定器的作用，并通过制度建设把经济形势好的时候增加的收入以调节基金的形式留在危机时使用。在税收体系的构建上可以考虑：（1）增加对所得税和财产税的依赖，减轻对流转税的依赖；（2）依靠“放水养鱼”扩大税基的方式增加税收收入；（3）适应新的形势，考虑对电商、数字服务、人工智能、机器人、碳排放等征税；（4）加强税收的国际协作。

**本章参考文献**


1. 张晓云，等．疫情背景下美国财政健康度分析［R］．中国财政科学研究院研究报告，2020－5－27.

2. 金殿臣．疫情背景下的日本财政健康度分析：公共风险的穿透［R］．中国财政科学研究院研究报告，2020－7－24.

3. 刘翠微．一块“短板”影响财政健康度——医疗卫生体系脆弱性对意大利财政健康度影响分析［R］．中国财政科学研究院研究报告，2020－8－11.

4. ONS. Public Sector Finance [DB/OL]. https：//www. ons. gov. uk/economy/governmentpublic-sectorandtaxes/publicsectorfinance, 2020－10－10.

5. IMF. World Economic Outlook：A Long and Difficult Ascent [EB/OL]. https：//www. imf. org/en/Publications/WEO/Issues/2020/09/30/world－economic－outlook－october－2020, 2020－10.

6. Office for Budget Responsibility. Fiscal sustainability report－July 2020 [EB/OL]. https：//obr. uk/fsr/fiscal－sustainability－report－july－2020/, 2020－07－14.

7. IMF. World Economic Outlook Update, June 2020 [EB/OL]. https：//www. imf. org/en/Publications/WEO/Issues/2020/06/24/WEOUpdateJune2020, 2020－06.

8. 于雯杰．在风险平衡中保持财政健康——疫情背景下德国财政健康度分析［R］．中国财政科学研究院研究报告，2020－8－19.

9. IMF. World Economic Outlook Database [DB/OL]. https：//www. imf. org/external/pubs/ft/weo/2020/01/weodata/index. aspx, 2020－4.

# 第四章
# 美国财政健康恶化殃及全球

**本章导读：**

由于美国的特殊地位，它的财政健康程度不仅是其一国问题，也关系国际经济安全。2019 财年美国新增赤字达 9840 亿美元，保持了连续 4 年的增长，联邦债务总额增至 22.8 万亿美元，增长了 6%。快速攀升的赤字和债务已使其财政政策走上了不可持续之路，2020 年的新冠疫情又在这条路上猛推了它一把，其赤字和债务已经创下第二次世界大战以来的新高。而美国一旦发生财政危机，又会对全球经济带来新的灾难。本章对美国新冠疫情及其应对政策的发展演变进行了总结，着重分析其财政健康度的变化，并得出以下启示：财政健康度无明确临界点，避免财政危机的最好方式是保持两条主线间的政策平衡和张弛有度；以风险思维推动财政改革，为应对不确定性预留足够政策空间，从而防止重大突发事件使财政空前恶化；不失时机推动完善风险预警和应急管理体系；在群体性危机面前，不合适的政府分权和自由市场可能会导致更大的灾难；抓住国际变局中的“危中之机”，密切关注美元和美国财政风险。

## 一、财政健康度每况愈下

美国的财政健康涉及主权债务违约问题，其财政危机可能引发全球的金融危机，进而将更多的国家拽入衰退之中。如今，其连年增长的赤字和越滚越大的债务已经受到国际国内的高度关注。

### （一）影响美国财政健康的主要因素

高企并不断增长的赤字和债务是美国当前以及未来很长一段时间的重大财政健

康问题。所有影响收入和支出的因素都可能造成赤字和债务的增长。美国的财政风险大体是在两条主线的推动下不断攀升的（见图4－1）：一是体制及政策的拖累，二是公共风险的放大。

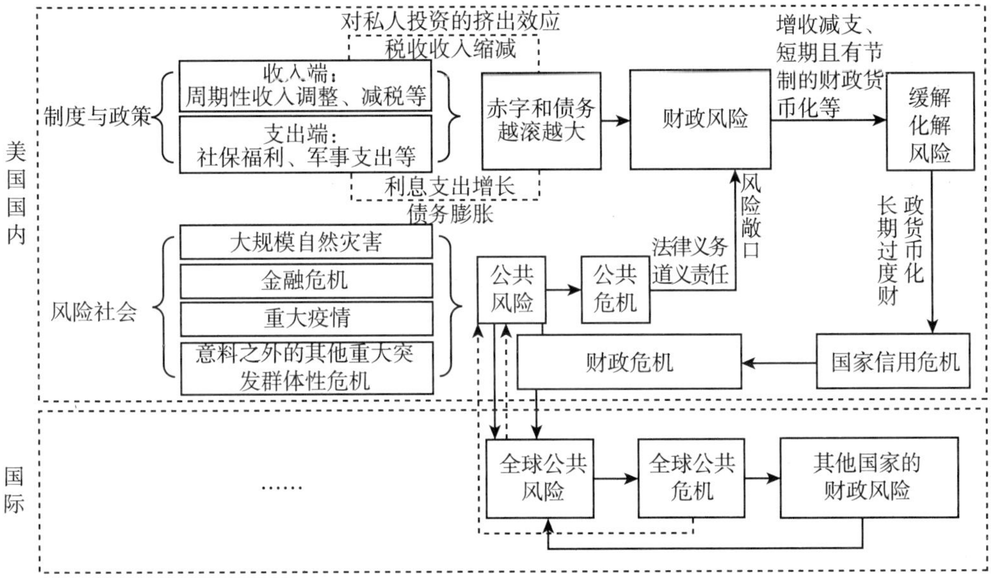


**图4－1　疫情发生前美国财政健康度逻辑**

1. 体制及政策的拖累。本条主线涵盖的是，在无重大公共危机的情况下，联邦政府的体制及政策安排所造成的赤字攀升与债务累积。每年国会预算局（CBO）等机构在预期经济发展情况并假定继续执行现有政策的基础上，对未来几年赤字和债务进行预估，就大致体现了本条主线对财政健康的影响。

（1）收入端，政绩驱动下的大规模减税客观上推升了赤字和债务。联邦政府的赤字和债务水平是在经济发展和税收政策的互动影响中不断攀升的。经济发展水平和财政收入规模是源与流、根与叶的关系。一般而言，经济发展水平越高，财政收入规模就越大。但反过来，财政收入规模及其构成也会影响经济发展，例如在衰退期，减税增支有助于刺激经济复苏。根据凯恩斯主义理论，在经济衰退时，政府应实行赤字预算，之后政府预算应有结余。但该理论缺乏对美国选举制度和总统考评传统等的考虑：为了争取选票，美国总统候选人往往会作出减轻税负、增加福利的承诺；民众对总统的评价一般是基于经济发展水平、就业情况等指标及切身感受作出的；历任总统只需抓好任期内的重点工作，至于给继任者留下多少债务一般不在他们的考虑范围之内。在这样的制度传统下，即使在经济繁荣年份，无论执政党是民主党还是共和党，为了政绩都倾向于一边减税一边增支。但由于缺少了繁荣时期的政策调整和缓冲，联邦债务规模持续膨胀。特朗普上任之后，也亦步亦趋地推出了减税计划，希冀以此促进经济增长、带动就业。然而，在不错的 GDP 和就业数据背后，拉弗曲线的作用并不如想象中明显，财政政策逐步走上不可持续的道路。

（2）支出端，社保福利及债务利息等的包袱越来越重。

医疗保健支出。联邦医疗保健计划支出包括医疗保险（Medicare）、医疗补助（Medicaid）、儿童健康保险计划（the Children's Health Insurance Program），以及通过《病人保护和平价医疗法案》（PPACA）建立的市场购买健康保险的联邦补贴和相关支出。目前联邦政府在这些项目上的开支占了医疗保健总开支（公共和私人）的 1/4 以上。这类支出的增速已经超过了 GDP 的增长速度，预计还将继续如此。它的增长主要是由人口老龄化及人均医疗支出的增长等造成的。根据国会预算局在《2020 年长期预算展望》（the Long - term Budget Outlook）中的预测，2019—2050 年，美国 65 岁及以上人口在总人口中的占比将由 16% 攀升至 22%，这样的人口趋势又主要是由生育率下降和预期寿命延长推动的；同期，以 GDP 占比计，主要医疗保健项目支出增幅的 2/3 将来自人均医疗保健支出的增长。

社会保障支出。社会保障计划覆盖了美国大约 6300 万名老年人、受抚养人、残疾人及其家庭。虽然历史上，该计划的收入高于项目成本，并在养老和遗属保险（OASI）信托基金和残障保险（DI）信托基金中有所积累①，但自 2005 年以来，社会保障开始出现入不敷出并且收支缺口持续扩大的趋势，这主要源自人口老龄化和劳动力增长放缓等方面的压力。据专业机构估计，到 2034 年养老和遗属保险（OASI）信托基金的资产将耗尽，其收入将仅够支付当年计划福利的 77%；到 2052 年残障保险（DI）信托基金的资产将耗尽，其收入仅够支付当年计划福利的 91%。社会保障体系陷入制度可持续性危机，其缺口可能需要其他财政收入来填补。

利息支出。从长远来看，利息支出将成为联邦政府最大的支出项目，而它的增长也意味着联邦预算中用于支持国家目标和优先事项以及减税计划的空间将变得更小。2019 财年的净利息支出总额为 3760 亿美元（占联邦支出总额的 8.4%），超过了农业、交通、退伍军人福利和服务支出的总和。根据美国政府问责局（GAO）2020 年 3 月的报告，净利息支出预计将继续增长，按 GDP 占比计，至 2030 年净利息支出将超过非国防自主性支出，至 2033 年超过国防自主性支出，至 2041 年超过医疗保险支出，至 2044 年超过社会保障支出，至 2049 年超过自主性支出总额。造成利息支出增长的原因主要有两个：一是债务的增长，如果联邦政府继续靠借钱来填补赤字，并且仅支付利息而不偿还本金，其债务将继续扩张；二是利率的提升，

① 根据法律规定，社会保障信托基金必须投资于联邦政府的有息证券。这些信托基金将过去的超额收入投资于联邦政府债券，也就是为其他联邦计划提供了资金，进而减少了联邦政府的公众借款。

对于任何给定的债务水平，利率越高利息成本越大，且利率对债务有复合效应，借款支付利息也会增加债务。

在过去的10年里，尽管联邦借款数额处于高位，但美国国债利率与前几十年相比仍保持在相对较低的水平。在当前的疫情中，大规模政府借款没有导致利率的攀升。对此，一些学者认为，美国等国家很可能会日益“日本化”，即陷入低利率、低通胀、低增长的困境。这种低利率水平在一定程度上可以减少公共债务的积累。根据国会预算办公室（CBO），受新冠疫情及美联储应对政策影响，当前较低的利率水平部分抵消了债务融资的压力。但对于未来的利率情况，该机构并不十分看好。其预测显示，随着经济的恢复和扩张，利率预计仍将回到上升通道。联邦债务的平均利率预计会从2020年的2.0%下降到2025年的1.1%，然后在2050年上升到4.4%。该预测是在考虑多种因素的基础上作出的。其核心观点是，联邦借贷的增长以及人口老龄化所导致的储蓄增长放缓等因素对利率的推升足以抵消劳动力增长乏力等因素对利率施加的下行压力。在上述判断下，国会预算办公室（CBO）预计，净利息支出的GDP占比将从2020年的1.6%增长到2030年的2.2%，并在未来20年内继续增长，到2050年将超过8%。2020—2050年，预计债务增长的GDP占比中约有1/5是由利率变化造成的。由此可知，利率上升会对财政前景产生相当大的影响，即使利率保持不变，债务水平上升也会大幅推高利率成本。

2. 风险社会的公共风险进一步放大。近年来，科学技术的快速迭代、各国联系的日益密切以及资源环境的污染破坏等导致“灰犀牛”“黑天鹅”事件频发。当前，人类已经步入了风险社会①。而财政出于法律义务或道义责任，不得不对各类公共风险进行兜底。如果说在上一条主线中，政府通过主动的政策设计来增支减收，那么在这一条主线中，政府往往处于被动状态。

在预算或者长期的财政预测中，公共风险往往无法被完全考虑到。由于各种不确定因素的影响，在化解公共风险的同时，原定的预算收支目标可能无法达成，甚至会出现巨大的赤字缺口，这将推升债务水平，导致财政自身风险的扩大。例如，为应对上一轮经济危机，奥巴马总统的减税增支政策导致债务大幅增长。在他2009年1月就职时，债务规模为10.63万亿美元，他卸任时这一数字已增至19.95万亿美元，几乎翻了一番。

金融危机、自然灾害等完全无法被提前预料到的风险会给财政带来极大的不确定性，甚至可能将赤字和债务推向崩溃的边缘。尤其是在当前利率水平较低的情况下，美联储通过降低利率来支持经济增长或应对负面冲击的能力减弱，财政可能需要承担起更为巨大的支出责任。但现实情况是，其债务水平在传统视角下已经处于

---

① 刘尚希. 公共风险论［M］. 北京：人民出版社，2018.

不可持续的高位。面对低利率、高债务以及新冠疫情的巨大破坏力，美国选择了一条非常规的道路，即通过赤字债务化+赤字货币化的方式，一边借债弥补赤字，一边通过美联储购入国债压低利率。实际上，联邦政府在上轮经济危机时就已经使用过这种非常规操作：美联储通过购买金融资产和特殊信贷安排来促进流动性及经济活动；联邦政府放大赤字和债务规模，通过减收增支来托底经济。短期内，适度规模的财政赤字货币化或可帮助政府化解棘手难题，但长期使用的后果会如何，国会预算办公室（CBO）等机构并不清楚。从传统理论视角来看，财政赤字货币化的长期滥用可能会导致基础货币投放过多，进而造成货币的对内通胀、对外贬值，削弱美元的国际地位，致使政府和国债信誉丧失，产生国家信用危机。而美国财政风险的蓄水池一旦决口，还可能反过来成为经济、社会新的风险源，其他国家也会深受其害，全球或将陷入新一轮衰退。

## （二）基于2019年数据的美国财政健康度分析

1. 2019财年基础数据。

财政收支。2019财年的财政收入与上年相比，增加了1340亿美元（4%）。这一增长可归因于工资税、个人所得税、关税、企业所得税和消费税收入的增加。但财政收入的GDP占比却从2018财年的16.4%小幅降至16.3%。支出同比增加了3390亿美元（8.3%），这主要是由医疗保险、医疗补助、社会保障、国防和债务利息支出的增长推动的。其中，医疗保险和医疗补助支出分别增加了620亿美元（11%）和200亿美元（5%），社会保障支出增加了570亿美元（6%），国防开支增加了560亿美元（9%）。

赤字和债务。2019财年财政收入的增长被医疗保险和医疗补助计划、社会保险、国防以及公众债务利息支出的增加所抵消，预算赤字从2018财年的7790亿美元增至9840亿美元，保持了连续4年的增长。联邦债务总额增至22.8万亿美元，同比增加约1.2万亿美元（6%）。公众持有债务和政府账户债务（即所谓的政府内部债务①）均有所增加。前者从大约15.8万亿美元（占GDP的77%）增加到16.8万亿美元（占GDP的79%），增速快于GDP。自1946年以来，该类债务平均仅占GDP的46%。后者从大约5.8万亿美元增加到6万亿美元。由于现行法律和政策中收入与支出结构性失衡，公众持有债务的GDP占比预计仍将上升。

① 公众持有的债务在美国政府的综合财务报表中被列为负债；政府内部债务是其他联邦政府账户的资产，但是财政部的负债，它们在合并财务报表中相互抵消。公众持有的债务可以表现出联邦债务对其他借款者获得私人资金的影响程度。在其他条件相同的情况下，政府借贷的增加会减少其他借款人的可用资金，给利率带来上行压力，并减少私人投资。它是国会预算办公室在其预算报告中最常使用的债务衡量标准。然而，当政府内部债务被赎回时，财政部通常会从公众那里借款来为这些赎回提供资金，从而导致政府内部债务被公众持有的债务所取代。

2. 财政健康度分析。

（1）与其他发达国家相比。联邦债务的快速增长与国际货币基金组织（IMF）报告中所描述的全球趋势背道而驰。2018 年 4 月，国际货币基金组织报告称，自 2012 年以来，发达经济体整体赤字的 GDP 占比一直在下降，并预测未来 5 年，大多数发达经济体的债务与 GDP 之比将下降。2019 年 12 月，该组织表示，发达经济体公共部门的债务率总体在下降。其中有一半的国家在 2018 年实现了财政盈余，与上一年相比有 1/3 的国家实现了赤字的缩减或盈余的增加，整体来看，2018 年发达经济体的平均债务率较 2017 年下降了 0.9%。然而，与之形成鲜明对比的是，美国的债务负担却在继续增长。

国际货币基金组织的财政监测（Fiscal Monitor）数据显示，2019 年与发达国家总体水平相比，在所监测的多数指标中，美国的财政情况仍在继续恶化。从预算平衡来看，美国赤字情况远比发达国家总体水平严重，且二者间的差距仍在扩大，但趋势有所放缓（见图 4 - 2a、图 4 - 2b、图 4 - 2c、图 4 - 2d）；从收支情况来看，美国财政收入的 GDP 占比长期低于发达国家总体水平约 6 个百分点，而支出仅低于发达国家总体水平 3 个百分点左右，且有向其靠拢的趋势（见图 4 - 2e、图 4 - 2f）；从债务水平来看，无论是总债务还是净债务，美国都更高且增速更快（见图 4 - 2g、图 4 - 2h）。

（2）与过去相比。当前和未来一段时间的债务增长预期与美国经济扩张期债务 GDP 占比下降的历史背道而驰。在美国历史上的大部分时间里，债务与 GDP 之比在战时和经济衰退期上升，在和平和经济扩张期下降。例如，其公共债务的 GDP 占比在第二次世界大战后（1946 年）达到 106% 的峰值，之后迅速下降。然而，从 20 世纪 70 年代起，除了 90 年代受益于经济强劲增长和政策调整而显著下降外，美国债务的 GDP 占比总体呈稳步增长态势。本轮经济扩张开始于 2009 年，当时公众持有债务的 GDP 占比约为 52%，但到 2019 财年末已攀升至 79%（比第二次世界大战后的任何时候都要高，1946 年以来的均值仅为 46%），即该比率在经济扩张期增长了约 27 个百分点。

从国际货币基金组织的财政监测数据来看（见表 4 - 1），2019 年美国财政收入和支出的 GDP 占比分别增长了 0.88% 和 0.98%；赤字有所恶化，但较 2018 年恶化的趋势有所放缓，其中综合平衡指标下降了 0.1%，基础收支平衡指标下降了 0.14%，周期性调整平衡指标恶化了 0.38%，周期调整的基本平衡指标恶化了 0.4%。后两个指标与前两个指标相比，恶化情况更严重，这表明与经济形势的影响相比，财政政策的调整是加剧赤字的更为重要的原因。总债务和净债务分别增长了 2.08% 和 0.86%，债务仍在攀升，且有加速趋势。

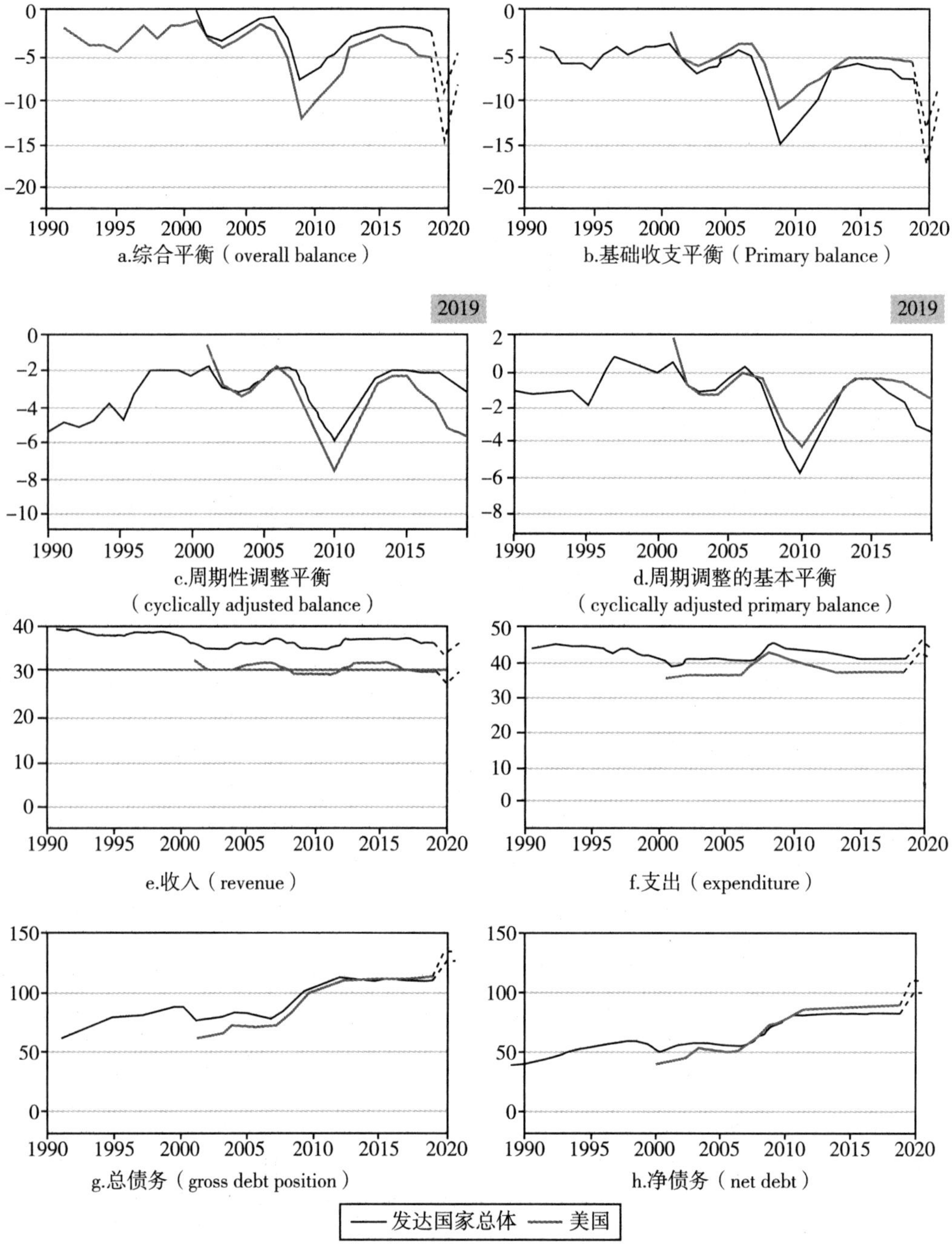


**图 4-2　国际货币基金组织财政监测数据（GDP 占比）**

资料来源：IMF（2020 年 4 月份数据）。

表 4 - 1　国际货币基金组织财政监测中的美国及发达国家数据（GDP 占比）

| 区域 | 年份 | 综合平衡（overall balance） | 基础收支平衡（primary balance） | 周期性调整平衡（cyclically adjusted balance） | 周期调整的基本平衡（cyclically adjusted primary balance） | 收入（revenue） | 支出（expenditure） | 总债务（gross debt position） | 净债务（net debt） |
|---|---|---|---|---|---|---|---|---|---|
| 美国 | 2019 | -5.78% | -3.57% | -5.9% | -3.67% | 30.34% | 36.12% | 108.98% | 84.11% |
| | 2018 | -5.68% | -3.43% | -5.52% | -3.27% | 29.46% | 35.14% | 106.9% | 83.25% |
| 发达国家总体 | 2019 | -3.01% | -1.62% | -3.34% | -1.93% | 36.18% | 39.18% | 105.22% | 76.64% |

注：综合平衡（overall balance）即总收入 - 总支出（不包括政策贷款），对于一些国家为，总收入 + 补助 - 总支出 - 净贷款。基础收支平衡（primary balance）即综合平衡 - 净利息支出。周期性调整平衡（cyclically adjusted balance），假设经济处在潜在产出水平，在当前政策下的预算平衡情况。周期调整的基本平衡（cyclically adjusted primary balance），即周期性调整平衡 - 净利息支出。总债务（gross debt position），指未来需偿还的所有本金和利息，包括：特别提款权、货币和存款形式的债务，债券，贷款，保险，养老金和标准化担保计划以及其他应付账款。净债务（net debt），即总债务减去与债务工具相对应的金融资产。这些金融资产包括：货币黄金和特别提款权、货币和存款、债券、贷款、保险、养老金和标准化担保计划以及其他应收账款。

资料来源：IMF（2020 年 4 月份数据）。

（3）财政政策的长期可持续性。无论是与其他发达国家相比，还是站在历史的角度去衡量，美国的债务水平都处于高位，预计将继续上升。美国政府问责局（GAO）、国会预算办公室（CBO）和2019年财务报告（2019 Financial Report）在对财政长期可持续性的预测中使用了不同的假设，但得出了相同的结论，即现行法律和政策中的收支不平衡问题将导致美国财政走上一条不可持续的道路，现行政策难以为继。

一方面，财政危机是否会爆发受到长期预算前景、短期借款需求和经济健康状况等一系列复杂因素的影响，几乎无法确定债务GDP占比的临界点；另一方面，受益于美元作为世界储备货币的地位，联邦政府可以持续借入美元，美国爆发类似于希腊、爱尔兰等国的主权债务危机的可能性较小。这使得人们更加难以预知美国财政危机是否会发生、何时发生以及将如何展开，但可以肯定的是持续增长的债务会使其发生危机的可能性不断累积。长期来看，巨额且不断上升的债务将对美国的财政和经济前景构成重大风险。它会逐步蚕食投资者对政府财政状况的信心，可能导致美国国债估值的大幅下调，这时投资者将要求更高的收益率，国债利率会被推高。而这些又可能使政策制定者感到财政政策的空间受到限制，从而难以应对不可预见的突发事件。同时，经济、金融形势恶化的概率也会增加，如更高的通胀预期、私人活动融资负担增加等，而经济恶化到一定程度又会进一步推高联邦债务，甚至会削弱人们对美元作为国际储备货币的信心。更为严重的是，美国的财政问题一旦集中爆发，很可能将全球拽入金融危机之中。

## 二、美国疫情全球第一

### （一）疫情发展变化

自2020年1月21日在华盛顿发现首例新冠病毒病例以来，疫情在美国迅速蔓延，到3月17日，该病毒已经从华盛顿、纽约和加利福尼亚的几个孤立事件扩展到50个州和哥伦比亚特区。3月26日起，美国成为全球新冠疫情最严重的国家。10月13日，美国疾控中心（CDC）数据显示，截至当前60个公共卫生辖区（包括50个州、哥伦比亚特区、纽约市、美属萨摩亚、关岛、北马里亚纳群岛联邦、波多黎各和美属维尔京群岛，以及与美国存在自由联合关系的密克罗尼西亚联邦、马绍尔群岛共和国、帕劳共和国三个国家）共计报告病例7787548个，死亡214446人①。随着疫情的不断扩散，从联邦政府到州政府，从美联储到财政部门，一系列抗击疫情、托底经济、保障民生的政策措施不断出台。

---

① CDC，https：//www. cdc. gov/coronavirus/2019 - ncov/cases - updates/cases - in - us. html.

1. 防疫情扩散政策。

（1）联邦政府层面。

发布旅行禁令。早在2020年1月31日（世界卫生组织宣布新冠疫情为突发国际公共卫生事件的次日），特朗普政府就发布了针对中国的旅行禁令，成为全球最早对中国颁布旅行禁令的国家之一。3月20日，美国关闭了与加拿大和墨西哥的边境以防止非必要旅行，并于月底发布了针对申根国家的30天旅行禁令。

社会疏远政策。特朗普总统于2020年3月16日发布了“15天减缓传播”方针，其内容包括要求患者及其家属居家隔离，尽可能居家工作，避免超过10人的聚会、在酒吧餐厅用餐、不必要的旅行和购物，以及关键领域工作人员的健康防护等。之后，他又将该准则时限延长至4月30日。

（2）州政府层面。在防控新冠疫情方面，州和地方政府也做了大量的工作。截至2020年4月10日，美国所有的州和领区都宣布进入紧急状态，这意味着各州被赋予部署人员、购买设备及库存准备等权力，且允许相关工作得到州和联邦政府的资金补偿；美国的49个州、美属维尔京群岛、北马里亚纳群岛、哥伦比亚特区、关岛和波多黎各都被批准进入“灾难状态”；有49个州获得了1135豁免权，这增加了州政府政策的灵活性，使它们能够集中资源抗击疫情；有40多个州延长了个税申报和缴纳的时限；52个州及领区调动了国民警卫队协助抗疫；21个州发布行政命令限制国内旅行，以减少人口流动造成的传染；50多个司法管辖区发布了强制或指导意见，要求民众减少聚会、尽可能待在家里，以减少聚集性感染；所有的州和领区都关闭了学校，同时非必要的企业也大都关闭。

2. 货币政策。为保障金融中介机构、实体经济和民生领域的流动性，美联储已将常规货币政策工具用至极限，重启并升级了上轮危机时期的政策工具箱。2020年3月3日及14日，先后在非议息会议期间紧急降息50个和100个基点，联邦基金利率目标区间重回0—0.25%的超低水平。常规货币政策工具空间用尽之后，量化宽松被重启。美联储计划购买7000亿美元的国债（5000亿美元）及抵押贷款支持证券（MBS，2000亿美元），并将后者到期后的本金再投入抵押贷款支持证券（MBS）中（之前会投入国债），且在未来4周，纽约联储每周将实施至少5000亿美元的3月期及1月期正回购操作各一次。2天后，贴现窗口中的一级信贷利率被下调150个基点至0.25%，与联邦基金利率区间顶部一致，即整个利率上限都降到了0.25%，这尚属历史首次。借款机构的借款期限最长可达90天，且每天都可提前还款和续借。美联储还鼓励存款机构充分利用日内流动性（Intraday Credit）工具来保证支付系统的正常运行。3月17日和19日，它重启上一轮危机时的救市工具箱，为商业票据、一级交易商和货币市场共同基金注入流动性，并于3月23日推出无限量量化宽松，还扩大了购买证券范围。此外，美联储还联手财政部设立总额达3000亿美元的信贷融资计划，其中后者将出资300亿美元，以向企业、雇主和雇员提供信贷流动。截至 8 月 14 日，美联储所采取的紧急贷款、资产购买等行动的金额已达 2.2 万亿美元，并且宣布可能进一步推出金额达 7 万亿美元的经济支持计划[①]。这些举措在一定程度上能防止金融机构在疫情期间过度收缩流动性，从而尽可能避免实体和民生领域因流动性匮乏而出现企业大量倒闭、工人大批失业等经济和社会问题。同时，信贷融资计划等措施也可向家庭和企业直接注入流动性。

3. 财政政策。为应对新冠疫情给经济和社会带来的严重破坏，联邦政府接连出台了一系列财政政策来抗击疫情、托底经济、保障民生。目前美国已实施了多轮财政政策，经立法批准的财政支出总额约达 3.7 万亿美元（见表 4－2）。其中，《2020 年防备和应对冠状病毒补充拨款法》（The Coronavirus Preparedness and Response Supplemental Appropriations Act）、《家庭优先新型冠状病毒响应法案》（FFCRA）、《新冠病毒援助、救济与经济安全法案》（the CARES Act）于 2020 年 3 月先后经总统签署成为法律，三项法案所涉支出金额约为 2.9 万亿美元，主要用于疾病控制应对、对受疫情影响的工人的支持、对企业的援助等。4 月，《薪资保护计划和医疗保健增强法》（The Paycheck Protection Program and Health Care Enhancement Act）签署成为法律，涉及金额约 8000 亿美元，用途包括补充小企业贷款、补贴医院以及提升检测能力等。此外，国会还通过了四项较小的法案，以延长部分财政援助并对老兵等群体提供支持，但其中大部分对财政的影响较小。根据国会预算办公室（CBO），这八项法案将在未来 10 年增加 2.5 万亿美元的净赤字。根据跨党派的公共政策机构负责任的联邦预算委员会（Committee for a Responsible Federal Budget）8 月 14 日发布的信息，截至当时，该机构确定已经支付或承诺的资金约有 2 万亿美元（只有一部分已实际支付），且该数据并不包括那些未公开或不包含支付声明的项目。与此同时，总统的行政行动可能会再花费 620 亿美元[①]（见表 4－3）。

**表 4－2　　新冠疫情应对法案的财政支出情况**　　单位：美元

| 立法行动 | 允许的拨款金额 | 支付/承诺金额 | 财政赤字增长 |
|---|---|---|---|
| 2020 年防备和应对冠状病毒补充拨款法 | 80 亿 | 约 30 亿 | 80 亿 |
| 家庭优先新型冠状病毒响应法案 | 1920 亿 | 约 900 亿 | 1920 亿 |
| 新冠病毒援助、救济与经济安全法案 | 2.7 万亿 | 1.7 万亿 | 18000 亿 |
| 薪资保护计划和医疗保健增强法 | 7990 亿 | 4100 亿 | 4830 亿 |

① COVID Money Tracker：Policies Enacted Through August 14，updated on August 14，2020，http：//www.crfb.org/blogs/covid－money－tracker－policies－enacted－to－date.

续表

| 立法行动 | 允许的拨款金额 | 支付/承诺金额 | 财政赤字增长 |
|---|---|---|---|
| 2020年学生及退伍军人新冠应对法案（Student Veteran Coronavirus Response Act of 2020） | 未知 | 未知 | 未知 |
| 薪资保障计划弹性法案（Paycheck Protection Program Flexibility Act） | 0 | 0 | 0 |
| 延长薪酬保护计划的法案（Paycheck Protection Program extension） | 0 | 20亿 | 0 |
| 为受冠状病毒法案影响而回国的美国人提供紧急援助的法案（Emergency Aid for Returning Americans Affected by Coronavirus Act） | 900万 | 未知 | 900万 |
| 总计 | 3.7万亿 | 2.2万亿 | 2.5万亿 |

资料来源：COVID Money Tracker: Policies Enacted Through August 14, updated on August 14, 2020, http://www.crfb.org/blogs/covid-money-tracker-policies-enacted-to-date.

**表4-3　应对疫情的行政行动所导致的财政支出**　　单位：美元

| 行政行动 | 允许的拨款金额 | 支付/承诺金额 | 财政赤字增长 |
|---|---|---|---|
| 宣布全国进入紧急状态 | 不适用 | 不适用 | 不适用 |
| 所得税和工资税延迟缴纳 | 约4000亿 | 约3000亿 | 约50亿 |
| 对医疗保险提供者的提前支付 | 约1000亿 | 1000亿 | 0 |
| 动用灾害基金来补充失业补助金（占补助金的3/4，补助金为400美元） | 440亿 | 0 | 440亿 |
| 推迟学生贷款的还款并免除利息 | 约300亿 | 100亿 | 约100亿 |
| 其他行政行为 | 约100亿 | 30亿 | 约30亿 |
| 总计 | 约5840亿 | 约4130亿 | 约620亿 |

资料来源：COVID Money Tracker: Policies Enacted Through August 14, updated on August 14, 2020, http://www.crfb.org/blogs/covid-money-tracker-policies-enacted-to-date.

## （二）疫情产生的公共风险：对经济、社会的冲击

1. 经济大幅下滑。新冠疫情及防控政策会从供给、需求及信心方面对经济产生影响。在供给方面，社会疏远政策是防控疫情的最主要手段之一，但在封锁和隔离之下，人们无法正常工作，企业的产能利用率会降低，而供应链的大面积中断具有连锁反应，这会不断推升企业成本，引致更多的裁员甚至公司破产。在需求方面，

收入的损失（发病、隔离、失业等引起）、对染病的恐惧和高度的不确定性将减少家庭的消费和企业的投资行为。而且疫情对经济造成的影响是不均衡的。旅游和酒店服务等行业的工人受到的影响尤为严重；低收入家庭由于难以获得高质量的医疗保健服务且储蓄有限，所受的影响也会更大。在信心方面，疫情持续时间和规模的极度不确定性造成了消费者信心下降和金融状况收紧的恶性循环，这可能导致更多的失业，并在总需求减少的预期下削弱投资。2019 年美国经济已经有减速迹象，当年经济增速为 2.3%，相较于 2018 年的 2.9%，显得有些后劲不足，其中一季度最快为 3.1%，之后便放缓至 2.0% 左右。2020 年的疫情使其经济断崖式下滑。2020 年 4 月 8 日，彭博经济（Bloomberg Economics）的经济衰退模型显示美国在未来 12 个月内出现经济衰退的概率是 100%①。而据国会预算办公室（CBO）5 月份的预测，二季度美国实际国内生产总值预计将收缩 11%（年率为 38%）。同时它还表示，下半年随着对疫情担忧的减弱以及州和地方政府管制措施的放松，经济将开始复苏，但仍不足以抵消前期的损失，预计到 2021 年第四季度实际 GDP 与 2019 年同期相比仍将下降 1.6%。9 月 30 日，美国经济分析局（Bureau of Economic Analysis）数据显示，2020 年一季度国内生产总值下滑了 5%，这宣告了第二次世界大战以来美国持续时间最长的经济扩张周期的结束，而二季度经济萎缩程度略好于国会预算办公室的预期，约为 31.4%（年率，第三次预估），这反映出了“宅家令”等疫情应对措施的放松及财政援助等政策的效果。

2. 失业率破纪录。美国劳工部（Labor Department）数据显示，截至 2020 年 3 月份，新冠疫情对就业市场的影响开始凸显，失业率已升至 2017 年 8 月份以来的最高水平 4.4%，而在疫情之前，其失业率一直保持在 50 多年来的最低水平（约为 3.5%）。从非农就业人数来看，3 月份美国就业人数减少 70.1 万人，为 2010 年 9 月以来的首次下降，且降幅接近 2009 年 5 月金融危机时 80 万人的峰值。从住户调查数据来看，问题更为严重，同期就业人数减少了近 300 万。新增失业人数中约 2/3 来自酒店行业，尤其是受疫情影响被迫关闭的酒吧和餐厅。由于工资的削减和经济部门的大量关停，另一项衡量气馁工人和因经济原因兼职的工人的指标也从 7% 跃升至 2017 年 3 月以来的最高水平 8.7%。同时，美国的劳动力参与率下降了 0.7 个百分点，至 62.7%。这是 2018 年 8 月以来的最低水平，而之前这一数字一直呈逐步上升趋势。然而，市场分析人士认为，上述就业数据未能完全捕捉到新冠疫情带来的损害，因为它所使用数据的截至日期为 2020 年 3 月 12 日，当时各州刚刚开始大规模关停政府和经济部门。相比之下，每周初请失业金人数是更加可靠的数据。根据劳动部，3 月最后一周初请失业金人数达 660 多万，最后两周的人数达

① Reade Pickert, Yue Qiu and Alexander McIntyre, U. S. Recession Model at 100% Confirms Downturn Is Already Here, Bloomberg, 2020-04-08 更新, https://www.bloomberg.com/graphics/us-economic-recession-tracker/.

1000 万，这两周的新增失业人数远远超过了美国以往任何时候。

4 月份的就业情况仍在恶化。当月失业率上升了 10.3 个百分点，达到 14.7%，总水平及月度增幅创历史最高纪录。从非农就业数据来看，4 月份就业人数减少 2050 万，主要工业部门的就业数据都急剧下降，尤其是休闲和酒店业的工作岗位大量减少。从住户调查数据来看，同期失业人数增加了 1590 万，达 2310 万。其中，成年男性的失业率为 13.0%，成年女性为 15.5%，白人为 14.2%，黑人为 16.7%，亚裔为 14.5%，拉美裔为 18.9%。除黑人外，其余人群的失业率都创下了新高。就业人口比例（employment - population ratio）比上月下降了 8.7 个百分点，至 51.3%，为单月最大降幅和历史最低水平。劳动力参与率下降了 2.5 个百分点，至 60.2%，是自 1973 年 1 月（60.0%）以来的最低水平。

随着疫情防控措施的放松及经济活动的逐步恢复，失业率及失业人数在 4 月份达到峰值之后开始下降，至 9 月份已分别降至 7.9% 和 1260 万，但仍比 2 月份数据高出 4.4 个百分点和 680 万。在失业人口中，暂时失业人数在 9 月份降至 460 万，较 4 月份 1810 万的高点有了大幅下降，但仍比 2 月份高出 380 万。同时，永久性失业人数在 2—9 月大幅增长了 250 万—380 万，这体现了疫情对经济活动的巨大破坏。劳动力参与率及就业人口比例均较 4 月份有所恢复，但相较于 2 月份，仍有较大差距，其中 9 月份的劳动参与率比 2 月份低 2.0 个百分点，为 61.4%，就业人口比例低 4.5 个百分点，为 56.6%。

3. 不平等加剧。尽管人们无论贫富均有可能感染新冠病毒，但相较而言，低收入社区在经济上更为脆弱，同时也可能面临更高的感染率和死亡率。首先，这部分人的工作集中在零售业、酒店业、儿童保育和零工经济等领域，无法远程办公，且大多不提供带薪病假或医疗保险，失业会切断低收入人群的生活资金来源；其次，低收入群体具有糖尿病和心脏病等慢性疾病的高发率，而这又会增加这一群体的新冠病毒易感性；最后，生活在美国的 4000 多万贫困人口大多没有足够的积蓄来应对收入的骤降，甚至囤积食物都可能成为不可跨越的财务障碍。由于缺乏资金和预防冠状病毒的资源，低收入阶层会面临更高的感染风险，有部分人可能会因为承担不起新冠病毒的治疗费用而推迟治疗，甚至死亡。

经济不平等往往与收入和财富的种族差异密切相关。在美国，大约 21% 的黑人和 18% 的西班牙裔生活在贫困线以下，而白人只有 8%。对比各类中产阶级家庭，白人家庭拥有的财富（以家庭持有的总资产减去总债务来衡量）分别是黑人和拉美裔家庭的 41 倍和 22 倍。过去的经济衰退对黑人和拉美裔家庭的影响尤为严重，部分原因是他们没有那么多的财富来依靠[①]。而相较于经济危机，此次疫情对少数种

---

① Human Rights Watch, US: Address Impact of Covid - 19 on Poor Virus Outbreak Highlights Structural Inequalities, 2020 - 03 - 19, https: //www. hrw. org/news/2020/03/19/us - address - impact - covid - 19 - poor.

族群体的伤害可能更大。

4. 暴露了医疗系统的脆弱性。美国在尖端医疗技术方面具有世界领先优势，但新冠疫情期间，其医疗系统却显得十分脆弱。

首先是政府对疫情的风险预警能力差。2020 年 1 月 22 日，当世界卫生组织发出“防止国际传播”预警时，特朗普总统告诉美国民众不要担心；当公共卫生专家们撰写专栏文章，讨论如何进行疫情应对准备时，他仍然声称一切都在控制之中，但事实并非如此。联邦政府迟钝的反应使其错过了防控的最佳窗口期。

其次是对疫情的应急能力差。一是美国的医疗服务提供者多为私人机构，以营利为目标，医疗保障系统应急能力建设较为滞后，缺乏应对重大公共卫生危机的储备能力。二是政府间的分权以及根深蒂固的自由经济思维使各级政府的抗疫工作缺乏统筹协调，甚至形成了无序的竞争。例如，随着确诊人数的持续飙升和医疗用品短缺问题的日益严峻，各州州长不断向联邦政府求援，但特朗普总统对此表达了不满，他表示联邦政府“不是运输职员”，并建议州长们照顾好自己的州，在公开市场上自行购买必要的医疗材料。又如，各级政府竞相购买口罩、呼吸机等必备设备使得紧缺物资的价格水涨船高。美国卫生官员表示，由于个人、医院、州、联邦政府以及其他国家都在争夺同样的资源，大家很难在公开市场上购买到所需物资。

最后是医保体系风险共担能力差，导致新冠肺炎治疗费用超出很多人的承受能力。在美国，以雇主为基础的医疗保险覆盖了超过一半的人口，而随着失业率在疫情期间创下新高，许多人很可能会失去雇主提供的医疗保险（尽管 COBRA 计划会适当延长雇主保险，但是其费用一般会很高）。虽然一些人可能有资格申请政府的医疗补助（Medicaid），但要取决于其所处的州，因为各州在医疗补助（Medicaid）门槛的设定上有一定的自主权。疫情期间，尽管政府提供了免费的检测服务，但一旦检测结果呈阳性并需要治疗，那么治疗费用或将成为患者们的沉重负担。根据独立非营利机构公平健康（FAIR Health），那些因新冠住院的患者，如果没有保险或者治疗服务不在保险范围内，可能需要自掏腰包支付 42486—74310 美元的费用。即使治疗费用在商业医保公司认可的范围，根据健康计划的费用分摊规定，自付费用可能达到 21936—38755 美元①。而拥有 Medicaid 的人平均需要为为期 6 天的住院支付 7533 美元的治疗费，拥有 Medicare 的人则需要支付 10561 美元。对于没有保险的人来说，这些天文数字般的费用是遥不可及的。媒体报道说，有人因为担心高昂医药费而推迟治疗，甚至死于新冠肺炎。

5. 社会被严重撕裂。在大选的压力下，对政绩的追求使得特朗普总统在疫情尚

① Megan Leonhardt, Uninsured Americans could be facing nearly $75000 in medical bills if hospitalized for coronavirus, CNBC, 2020 - 04 - 01, https://www.cnbc.com/2020/04/01/covid - 19 - hospital - bills - could - cost - uninsured - americans - up - to - 75000.html.

未得到良好控制的情况下急于重启经济。尽管以福奇为代表的卫生专家一直对疫情的严重性发布警告，以特朗普总统为代表的政治人士仍然选择忽视。这导致了美国在应对新冠疫情过程中的信息冲突和将佩戴口罩等公共卫生问题政治化。福奇表示，美国社会已经陷入了严重的撕裂状态，任何事情都极其容易被政治化。医疗专家们从公共健康的角度提出了佩戴口罩等疫情防控建议，而人们却将戴不戴口罩视为政治立场问题。这给美国的疫情防治工作带来了极大的难度，而且使得整个社会在疫情中呈现出日益对立的不稳定状态。在疫情日趋严重、经济受困、不平等加剧、社会情绪紧张的状态下，美国抗议活动不断，枪击事件频发，种族矛盾持续升温。弗洛伊德之死引发了全国大规模的“黑人的命也是命”（Black Lives Matter）的抗议活动，该运动的焦点从最初的黑人遭警察虐杀一事，扩展至警察暴力、种族歧视、社会不公等一些长久存在的社会问题。另外，据报道，美国独立日期间，芝加哥、纽约等地爆发了大规模枪击事件，芝加哥至少有 76 人被枪击，其中 14 人死亡，纽约至少有 37 人被枪击，其中 3 人死亡。根据 CNN，当地时间 2020 年 7 月 6 日晚，佐治亚州州长宣布该州进入紧急状态，并调遣 1000 名国民警卫队员前往州府亚特兰大，以保卫州议会大厦和州长府邸。

## 三、美国财政健康恶化埋下全球危机隐患

### （一）疫情公共风险导致的财政风险

1. 2020 财年财政收支情况。国会预算办公室（CBO）估计，与上一财年相比，2020 财年的财政收入下降了 1%，支出增加了 47%。而收支情况又可以明显分为两个时期（见表 4－4）：2019 年 10 月至 2020 年 3 月为第一个时期，期间新冠疫情尚未引起经济中断，该时间段的赤字水平比上一财年同期增加了 8%；2020 年 4—9 月为第二个时期，该时期的赤字水平是上年同期的 8 倍。总体来看，2020 财年联邦预算赤字预计约为 3.1 万亿美元，为 2019 财年的 3 倍多；赤字率约为 15.2%，保持了连续 5 年的上涨，达到了 1945 年以来的最高水平。

（1）总收入同比下降 1%。据国会预算办公室估计，2020 财年的财政收入总计为 34190 亿美元，同比减少 440 亿美元，其中 2019 年 10 月至 2020 年 3 月比上年同期增长了 6%，2020 年 4—9 月下降了 7%。

2019 年 10 月至 2020 年 3 月，该时期财政收入的增长主要来自个人所得税及工资税收入的增加，这主要是由工资薪酬的提高推动的。同时受 2019 纳税年度的季度估计支付额影响，企业所得税有所增加。在其他收入来源方面，美联储汇款和关税的增长大部分都被消费税的下降抵消。

**表 4 -4　　2020 财年财政收支情况**　　单位：10 亿美元

| | 2019 财年实际值 | | 2020 财年初步估算值 | | 较 2019 财年的预计变化 | |
|---|---|---|---|---|---|---|
| | 2018 年 10 月—2019 年 3 月 | 2019 年 4—9 月 | 2019 年 10 月—2020 年 3 月 | 2020 年 4—9 月 | 2018 年 10 月—2019 年 3 月 | 2019 年 4—9 月 |
| 收入 | 1507 | 1955 | 1604 | 1815 | 96 | -140 |
| 支出 | 2198 | 2248 | 2347 | 4203 | 149 | 1955 |
| 赤字（-） | -691 | -293 | -743 | -2388 | -52 | -2095 |

资料来源：美国国会预算办公室《2020 年 9 月份月度预算审查》。

2020 年 4—9 月，该时期财政收入的同比下滑主要反映了工资和经济活动的减少以及抗击疫情相关法律政策的综合影响（见表 4 -5）。

个人所得税及工资税收入合计下降了 1230 亿美元（7%）。其中，由于推迟缴税、税收抵免、工资收入及经济活动的减少等原因，工资扣款减少了 970 亿美元（8%），未扣缴的收入和工资税减少了 370 亿美元（7%），同时个人所得税退税（主要是 2019 年的税收）也减少了 100 亿美元（11%）。由于疫情造成的经济中断以及应对政策扩大了净亏损抵消应纳税收入和退税的规模，公司所得税减少了 340 亿美元（21%）。其他来源的收入增加了 170 亿美元（12%），这主要是由于来自美联储的汇款有所增加。具体来说，关税减少了 60 亿美元（18%）；消费税净减少了 20 亿美元（4%）；美联储汇款增加了 230 亿美元，其部分原因是较低的短期利率降低了央行的利息支出，从而增加了其向财政部的汇款，同时美联储增持资产的举措往往会进一步增加汇款。

**表 4 -5　　2020 财年后 6 个月的收入情况及与上年同期的比较**　　单位：10 亿美元

| 主要收入来源 | 2019 财年后 6 个月实际收入 | 2020 财年后 6 个月收入初步估算 | 预计变化 | |
|---|---|---|---|---|
| | | | 金额 | 变化幅度（%） |
| 个人所得税 | 994 | 837 | -157 | -15.8 |
| 工资税 | 656 | 690 | 34 | 5.2 |
| 企业所得税 | 162 | 128 | -34 | -20.9 |
| 其他收入 | 142 | 160 | 17 | 12.1 |
| 总 计 | 1955 | 1815 | -140 | -7.1 |

资料来源：美国国会预算办公室《2020 年 9 月份月度预算审查》。

（2）总支出同比增加47%。国会预算办公室（CBO）估计，2020财年的总支出为65500亿美元，同比增加了21030亿美元（47%）。

2019年10月至2020年3月，2020财年前6个月的支出为23470亿美元，比上一财年同期增加了1490亿美元（7%）。这一增长反映了社会保障、医疗保险和医疗补助三大强制性项目支出的增加。同时，国防部和退伍军人事务部的支出以及公共债务的净利息支出也在增加。此外，财政部从房利美（Fannie Mae）和房地美（Freddie Mac）获得的付款减少也导致了净支出的增加。

2020年4—9月，受疫情及应对措施的影响，该阶段的支出相较于上一财年增加了2万亿美元（见表4－6），几乎翻了一番。具体来说，小企业管理局（the Small Business Administration）的支出为5780亿美元（主要用于工资保障计划），而2019年同期仅为5.52亿美元；失业救济金支出同比增加了4430亿美元；可返还的税收抵免额增加了2740亿美元；旨在为州、地方、部落和领地政府提供援助的新冠病毒救助专项基金（Coronavirus Relief Fund）的总支出达1490亿美元；由于《新冠病毒援助、救济与经济安全法案》（the CARES Act）扩大了对联邦医疗保险A部分提供者的加速支付计划，医疗保险和医疗补助服务中心（the Centers for Medicare & Medicaid Services）将预付款计划扩大到B部分的供应商等原因，医疗保险支出比2019年同期增加了1020亿美元（30%），医疗补助计划的支出比2019年同期增加了390亿美元（即19%，2020财年前6个月的支出比2019财年前6个月多了100亿美元）；由于较低的利率抵消了联邦债务扩大的影响，公共债务利息净支出与2019年同期相比减少了460亿美元；在“其他”类别中，公共卫生和社会服务应急基金（the Public Health and Social Services Emergency Fund）的支出为1130亿美元（上年同期仅为10亿美元），教育部支出比上年同期增加了970亿美元，财政部外汇平准基金的支出为310亿美元（上年同期为2.7亿美元），财政部用于新的航空工作人员救济计划的支出总计280亿美元。

**表4－6　　2020财年后6个月的支出情况及与上年同期的比较**

单位：10亿美元

| 主要支出项目 | 2019财年后6个月实际支出 | 2020财年后6个月支出初步估算 | 预计变化 | |
|---|---|---|---|---|
| | | | 金额 | 变化幅度（%） |
| 社会保障福利 | 524 | 549 | 24 | 4.7 |
| 医疗保险（a） | 339 | 441 | 102 | 29.9 |
| 医疗补助 | 211 | 251 | 39 | 18.6 |
| 最大三项强制性支出小计 | 1075 | 1241 | 165 | 15.4 |
| 可返还税收抵免 | 15 | 288 | 274 | — |

续表

| 主要支出项目 | 2019 财年后6个月实际支出 | 2020 财年后6个月支出初步估算 | 预计变化 | |
|---|---|---|---|---|
| | | | 金额 | 变化幅度（%） |
| 新冠救助基金 | 0 | 149 | 149 | — |
| 失业补偿金 | 14 | 457 | 443 | — |
| 国防部的军事项目支出（b） | 328 | 342 | 13 | 4.1 |
| 小企业管理局 | 1 | 578 | 577 | — |
| 公共债务的净利息支出 | 230 | 184 | -46 | -20.0 |
| 其他 | 584 | 964 | 379 | 64.9 |
| 总计 | 2248 | 4203 | 1955 | 87.0 |

注：（1）医疗保险支出是抵消收入的净额。（2）不包括国防部在民用项目上的一小部分开支。
资料来源：美国国会预算办公室《2020 年 9 月份月度预算审查》。

（3）赤字为上一财年的 3 倍多。据国会预算办公室（CBO）预计，2020 财年联邦预算赤字预计约为 3.1 万亿美元，为 2019 财年的 3 倍多。赤字率约为 15.2%，保持了连续 5 年的上涨，达到了 1945 年以来的最高水平。与之相伴的是债务规模的大幅增加。到 2020 年底公众持有的联邦债务的 GDP 占比将攀升至 98%，这是第二次世界大战以来的最高水平。如果现行的税收和支出法律基本保持不变，2021 年该类债务的 GDP 占比将超过 100%，到 2023 年将达到 107%，这是美国历史上的最高水平。在此后的大多数年份，债务预计将继续增长，到 2050 年将达到国内生产总值的 195%。

2. 财政金融政策的作用及影响。在新冠疫情期间，美国政府推出了史无前例的巨额货币和财政刺激计划。与金融危机不同，疫情的冲击会直接作用于服务业、制造业等实体经济领域，导致企业无法正常运转，进入资金消耗模式，并引起社会恐慌，进而传导至金融市场，而金融市场的动荡又会反过来加剧实体经济现金流状况及资产负债表的恶化并使失业增加。因此，疫情期间的货币政策更加注重流动性管理，且很多政策直接作用于实体企业而无须金融中介传递，财政政策也更加重视企业和个人的纾困。

（1）致力于为个人和企业纾困，但部分政策效率不高。关注居民部门是疫情期间财政政策的特点之一。2020 年 4 月 1 日正式实施的《家庭优先新型冠状病毒响应法案》（FFCRA）主要关注的就是这一特殊时期个人和家庭的基本保障问题，其中对带薪休假的规定，改变了美国原有的法律制度，能够在一定程度上减轻疫情对工薪阶层的影响。在《新冠病毒援助、救济与经济安全法案》（the CARES Act）中，对居民个人及家庭的支持约占该法案总金额的 30%（见图 4-3），为其第二大支出，核心措施是“直升机撒钱”以及提供更多的失业救济。

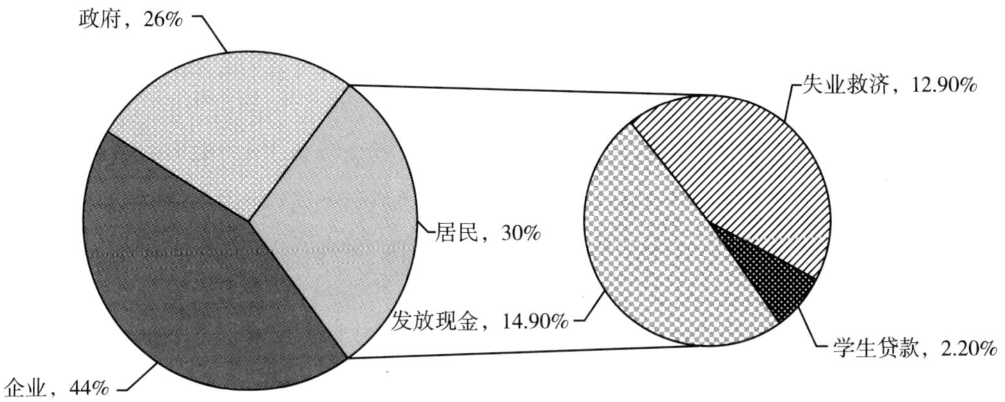


**图 4-3　Cares 法案中各部门所获资金占比**

资料来源：Nick Routley, The Anatomy of the ＄2 Trillion COVID - 19 Stimulus Bill, https://www.visualcapitalist.com/the-anatomy-of-the-2-trillion-covid-19-stimulus-bill/。

在企业纾困层面，美联储通过提供直接贷款、商业票据融资工具（CPFF）等方式向企业部门提供流动性，以保证其业务运营和投资能力。在财政政策方面，《新冠病毒援助、救济与经济安全法案》（the CARES Act）对企业部门的支持力度是最大的，支持资金约占法案总金额的44%，其中投向大企业的资金占比为25%，投向中小企业的资金占比为19%（见表4-7）。对大企业的支持主要采取的是新增贷款和支持航空业等方式，而对中小企业的支持主要是采用新增贷款的方式，同时提供一些补贴和对现有债务的纾困支持。另外，《薪资保护计划和医疗保健增强法》（The Paycheck Protection Program and Health Care Enhancement Act）向小企业提供了更多的援助，相关资金达6330亿美元。

**表 4-7　《新冠病毒援助、救济与经济安全法案》中企业部门资金用途**

| 资金投向 | 在法案资金总额中的占比（%） | 用途 | 占企业部门获得资金的比重（%） |
|---|---|---|---|
| 大企业 | 25 | 新增贷款 | 48.5 |
| | | 支持航空业 | 6.6 |
| | | 国家安全相关 | 1.9 |
| 中小企业 | 19 | 新增贷款 | 39.9 |
| | | 现有债务纾困 | 1.9 |
| | | 补贴 | 1.1 |

资料来源：Nick Routley, The Anatomy of the ＄2 Trillion COVID - 19 Stimulus Bill, https://www.visualcapitalist.com/the-anatomy-of-the-2-trillion-covid-19-stimulus-bill/。

就政策效果而言，尽管特朗普政府一直在大力宣传其在疫情期间的政绩，但是从目前来看，由于数据的滞后性等原因，很难较为全面地去评判这些政策。

直接支付（“直升机撒钱”）能够较为快速地转化为消费，从而对低收入人群的基本生活起到一定的保障作用，但此类消费无法对酒店餐饮等疫情中受损较大的行业提供足够支撑。研究发现，在人们收到付款的头10天内，每1美元中有25—35美分被快速花掉。这与之前对直接支付的研究一致，低收入、无收入和资产流动性差人群的支出速度最快。另有研究发现，疫情期间48%的直接付款是在两周内花掉的，而其中又有68%是那些靠工资过日子的人（即那些没有多少存款的人）花掉的。然而，与2001年和2008年该项政策的效果相比，疫情期间人们更多地将钱用于食品支出，在耐用品上的支出相对较少。还有一项利用实时数据进行的研究指出，疫情期间的经济崩溃在很大程度上是由于高收入群体消费的减少，尤其是在面对面服务上支出的减少。其中酒店餐饮受需求下降的影响最为严重，这导致了该行业收入的减少和员工的失业。政府向人们发钱虽然增加了低收入人群的支出，但这些支出并没有直接流向需求下滑最严重的行业。

当前的研究对薪资保障计划（PPP）褒贬不一。一些学者通过对企业层面数据的处理，初步对该计划的就业影响进行了估计，认为它使受影响企业的就业人数增加了7.5%，即约730万。但一些学者表示，并未找到有效证据来证明该计划在降低小企业失业率上的作用，同时指出这些贷款中的大部分流向了那些即使没有该援助也不打算裁员的公司。还有一些学者认为该计划的针对性不强，相关贷款并未流向受疫情影响最严重的地区。有研究显示，工资保障计划贷款的地域分布与病毒的影响无关，但与企业和银行的贷款关系以及社区银行的普遍性有关。

此外，还有研究发现，经济的较低下滑和较快恢复与当地较高的失业救济有关，或许是因为这些救济对消费起到了一定的支撑作用。摩根大通的研究也发现，疫情期间失业人员的支出总体下降了10%，但领取失业救济金的人的支出增加了10%，这表明扩大的失业保险福利有助于稳定总需求，而总需求的扩大又有助于创造就业机会。对于高福利阻碍再就业的担忧，一些研究表示并未发现相关证据。另有研究指出，工人的求职会受到高福利替代率的影响，但这种影响可能也与健康、育儿问题等其他因素有关。

总的来看，截至当前财政行动在很大程度上还是集中于短期纾困（尽管一些政策也刺激了需求）。而且研究表明，只要疫情的影响仍然存在，就仍有必要继续推行和扩大为失业人员和受影响企业托底的政策。

（2）政府危机应对能力遭考验，政策空间被大幅压缩。首先，新冠疫情这只“黑天鹅”打乱了美国大选的计划和安排，为选举结果增添了很多不确定性。疫情有可能成为特朗普的“卡特里娜飓风”，当飓风造成巨大破坏时，人们会责怪民选的官员，同样，特朗普应对政策的效果也会影响其支持率及连任的可能性。其次，疫情增加了人们对生计的担忧，而特朗普政府为了追求政绩、赢得大选，在尚未有效控制疫情的情况下，过早地推动国内复工复产复学。这种无视民众生命安全、强行重启经济的做法，导致政府在疫情信息、防疫宣传等方面的混乱，他们甚至将戴不戴口罩视为政治立场问题。这给美国的疫情防治工作带来了极大的难度，而且也使得整个社会在疫情中呈现出日益对立的不稳定状态，加剧了美国社会的撕裂。在疫情持续扩散、经济受困、不平等加剧、社会情绪紧张的状态下，美国抗议活动不断，枪击事件频发，种族矛盾持续升温，这些都是对政府危机应对、疫情防控以及与民众沟通能力的考验。最后，大规模的货币和财政政策将对未来的政策空间产生影响。货币政策方面，美联储通过无限量的量化宽松等政策，大量购入资产抵押证券、公司长期债等。其前主席耶伦甚至提出，国会应考虑授予美联储购买股票的权力。这些非常举措虽然有利于缓和疫情对经济的破坏性，但可能会使美联储成为一些企业债权的最大持有人。如果疫情对美国的影响长期持续，美联储的缩表计划可能会受到严重影响，日本央行就是深陷“救市泥潭”的典型案例。在财政政策方面，目前规模空前的救助计划已经使得联邦政府的赤字和债务雪上加霜，如果疫情继续持续下去，不排除出台更多的救助措施（即使是在疫情之后也需要一些经济刺激计划），这将把联邦债务推向更高的台阶，财政健康状况会进一步恶化。

（3）公共卫生形势严峻，财政政策效果受疫情及防控措施影响。国会预算办公室估计，2020 年 3 月和 4 月出台的一系列政策对经济活动的影响将在第二和第三季度达到高峰，之后会逐步减弱。这些法案将在一定程度上缓解经济的恶化，比如：针对个人的直接付款和税收抵免将提振需求；对州和地方政府的支持有助于支撑其抗击疫情的努力；贷款和赠款将为陷入财务困境的企业提供一定的流动性，增加其生存的可能性且有助于保留工作岗位；对卫生服务提供者的补助有助于增强检测和治疗能力。但这些立法对经济活动的影响程度仍会受到疫情及应对措施的影响。虽然目前美国多数州都在复工，但是疫情形势依然严峻，有些州甚至考虑重新关闭一些部门或者出台新的限制措施。对此，国会预算办公室估计，只要某种程度的社会疏远仍然存在，近期立法带来的经济提振效果就可能打折扣。

### （二）疫情对美国财政健康的影响

新冠疫情及应对举措使美国赤字和债务大幅增加，目前其规模已经创下了第二次世界大战以来的新高，而且与其他发达国家相比，其财政指标的恶化程度也更为严重。

1. 联邦赤字达到第二次世界大战以来的最高水平。根据美国国会预算办公室

（CBO）在《2020 年长期预算展望》（the Long - term Budget Outlook）中的预测，2020 年的赤字估计会占到 GDP 的 16.0%，为第二次世界大战结束以来的最高水平。从之前的经验来看，即使是在大衰退期间，赤字的 GDP 占比也从未超过 10%。唯一能与 2020 年相比的，也只有第二次世界大战期间的 1943 年，当时赤字的 GDP 占比达到了 29.6% 的高点。国会预算办公室（CBO）预计，随着疫情应对相关支出的减少，2021 年赤字率将降至 8.6%，并且在 2027 年前该比率会一直处于下降通道，但是之后赤字率会再次攀升，至 2030 年达到 5.3% 这一历史高位，约为过去 50 年均值（3.0%）的 1.5 倍多。而且在之后的 20 年内，赤字率预计会进一步增长，2040 年达到 9.0%，2050 年达到 12.6%。也就是说，2030—2050 年赤字率的均值预计约为 9.0%，远高于之前 50 年 3.0% 的平均水平。

2. 公众持有债务将与经济规模相当。根据国会预算办公室（CBO），2020 年底公众持有的联邦债务的 GDP 占比预计将攀升至 98%，这是第二次世界大战以来的最高水平。而在过去的 50 年里，该类债务平均仅占 GDP 的 43%。如果现行税收和支出法律基本保持不变，2021 年该类债务的 GDP 占比将超过 100%，这意味着美国将加入日本、意大利、希腊等负债超经济总量的国家行列，而到 2023 年该债务率将达到 107%，这将是美国历史上的最高水平（之前的最高水平发生在 1946 年，为 106%）。而且在此后的大多数年份，债务预计将继续增长，到 2050 年将达到国内生产总值的 195%。

3. 基于货币基金组织财政监测数据的评判。

（1）与其他发达国家相比。疫情期间发达国家整体财政状况都在恶化，但美国的幅度更大。如表 4 - 8 所示，收支方面，美国财政收入的收缩幅度和财政支出的扩张幅度均大于发达国家总体，这也导致了美国的财政健康状况较发达国家总体恶化得更为严重：美国赤字增量高于发达国家总体，二者间的差距进一步扩大；债务也呈相同趋势，美国债务增长了大约 23%，而发达国家总体则增长了 19%—20%，二者间的差距也进一步扩大。

（2）与过去相比。从货币基金组织财政监测数据来看，美国赤字和债务在疫情期间加速恶化，其恶化情况已经超过了上轮经济危机时期。其中，在预算平衡方面，综合平衡数据目前下滑至 - 18.72%，而 2019 年为 - 6.35%，基础收支平衡数据目前为 - 16.69%，2019 年为 - 4.14%，赤字水平扩大了约 12%（2007—2009 年扩大了 10%—11%）；在债务方面，总债务数据目前为 131.18%，而此前为 108.68%，增长了 22.50%（2007—2009 年增长了 22.09%），净债务数据与 2019 年相比增加了 22.73%（2007—2009 年约为 17.38%）。

表 4-8　　2020 年 10 月基金组织财政监测中美国及发达国家数据（GDP 占比）

| 区域 | 年份 | 综合平衡（overall balance） | 基础收支平衡（primary balance） | 周期性调整平衡（cyclically adjusted balance） | 周期调整的基本平衡（cyclically adjusted primary balance） | 收入（revenue） | 支出（expenditure） | 总债务（gross debt position） | 净债务（net debt） |
|---|---|---|---|---|---|---|---|---|---|
| 美国 | 2020 | -18.72% | -16.69% | -14.98% | -13.01% | 28.47% | 47.19% | 131.18% | 106.78% |
| | 2019 | -6.35% | -4.14% | -6.85% | -4.62% | 29.39% | 35.74% | 108.68% | 84.05% |
| 发达国家总体 | 2020 | -14.39% | -13.07% | -11.60% | -10.30% | 34.78% | 49.17% | 125.46% | 96.10% |
| | 2019 | -3.30% | -1.93% | -3.70% | -2.31% | 35.69% | 38.99% | 105.27% | 76.69% |

资料来源：IMF（2020 年 10 月份数据）。

## （三）疫情视角下美国财政健康度的再评判

一般情况下，对美国财政健康度的分析主要侧重于常态下美国体制及政策安排对赤字和债务的影响。而在新冠病毒肆虐全球的背景下，分析重点则转向本次公共危机将把联邦赤字和债务推向怎样的境地，其后果会是怎样的，等等。总结来看，联邦政府对新冠病毒及其疫情的应对大致可分为三个阶段，即防御期、防御和对冲期、后疫情时期的刺激复苏阶段，各阶段的目标任务不同。就目前情况来看，随着阶段的演进，财政的压力会越来越大（见图4－4）。当前美国所采取的财政赤字货币化举措，是应急之策，短期来看或可为负债累累的美国争取更多的时间，防止财政危机和公共卫生、经济危机一起爆发。如果长期无节制地执行，尽管国会预算办公室等机构并不确定会产生怎样的结果，但是根据传统理论，则会为财政经济健康种下恶果。

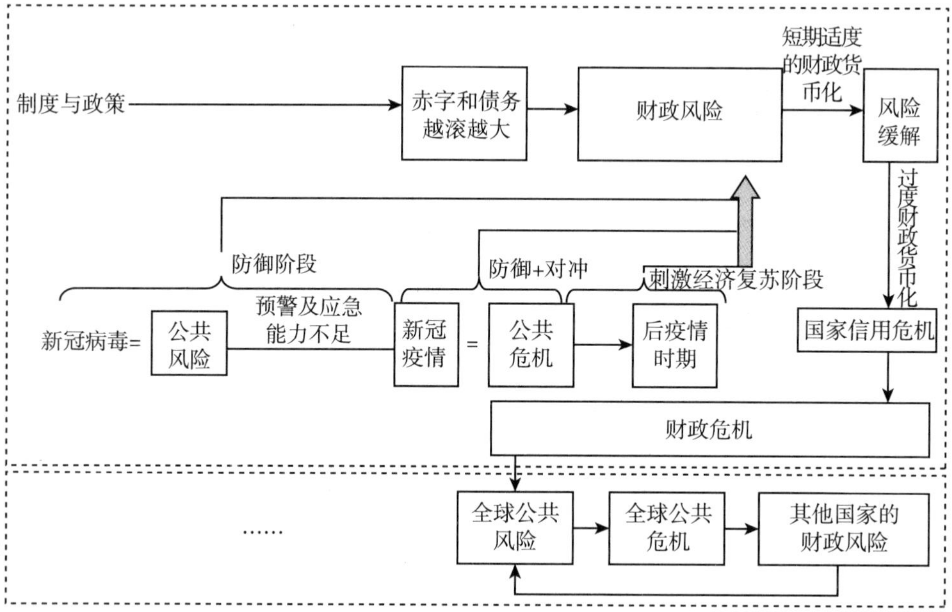


**图4－4　疫情影响下美国财政健康度逻辑**

1. 当前的应对政策处于防御＋对冲期，预计政策规模将继续加码，财政情况也将随之进一步恶化。如图4－4所示，在防御新冠病毒及其疫情的三个阶段中，第一阶段为纯防御状态，此时经济社会所受创伤最小，因而所需投入也是最小的。然而，由于联邦政府的漠视，美国错过了最佳的防御阶段，继而新冠疫情在其本土暴发并迅速蔓延，公共风险很快就转化成了公共危机，应对政策进入了第二个阶段。在该阶段，除了防控疫情之外，财政金融政策的主要目的在于防止企业和居民部门出现严重的流动性问题，即政策向疫情要时间，尽量对冲疫情对经济和民生的影响，尽可能避免个人和企业的破产。目前，虽然多数州已逐步开始复工，但是疫情尚未得到有效遏制，生产生活难以恢复到疫前状态。当前强行恢复经济，可能会导致防疫举措的放松，进而造成疫情的反扑，对经济产生更严重的影响。

与金融危机期间的政策阶段相比，美国目前大致处在危机前和危机中的《经济刺激法案》《住房和经济复苏法案》《经济稳定紧急法案》时期，但在防御和对冲阶段的投入已远高出金融危机的同期。如果疫情影响时间持续拉长，那么政策可能会被迫持续加码，以向个人、中小企业以及州和地方政府提供更大规模的资金支持。另外，疫情过去之后，为刺激经济复苏，财政金融政策也必须继续加大投入。在金融危机中，2009 年的《复苏与再投资法案》（ARRA）是当时涉及金额最大的法案，参考该法案，疫情过后刺激计划的规模也不会小到哪去。这些都将导致美国财政状况的进一步恶化。

2. 财政赤字货币化的方式从短期来看，可防止财政、经济与公共卫生危机一起集中暴发。但若长期无度地使用该举措，将有损于货币政策的独立性，进而导致后疫情时期美元出现对内通胀、对外贬值的情况，且其信誉也可能会被严重透支，这或会导致美元霸权的加速瓦解。

在 2016 年《美联储剩下哪些工具?》文章中，伯南克曾提到，财政货币化就是通过货币总量的不断增加，来给财政提供扩张所需资金。与量化宽松不同，财政货币化不会考虑退出的问题①。这也就意味着货币政策放弃了数量操作空间。

目前美联储已推出了无限量的量化宽松，实际上也是在给财政扩张托底。但如果疫情持续蔓延，疫情过去之后又复苏缓慢，那么美联储很可能难以缩表，从而被动地在财政货币化道路上越走越远。这种情况下，越来越多的政府部门负债会逐渐转化为央行的债务，从降低付息成本的角度考虑，货币政策的价格操作空间就会受到一定的限制。

按照传统理论，若不加节制地长期使用财政赤字货币化措施可能会产生两种结果，一是对内通胀，二是对外贬值。也就是说，如果通过财政货币化发行过多货币，一方面可能推升国内物价水平，另一方面可能使美元在国际市场上贬值。在金融危机中，美联储的量化宽松政策实际上也向市场投放了很多货币，但并未引起通胀，其部分原因是因为需求不足致使货币资金堆积在银行部门，并未流入实体经济。如果后疫情时期，美联储受联邦政府高额债务绑架，难以及时缩表，那么通胀水平或者某些资产的价格很有可能被过多的美元推高。虽然美国政府可以利用美元的国际地位在托底、刺激国内经济的同时，将债务和通胀压力传导给世界其他地区，但是

① 孙彬彬团队. 天风固收：如何看待疫情之下的美国财政政策？金融界网站，2020 - 4 - 15，https：//baijiahao. baidu. com/s? id = 1663999036389686415&wfr = spider&for = pc.

如果政府持续大肆透支美元信誉，原本就已经开始松动的美元霸权或将进一步削弱。一是美国这种不管不顾的财政货币政策本身会引起国际社会对单一货币主导的国际货币体系的反思；二是疫情缓解之后，一旦美元大幅贬值，主权国家的美元资产会严重缩水，石油等以美元定价的全球主要商品的价格信号也会出现紊乱，而这些都会加速国际社会对美元的替代。

3. 未来如何还需根据疫情后续的发展来作判断，但美国目前的“续命”政策或为未来种下恶果。许多国家目前都面临着巨额财政赤字和债务的问题。一些研究人员指出了其背后的高通胀和公共债务风险。虽然当前美国等国都出现了低通货膨胀/低利率的情况，且短期内这种状态可能持续下去，但随着债务水平的上升，高通货膨胀、高利率的风险也会增加。该风险可能会通过四种途径实现。首先，随着巨额财政赤字的持续增长，在不利的财政条件下，债券投资者会要求更高的风险溢价。其次，如果潜在增长率由于任何基础性的原因而上升，安全利率（无风险利率）就会上升。再次，财政政策主导下的风险。在这种情况下，央行由于政治约束而无法应对通胀。最后，如果在经济困难和税收减少的同时，中央银行又不得不通过提高利率来控制通货膨胀，那么这可能会导致供给约束甚至滞胀。虽然任何单一因素都不足以引发通货膨胀，但是这些因素结合起来就可能会。

疫情期间美国的主权信用已经开始恶化。继 2011 年标准普尔（Standard & Poor's）下调美国国债信用评级（从 AAA 下调至 AA +），并将其信用前景定为负面之后，2020 年 7 月，惠誉（Fitch）也将美国的评级展望从稳定下调至负面，以反映其财政状况的持续恶化和可靠财政整顿计划的缺位。尽管穆迪（Moody's）对美国的展望仍然保持稳定，但该评级机构在 2020 年 6 月也指出，虽然当前利率处于低位，但从长期来看，美国的债务负担能力预期会恶化。三大评级机构的举动进一步加大了美国的财政风险。

从目前情况来看，疫情持续时间越长、情况越严重，美国经济及财政所受的打击就越大，上述所讨论的经济恶化及美元霸权削弱问题的发生概率也会越大。而一旦美元霸权不复存在，美国将难以长期维持财政赤字货币化之路，随之而来的可能就是财政、货币危机，届时世界也可能被卷入新一轮的动荡。

## 四、小结与启示

公共风险一旦转化为危机，其杀伤力将倍增，并可能引爆更多其他公共风险，此时政府会陷入被动，财政的不确定性也会放大。因而，我们要增强忧患意识，做好预判，以在危局中抓住机遇，通过改革和政策组合构建财政支撑国家治理的确定性。

### （一）财政健康度无明确临界点，避免财政危机的最好方式是保持两条主线间的政策平衡和张弛有度

财政健康标准的警示功效往往大于其实际意义。危机会否爆发受诸多因素影响，而临界点的模糊性更增添其危险性。财政在日常国家治理中发挥着支撑作用，在公共风险中承担着兜底责任，在财政安全前提下，两者是相互影响、相互制约的关系。良好的国家治理可减少公共危机发生的概率，但财政在繁荣时期透支过多也会挤压应对公共危机的政策空间，例如金融危机后多数发达国家削减赤字和债务，而美国却继续维持财政健康度的紧绷状态，这种竭泽而渔的方式无异于在危机边缘试探。

短期内有节制的财政赤字货币化或能抑制财政、经济、公共卫生危机的集中爆发，但若美国不加节制地长期推行财政赤字货币化举措，那么超发的货币或会在后疫情时期导致美元的贬值，进而使得美元资产严重缩水，并可能引起以美元计价的石油等主要商品的价格信号紊乱。

### （二）以风险思维推动财政改革，为应对不确定性预留足够政策空间，防止重大突发事件使财政空前恶化

人类已经进入了风险社会，“灰犀牛”“黑天鹅”事件发生的频率呈上升趋势。而这些意外的事件往往会使人们感到措手不及。事件本身的危害叠加仓皇应对中的政策失误，很有可能会导致赤字的迅速恶化和债务的急剧膨胀，进而将财政推向危险边缘。这就要求我们以风险思维推动财政改革，在繁荣期尽可能节约，预留出政策空间，以应对突发危机。

在危机的不同阶段，应对举措的成本代价不同。如果能够防患未然，应对成本或可最大限度地减少。若美国能在最初的防御阶段成功遏制新冠病毒传播，防止风险转化为危机，那么所受损失或将小得多。但特朗普却在 2018 年解散了国家安全委员会（National Security Council）中为应对流行病而设立的部门，削弱了其预警及应急能力。这也从反面说明，非危机时期维护和完善风险预警和应急管理体系的重要性。财政是国家治理的基础和重要支柱，应按照现代风险管理的要求，以风险为导向，对预警和应急体系相关资金进行系统整合，并以制度改革推动该体系的完善。

### （三）在群体性危机面前，不合适的政府分权和缺乏监管的自由市场可能会导致更大的灾难

作为联邦制国家，美国的三级政府各自按法律行使自己的职权。联邦政府和州政府之间是合作关系，而非上下级关系。州几乎是独立的“小国（汉密尔顿等建国之父称州府为‘成员国’）”，有自己的宪法、法庭、税收、警察、国会、选举制度

等。但这样的过度分权在群体性危机面前可能会导致政府间协调性不足，难以形成合力共同应对危机。联邦和州府在本次疫情期间的博弈和推诿就体现了这种制度的缺陷。而且美国一向崇尚自由、崇拜市场，这种传统会在重大传染性疾病等突发群体性事件中束缚住政府机构的手脚，导致干预不力，进而使人们的利益在市场失灵中受损。例如，在本次疫情期间，联邦政府集中调动紧缺资源的力量不足，各级政府在市场上的争夺推升了紧缺物资的价格，增加了获取资源的难度。

## 本章参考文献


1. 东方财富网. 大摩：美国赤字将达二战以来的最高水平，2020 - 03 - 31，https：//wap. eastmoney. com/news/info/detail/202003311438851534.

2. 刘尚希. 公共风险论［M］. 北京：人民出版社，2018.

3. 孙彬彬团队. 天风固收：如何看待疫情之下的美国财政政策？金融界网站，2020 - 04 - 15，https：//baijiahao. baidu. com/s？ id = 1663999036389686415&wfr = spider&for = pc.

4. 张文朗等. 若无纾困，美国企业或熬不到夏天. 光大证券，2020 - 4 - 2.

5. 抗疫财政政策 加重美欧财政以及公共债务负担. 中国债券信息网，https：//www. chinabond. com. cn/cb/cn/xwgg/zsxw/hgjj/20200513/154351510. shtml.

6. Adrian D. Garcia, This is the average amount in savings accounts — how does your cash stack up?, Bankrate, 2018 - 12 - 03, https：//www. bankrate. com/personal - finance/savings - account - average - balance/.

7. CBO, 2020 - 04 - 02, https：//www. cbo. gov/publication/56314.

8. CBO, Monthly Budget Review for April 2020, 2020 - 5 - 8, https：//www. cbo. gov/publication/56350.

9. CDC, May 20, 2020 updated, https：//www. cdc. gov/coronavirus/2019 - ncov/cases - updates/cases - in - us. html.

10. CBO, Monthly Budget Review for September 2020, 2020 - 10 - 8, https：//www. cbo. gov/publication/56661.

11. CBO, the 2020 Long - term Budget Outlook, 2020 - 09 - 21, https：//www. cbo. gov/publication/56516.

12. GAO, the Nation's Fiscal Health：A Long - Term Plan Is Needed for Fiscal Sustainability, 2020 - 10 - 07, https：//www. gao. gov/products/GAO - 21 - 161T.

13. Committee for a Responsible Federal Budget, New Projections：Debt Will Exceed the Size of the Economy This Year, 2020 - 04 - 13, http：//www. crfb. org/blogs/new - projections - debt - will - exceed - size - economy - year.

14. Committee for a Responsible Federal Budget, COVID Money Tracker：Policies Enacted To Date, updated on May 21, 2020, http：//www. crfb. org/blogs/covid - money - tracker - policies - enacted - to - date.

15. Ella Nilsen, What we know about the fourth coronavirus relief bill Congress's next coronavirus bill

might look a lot like the last one, Vox, 2020 - 04 - 03, https: //www. vox. com/2020/4/3/21206931/what - we - know - about - congress - fourth - coronavirus - bill.

16. Fred Imbert and Pippa Stevens, Goldman Sachs sees zero US economic growth as the coronavirus spreads, CNBC, 2020 - 03 - 15, https: //www. cnbc. com/2020/03/15/goldman - sachs - sees - zero - us - economic - growth - as - the - coronavirus - spreads. html.

17. Jeff Cox, US weekly jobless claims double to 6. 6 million, CNBC, 2020 - 04 - 02, https: //www. cnbc. com/2020/04/02/weekly - jobless - claims. html.

18. Human Rights Watch, US: Address Impact of Covid - 19 on Poor Virus Outbreak Highlights Structural Inequalities, 2020 - 03 - 19, https: //www. hrw. org/news/2020/03/19/us - address - impact - covid - 19 - poor.

19. Megan Leonhardt, Uninsured Americans could be facing nearly $75000 in medical bills if hospitalized for coronavirus, CNBC, 2020 - 04 - 01, https: //www. cnbc. com/2020/04/01/covid - 19 - hospital - bills - could - cost - uninsured - americans - up - to - 75000. html.

20. Nick Routley, The Anatomy of the $2 Trillion COVID - 19 Stimulus Bill, https: //www. visualcapitalist. com/the - anatomy - of - the - 2 - trillion - covid - 19 - stimulus - bill/.

21. Pamela Foohey, Dalié Jiménez, & Christopher K. Odinet, Cares Act Gimmicks: How Not to Give People Money During a Pandemic and What to Do Instead, The National Law Review, 2020 - 04 - 11, https: //www. natlawreview. com/article/cares - act - gimmicks - how - not - to - give - people - money - during - pandemic - and - what - to - do.

22. Reade Pickert, Yue Qiu and Alexander McIntyre, U. S. Recession Model at 100% Confirms Downturn Is Already Here, Bloomberg, 2020 - 04 - 08 更新, https: //www. bloomberg. com/graphics/us - economic - recession - tracker/.

23. Shannon Meraw, What's the Fed doing in response to the COVID - 19 crisis? What more could it do? Brookings, 2020 - 04 - 09, https: //www. brookings. edu/research/fed - response - to - covid19/.

24. The Federal Reserve, Report on the Economic Well - Being of U. S. Households in 2017, 2018 - 05, https: //www. federalreserve. gov/publications/files/2017 - report - economic - well - being - us - households - 201805. pdf.

25. Tami Luhby, Extra $600 unemployment benefits will start flowing as early as this week for a lucky few, CNN, 2020 - 04 - 10, https: //edition. cnn. com/2020/04/07/politics/unemployment - benefits - cares - act - covid - pandemic/index. html.

26. YiLi Chien, How Long Will the Relief Check Last? Federal Bank of St. Louise, 2020 - 04 - 06, https: //research. stlouisfed. org/publications/economic - synopses/2020/04/06/how - long - will - the - relief - check - last.

# 第五章
# 追求长期健康的英国财政经受考验

**本章导读：**

从财政目标、支出控制、收入的灵活性、中长期预测和监督、财政职能、政府与议会关系等多角度分析英国财政健康度及疫情冲击下财政健康度的变化。研究认为，新冠肺炎疫情导致财政健康度明显下降，由于保持财政健康度是长期和一贯的目标，外部冲击导致的财政健康度下降要依靠制度来恢复，提高财政健康度要在加强支出控制、增强收入调整能力、实施中长期预测和做好财政监督等方面下功夫，还要增加低收入人群收入，做好利率和汇率管理。

财政的良好运行和可持续是各国政府关注的重点之一，英国也是如此。2008 年全球金融危机暴发后，英国像其他受影响的国家一样，实施了超常规的扩张性财政政策，政府支出和赤字大幅增加，债务占 GDP 比重攀升，对财政健康构成严重挑战。因此英国开始削减支出和严控赤字，并设定多个控制性指标提升财政健康度。英国 10 年来提升财政健康度取得的成绩意味着，财政可以为有助于实现长期增长的投资提供资金的同时，也能够为应对短期冲击提供支持。

## 一、近年来英国提升财政健康度的努力

财政健康或财政健康度的概念源于对地方政府财政的研究。按照通常的概念，

财政健康指政府有足够的财力提供公共服务和偿还债务，财政健康度是衡量财政健康的指标体系，指标体系因研究人员的不同而存在差异，通常包括当前和未来的收入、支出、债务、净资产等方面的指标，主要用来衡量短期和长期的政府提供公共服务和偿还债务的能力。从目前的研究来看，财政健康度的研究对象为地方政府[①]。

本章研究的财政健康度是指中央政府的财政健康度。由于中央政府的财政有稳定和发展经济、实现政府目标的职能，而且中央政府的收入能力、资产总量、债务承担能力和政策工具都是地方政府无法比拟的，因此中央政府财政健康的内涵范畴更为宽广。本章所述的财政健康度是指财政应对公共风险冲击的能力指数，财政健康指财政在面临和可能面临公共风险时的识别、应对和恢复的能力，公共风险既包括财政本身的风险如公共服务提供风险和债务风险，也包括其他风险如经济危机、金融危机、公共卫生危机和战争导致的风险，风险既包括现实风险也包括可能的风险。财政健康与财政可持续的关系是包含与被包含的关系，财政健康包括但不仅限于财政可持续，财政可持续研究的是政府的偿债能力，当然有的研究也对此进行了扩展，将财政运行、财政职能、财政政策、财税体制等纳入考察范围。

财政健康度是指财政应对公共风险冲击的能力指数，因此必须从多个视角进行考量，包括支出的稳定和可持续、收入的灵活性、债务融资能力和成本、财政空间、财政的地位和主要财政数据（财政收支、赤字和债务占 GDP 的比重等）、财政职能的履行情况、政府与议会的关系等。下文主要从财政目标、对支出的控制、收入的灵活性、财政职能履行等角度，总结英国近年来为提升财政健康度所作的努力。

## （一）设立法定财政强制性目标和附加目标

英国议会在 2017 年 1 月批准的财政规则对公共部门的赤字和债务指标分别做出规定，要求政府将经周期调整的公共部门净借款占 GDP 的比重在 2020/2021 财年降低到 2% 以下，同时公共部门净债务占 GDP 的比重开始由升转降，该规则将确保英国在 2025 年左右实现预算平衡[②]。2017/2018 财年，英国提前 3 年实现该目标，2018/2019 财年该目标继续得以实现，根据预测，假设新冠肺炎疫情在相对有限的范围内发生，其对世界贸易和英国出口的影响为小幅走低，那么 2019/2020 财年和 2020/2021 财年赤字略高于规定但债务目标仍然能继续得以实现（见表 5 - 1）[③]。

---

① 解洪涛等的《中国地方政府省际财政健康度评价及解释》；颜燕、Andrew Reschovsky 的《城市财政健康评价——以浙江省为例》。

② 英国 HM Treasury 的《Budget 2018：documents》。

③ 英国财政部的《Budget 2018：documents》和《Budget 2020》。

**表 5 - 1　　英国主要财政指标（占 GDP 比重）（2018/2019—2024/2025 财年）**

单位:%

| | 2018/2019 财年实际数 | 2019/2020 财年预测数 | 2020/2021 财年预测数 | 2021/2022 财年预测数 | 2022/2023 财年预测数 | 2023/2024 财年预测数 | 2024/2025 财年预测数 |
|---|---|---|---|---|---|---|---|
| 收入和支出 | | | | | | | |
| 公共部门经常性收入（a） | 37.5 | 37.7 | 37.9 | 38.0 | 38.3 | 38.4 | 38.5 |
| 管理总支出（b） | 39.3 | 39.8 | 40.3 | 40.8 | 40.8 | 40.8 | 40.7 |
| 其中： | | | | | | | |
| 公共部门经常性支出（c） | 35.0 | 35.3 | 35.4 | 35.7 | 35.6 | 35.5 | 35.4 |
| 公共部门净投资（d） | 2.0 | 2.2 | 2.6 | 2.9 | 3.0 | 3.0 | 3.0 |
| 折旧（e） | 2.3 | 2.2 | 2.3 | 2.3 | 2.3 | 2.3 | 2.3 |
| 法定的财政强制性目标和附加目标 | | | | | | | |
| 经周期调整的净借款 | 1.9 | 2.2 | 2.4 | 3.0 | 2.7 | 2.5 | 2.2 |
| 公共部门净债务 | 80.6 | 79.5 | 77.4 | 75.0 | 75.4 | 75.6 | 75.2 |
| 2020 年预算确定的财政目标 | | | | | | | |
| 经常性预算赤字（c + e - a） | -0.3 | -0.1 | -0.2 | -0.1 | -0.5 | -0.7 | -0.8 |
| 债务利息相对于收入的比重 | 4.1 | 3.8 | 3.3 | 3.5 | 3.3 | 3.1 | 2.9 |
| 其他赤字 | | | | | | | |
| 公共部门净借款（b - a） | 1.8 | 2.1 | 2.4 | 2.8 | 2.5 | 2.4 | 2.2 |
| 经周期调整的经常性预算赤字 | -0.1 | 0.0 | -0.2 | 0.1 | -0.2 | -0.5 | -0.8 |
| 原发性赤字 | 0.3 | 0.7 | 1.2 | 1.5 | 1.2 | 1.2 | 1.1 |
| 经周期调整的原发性赤字 | 0.4 | 0.8 | 1.2 | 1.7 | 1.5 | 1.3 | 1.1 |
| 融资 | | | | | | | |
| 中央政府净现金需求 | 2.4 | 2.0 | 2.8 | 3.1 | 2.8 | 2.5 | 2.7 |
| 公共部门净现金需求 | 2.1 | 1.4 | 1.1 | 0.3 | 2.9 | 2.6 | 2.7 |
| 稳定和增长公约 | | | | | | | |
| 赤字率 | 1.8 | 2.2 | 2.5 | 3.1 | 2.6 | 2.4 | 2.4 |
| 经周期调整的赤字率 | 1.9 | 2.3 | 2.5 | 3.3 | 2.8 | 2.5 | 2.4 |
| 债务率 | 84.1 | 83.2 | 82.9 | 83.2 | 83.3 | 83.3 | 83.0 |

续表

| | 2018/2019 财年实际数 | 2019/2020 财年预测数 | 2020/2021 财年预测数 | 2021/2022 财年预测数 | 2022/2023 财年预测数 | 2023/2024 财年预测数 | 2024/2025 财年预测数 |
|---|---|---|---|---|---|---|---|
| | （单位：10 亿英镑） | | | | | | |
| 经常性预算赤字 | -5.8 | -1.7 | -4.9 | -2.7 | -11.7 | -16.7 | -21.2 |
| 公共部门净投资 | 44.3 | 49.1 | 59.7 | 69.3 | 73.2 | 77.0 | 79.1 |
| 公共部门净借款 | 38.4 | 47.4 | 54.8 | 66.7 | 61.5 | 60.2 | 57.9 |
| 经周期调整的净借款 | 41.4 | 48.2 | 55.3 | 71.8 | 68.1 | 63.9 | 58.7 |
| 经周期调整的经常性预算赤字 | -2.8 | -1.0 | -4.4 | 2.5 | -5.1 | -13.1 | -20.4 |
| 公共部门净债务 | 1774 | 1799 | 1818 | 1827 | 1900 | 1969 | 2031 |
| 净债务利息支出 | 32.5 | 30.9 | 28.1 | 31.2 | 30.6 | 29.3 | 28.5 |
| 非利息收入 | 788.9 | 811.8 | 845.3 | 881.9 | 918.6 | 952.3 | 988.4 |
| 备忘：产出缺口（占 GDP 比重,%） | 0.3 | 0.0 | 0.1 | 0.4 | 0.4 | 0.1 | 0.1 |

注：（1）管理总支出英文为 total managed expenditure，这里的管理总支出指公共部门管理总支出，等于公共部门经常性支出 + 公共部门净投资 + 折旧。（2）公共部门净借款是赤字指标，等于管理总支出 - 经常性收入。（3）公共部门净现金需求表示实际的现金需求，等于公共部门净借款 + 公共部门的现金变动，如资产的出售或者购买。（4）公共部门净债务截至 10 月底。（5）稳定和增长公约的赤字率指政府（中央和地方政府）净借款，稳定和增长公约的债务率指政府（中央和地方政府）总债务。（6）资料来源中的预测数截至 2024/2025 财年，也就是说数据预测期包括本预算年度及其之后的 4 个财年。

资料来源：英国《2020 年预算》（Budget 2020）表 C. 2。

2020 年，财政部将对《预算责任宪章》（Charter for Budget Responsibility）进行修订。在财政框架评估完成后，财政部将向议会提交一份新的《预算责任宪章》，而在此之前，2016 年秋编制的宪章仍将继续实施。据判断，政府的打算是通过修订宪章改变财政规则，放松对赤字的控制，利用低利率的有利环境增加赤字，将筹集的资金用于增加有助于提高经济长期发展的基础设施投资，增加优先事项如医疗、教育、环境保护和警察等支出，同时将债务维持在可控的范围之内。

## （二）2020 年预算设立三大目标

2020 年 3 月 11 日，英国财政大臣里希·苏纳克（Rishi Sunak）提交并发布《2020 年预算》①。预算中，政府拟定了三项新的财政规则，即新设立三个财政目

① 该预算原定于 2019 年 11 月 6 日提交，本应该是 2019 年预算。但由于议会投票通过英国延迟脱欧的提案，议会被解散并通过普选组建新的议会，因此预算发布就一直延期到这个时候，成为了 2020 年预算。

标，其中一个是赤字指标，另外两个分别是关于净投资和利息支出的支出指标，详情如下：（1）在5年滚动预算的第三年（即2022/2023财年）或之前，实现预算平衡；（2）在5年滚动预算期间（从2020/2021—2024/2025财年），公共部门净投资（public sector net investment，PSNI）平均不超过GDP的3%；（3）如果预计债务利息支出相对于收入的比重将持续超过6%，那么政府要采取措施降低债务占GDP的比重①。

这里所说的债务利息支出相对于收入的比重是指“公共部门净利息支出（利息支出减去利息收入）占非利息收入的比重”。经过与国家统计办公室（ONS）的商议，财政部决定，这个比重的分子为公共部门（不包括公共部门的银行）的利息支出减去财产性收入，分母为公共部门（不包括公共部门的银行）经常性收入减去财产性收入②。

随着财政状况的改善，政府对财政指标的控制有了新的思路。与法定财政强制性目标和附加目标相比，赤字目标是经常性预算赤字，而且增加了支出控制目标，对净投资和利息支出开始实施目标控制。2019/2020财年以前，政府净投资占GDP的比重一直在2%左右，将目标定在3%反映出政府的策略是想利用低利率的环境增加赤字和加大投资力度，但是在增加投资前先行设定了净投资占GDP比重的目标，在增加赤字前先行设定了利息支出占收入比重的目标，这样可以更好地控制投资支出和债务利息支出的规模，防止投资和债务过度增加财政负担。根据2020年预算的预测结果（见表5-1），截至2024/2025财年，英国公共部门经常性预算赤字都是盈余，公共部门净投资都不超过3%，债务利息支出相对于收入的比重都不超过4%，也就是说如果不发生新冠肺炎疫情的冲击，这三个目标在预测期内很可能都会实现。

## （三）支出控制手段

英国公共部门总支出被称作管理总支出（total managed expenditure），政府对支出除了上文提到的对支出中的净投资和利息支出设定目标外，还通过支出管理措施对支出进行控制，具体方法如下：

1. 分类管理和控制：适度增长+限额管理。英国管理总支出，分为两大类，一是经常性支出，二是资本性支出。为了加强对支出的控制，又将经常性支出和资本性支出都分成两类：一是财年间变动不大的支出，被称为年度管理支出（annual management expenditure，AME）；二是财年间变动较大的支出。对于财年间变动不大的支出采用的是适度增长的控制方式，而对于财年间变动较大的支出采用的是限额

① 英国财政部的《Budget 2020》。

② 国家统计办公室发布的《Public sector finances，UK：March 2020》。

管理的控制方式。如表 5 - 2 所示，把经常性支出中财年间变动不大的支出归类为经常性年度管理支出，采用适度增长方式进行支出控制，对于财年间变动较大的支出设定支出限额，即经常性支出限额（不包括折旧），控制的时间跨度与 5 年滚动预算的时间跨度相同，并由专门机构定期对支出是否超出预算和限额进行评估，通常情况下最终的实际支出都在预算和限额之内，对资本性支出也采用相同的控制方式。

**表 5 - 2　管理总支出预算数（2019/2020—2024/2025 财年）** 单位：10 亿英镑

| | 2019/2020 财年 | 2020/2021 财年 | 2021/2022 财年 | 2022/2023 财年 | 2023/2024 财年 | 2024/2025 财年 |
|---|---|---|---|---|---|---|
| 经常性支出 | | | | | | |
| 经常性年度管理支出 | 426.5 | 421.6 | 433.5 | 443.4 | 453.2 | 464.7 |
| 经常性支出限额（不包括折旧） | 330.4 | 360.6 | 384.6 | 400.7 | 417.6 | 435.5 |
| 折旧 | 30.8 | 33.6 | 35.9 | 37.4 | 39.0 | 40.6 |
| 公共部门经常性支出汇总 | 787.7 | 815.8 | 854.1 | 881.5 | 909.9 | 940.8 |
| 资本性支出 | | | | | | |
| 资本性年度管理支出 | 33.6 | 30.4 | 26.6 | 26.9 | 28.5 | 29.2 |
| 资本性支出限额（不包括金融交易） | 65.5 | 81.6 | 96.7 | 102.3 | 106.5 | 110.2 |
| 公共部门总投资汇总 | 99.1 | 111.9 | 123.3 | 129.2 | 135.0 | 139.4 |
| 管理总支出 | 886.8 | 927.7 | 977.4 | 1010.7 | 1044.9 | 1080.2 |
| 管理总支出占 GDP 比重 | 39.8% | 40.3% | 40.8% | 40.8% | 40.8% | 40.7% |

资料来源：英国《2020 年预算》（Budget 2020）表 1.11。

2. 限额管理。英国对支出的限额管理并不限于规定了经常性支出限额和资本性支出限额，还把这两个限额落实到了部门支出中去，此外还对福利支出和 PPP 支出都设定了支出限额，并由专门机构对这些限额进行定期评估。

（1）部门支出限额。英国政府通过《支出计划》（Spending Round）或者《支出评估》（Spending Review）等报告来设定各个政府部门的经常性支出限额和资本性支出限额，以及政府部门经常性支出的总限额和资本性支出的总限额，对各财年间变动较大的经常性和资本性支出进行限制。

英国规定的各个政府部门经常性支出限额和资本性支出限额的时间跨度为 2 个财年，最新的规定是针对 2019/2020 财年和 2020/2021 财年。政府部门被分为 26 个，分别对各部门的经常性支出和资本性支出的限额进行了设定，如表 5 - 3 所示。以卫生和社会照料部（Health and Social Care）为例，其资本性支出限额（Capital DEL）在 2019/2020 财年为 71 亿英镑，在 2020/2021 财年为 82 亿英镑，不包括折旧的经常性支出限额（Resource DEL excluding depreciation）在2019/2020财年为1333亿英镑，在2020/2021财年为1398亿英镑。

**表5-3　部门预算（支出限额）**

**（2019/2020财年和2020/2021财年）**

单位：10亿英镑

| | 2019/2020财年 | 2020/2021财年 |
|---|---|---|
| 经常性支出限额（不包括折旧） | | |
| 卫生和社会照料部 | 133.3 | 139.8 |
| 其中：英格兰国家医疗服务体系（*NHS*） | 123.7 | 129.9 |
| 教育部 | 63.8 | 67.8 |
| 其中：学校 | 44.4 | 47.6 |
| 内政部 | 11.5 | 13.0 |
| 司法部 | 7.8 | 8.3 |
| 检察官部 | 0.6 | 0.7 |
| 国防部 | 29.5 | 30.8 |
| 单一情报账户 | 2.4 | 2.1 |
| 外交和联邦事务办公室 | 2.4 | 1.1 |
| 国际发展部 | 8.0 | 9.6 |
| 住房、社区和地方政府部的住房和社区 | 2.6 | 1.7 |
| 住房、社区和地方政府部的地方政府 | 5.2 | 8.2 |
| 交通 | 3.8 | 4.2 |
| 商业、能源和产业战略部 | 2.5 | 2.5 |
| 数字、文化、媒体和体育部 | 1.6 | 1.7 |
| 环境、食品和农村事务部 | 2.1 | 3.9 |
| 国际贸易部 | 0.5 | 0.5 |
| 就业和养老金部 | 5.7 | 5.8 |
| 英国税收和海关总署 | 4.0 | 3.9 |
| 英国财政部 | 0.4 | 0.2 |
| 内阁办公室 | 1.0 | 0.5 |
| 苏格兰 | 16.9 | 21.1 |
| 威尔士 | 12.1 | 12.8 |
| 北爱尔兰 | 11.2 | 11.5 |
| 小型和独立机构 | 1.5 | 2.2 |

续表

| | 2019/2020 财年 | 2020/2021 财年 |
|---|---|---|
| 储备金 | 0.0 | 6.7 |
| 调整 | 0.0 | -0.1 |
| 经常性支出限额（不包括折旧）汇总 | 330.4 | 360.6 |
| 预算责任办公室的修正 | -0.5 | -3.2 |
| 预算责任办公室对经常性支出限额（不包括折旧）的预测 | 329.9 | 357.3 |
| 资本性支出限额 | | |
| 卫生和社会照料部 | 7.1 | 8.2 |
| 教育部 | 4.6 | 4.5 |
| 内政部 | 0.7 | 0.8 |
| 司法部 | 0.5 | 0.7 |
| 检察官部 | 0.0 | 0.0 |
| 国防部 | 10.5 | 10.6 |
| 单一情报账户 | 0.6 | 0.8 |
| 外交和联邦事务办公室 | 0.1 | 0.1 |
| 国际发展部 | 2.0 | 4.8 |
| 住房、社区和地方政府部的住房和社区 | 8.4 | 13.1 |
| 住房、社区和地方政府部的地方政府 | 0.0 | 0.0 |
| 交通 | 14.6 | 17.6 |
| 商业、能源和产业战略部 | 11.2 | 12.3 |
| 数字、文化、媒体和体育部 | 0.6 | 0.6 |
| 环境、食品和农村事务部 | 0.8 | 0.9 |
| 国际贸易部 | 0.0 | 0.0 |
| 就业和养老金部 | 0.1 | 0.2 |
| 英国税收和海关总署 | 0.3 | 0.4 |
| 英国财政部 | 0.1 | 0.0 |
| 内阁办公室 | 0.1 | 0.1 |
| 苏格兰 | 4.4 | 5.5 |
| 威尔士 | 2.3 | 2.4 |
| 北爱尔兰 | 1.4 | 1.7 |
| 小型和独立机构 | 0.4 | 0.5 |
| 储备金 | 0.0 | 3.4 |

续表

| | 2019/2020 财年 | 2020/2021 财年 |
|---|---|---|
| 调整 | 0.0 | -0.6 |
| 资本性支出限额汇总 | 71.1 | 88.5 |
| 减去资本性支出限额汇总中不属于公共部门总投资（*PSGI*）的部分 | -11.2 | -13.3 |
| 修正 | 0.0 | -3.9 |
| 资本性支出限额中的公共部门总投资 | 59.9 | 71.2 |

资料来源：英国《2020 年预算》（Budget 2020）表 1.9 和表 1.8。

除分部门的支出限额外，英国还规定了整个政府部门的部门支出总限额（total DEL）、经常性支出限额和资本性支出限额，其时间跨度与滚动预算的时间跨度相同（见表 5-4）。以 2019/2020 财年为例，经常性支出限额（不包括折旧）为 3304 亿英镑，预算责任办公室对经常性支出限额（不包括折旧）的预测为 3299 亿英镑，资本性支出限额为 711 亿英镑，预算责任办公室对资本性支出限额的预测为 712 亿英镑，部门支出总限额（经常性支出限额 + 资本性支出限额）为 4015 亿英镑[①]。

**表 5-4　　部门预算（部门支出限额）**
**（2019/2020—2024/2025 财年）**

单位：10 亿英镑

| | 2019/2020 财年 | 2020/2021 财年 | 2021/2022 财年 | 2022/2023 财年 | 2023/2024 财年 | 2024/2025 财年 |
|---|---|---|---|---|---|---|
| 经常性支出限额（不包括折旧） | 330.4 | 360.6 | 384.6 | 400.7 | 417.6 | 435.5 |
| OBR 的修正 | -0.5 | -3.2 | -3.9 | -4.1 | -4.3 | -4.4 |
| OBR 对经常性支出限额（不包括折旧）的预测 | 329.9 | 357.3 | 380.8 | 396.6 | 413.3 | 431.1 |
| 资本性支出限额 | 71.1 | 88.5 | 101.7 | 107.5 | 109.1 | 112.8 |
| OBR 的修正 | 0.0 | -3.9 | -7.3 | -7.8 | -8.0 | -8.1 |
| OBR 对资本性支出限额的预测 | 71.2 | 84.6 | 94.3 | 99.6 | 101.1 | 104.7 |
| 部门支出限额 | 401.5 | 449.0 | 486.3 | 508.1 | 526.8 | 548.3 |

注：OBR 为预算责任办公室。
资料来源：英国《2020 年预算》（Budget 2020）表 1.10。

（2）福利支出限额。2014 年 3 月，英国对《预算责任章程》进行了修订，开始

① 英国财政部的《Budget 2020》。

通过实施福利支出限额（Welfare cap）来管束福利支出的大幅增长。福利总支出是指年度管理支出（AME）除国家养老金和自动稳定器（the state pension and automatic stabilisers）外的所有社会福利支出。预算责任办公室（OBR）在每年秋季对政府履行福利支出限额的情况进行评估[①]。

目前，政府需要为新议会设定支出限额，将适用于2024/2025财年。表5－5显示了截至2024/2025财年福利支出限额的设定情况，在设定的支出限额下，也允许为不可避免的支出波动给予一定的灵活性，即规定了变动的幅度。预算责任办公室（OBR）在其历次发布的《经济和财政展望》中都会对支出是否在限额内进行评价。下届议会时，预算责任办公室将对本届议会期间限额实施情况进行正式评价[②]。

**表5－5　福利支出限额（2019/2020—2024/2025财年）**　单位：10亿英镑

| | 2019/2020财年 | 2020/2021财年 | 2021/2022财年 | 2022/2023财年 | 2023/2024财年 | 2024/2025财年 |
|---|---|---|---|---|---|---|
| 限额 | — | — | — | — | — | 137.2 |
| 中间路径 | 119.3 | 125.7 | 127.5 | 130.5 | 133.8 | — |
| 规定的变动幅度（%） | 0.5 | 1.0 | 1.5 | 2.0 | 2.5 | 3.0 |
| 汇总 | 119.9 | 127.0 | 129.5 | 133.1 | 137.1 | 141.3 |

资料来源：英国《2020年预算》（Budget 2020）表1.13。

（3）PPP限额管理。《2012年秋季报告》提出，将控制由表外PF2合同引发的政府付款责任的总量，对中央政府提供资金的所有PFI和PF2合同的政府支出总额进行限额控制。2015/2016财年到2019/2020财年的总量限额是700亿英镑（名义价值），限额覆盖资本支出、利息支出和服务支出[③]。

## （四）收入的灵活性

英国税权高度集中于中央，政府收入也主要集中于中央政府，中央掌控力度大。英国不仅税收立法权和解释权完全属于中央，而且政府收入的94%左右为中央政府收入。这表明英国税收集权程度非常高，中央政府对收入的掌控力度相当强大，地方政府的税收收入仅来自一个税种即住宅房产税。

英国的收入结构能够确保财政发挥自动稳定器的作用。英国中央政府收入以经常性收入为主，近些年来占比超过95%，经常性收入中税收收入占比超过75%，其

---

① 英国财政部的《Budget 2015》。
② 英国财政部的《Budget 2020》。
③ 英国预算责任办公室发布的《Fiscal sustainability report：July 2014》。

中所得税类税收收入占税收总收入的46%左右[①]。这种收入结构，即税收收入占收入比重较高而且所得税类税收收入占税收总收入比重较高，有利于在经济形势好的时候税收收入增加，在经济形势不利的时候税收收入下降，可以起到经济自动稳定器的作用。

英国的税法分为永久性立法和年度法案，收入更为灵活。英国的税收立法分为两大类：一是永久性立法，即不需要议会每年进行审议，按照法律规定每年征收收入的税法，这类法律覆盖税种的3/4；二是由每年议会通过的《财政法案》（Finance Bill）确定某些税种具体的税收级距、税率、税收优惠政策等的税收立法[②]。每年《财政法案》调整的主要税种为个人所得税（以税收级距上调为主）、企业所得税（以税率下调为主）、消费税类（如烟税、酒税、航空乘客税等，以税率是否上调和上调到多少为主）、商业（非住宅）房产税（以税收优惠为主），上述税种的调整方向除消费税类以外都是减税的方向，当然由于税基的变化，虽然调整方向是减税，但实际税收收入可能增加，消费税类是增税的方向。这种税收立法方式给予收入更大的灵活性，每年政府和议会都有调整税收收入的能力和空间。2019年底选举产生的议会下院中保守党占绝大多数席位，保守党的党魁担任首相并组建内阁，因此来自行政部门的提案在议会受阻的概率不大，行政和议会的配合会让每年的税收调整更为顺利，支出政策调整也是如此。

## （五）通过预测监控中长期财政可持续性[③]

预算责任办公室（OBR）成立于2010年，是一家独立机构，被授权提供官方的经济和财政数据的中期和长期预测，并对财政运行情况进行评估，预测和有效监测现有政策的实施对财政的中长期影响，披露财政的中长期可持续性。

预算责任办公室每年春季和秋季各编制一份《经济和财政展望》（Economic and fiscal outlook，EFO），并提交给议会，报告对经济和财政状况进行为期5年的滚动预测（包括预算财年及其之后的4个财年），预算依据该报告的预测结果编制。报告的内容主要包括：（1）上一次预测以来的发展变化，包括经济发展、财政变化、其他发展等；（2）对经济的展望，包括主要假设、对GDP和通货膨胀等指标的预测、可能存在的风险和不确定性等；（3）对财政的展望，包括财政、政策风险和分类的变化、对收支和信贷及其他金融交易的预测、财政总量指标预测、风险和不确定性等；（4）财政目标执行情况，包括对政府财政目标的预测、对重要财政总量指标的预测、预测的依据、对不确定性的认识等。英国的预算是5年滚动预算，举例

---

① 中国财政科学研究院的《世界主要国家财政运行报告（2019）》及其他年份的报告。

② 廖晓军的《国外政府预算管理概览》。

③ 王朝才等的《部分国家中期预算制度》。

来说，虽然英国2020年预算主要针对的是2020/2021财年，也只有该财年的预算最终成为法案，但是预算中反映了对5个财年主要财政指标的预测，预测期到2024/2025财年，因此预测结果可以反映出在5年预测期内主要财政指标的数额，以及各项财政目标如财政强制性目标和附加目标能否实现。

预算责任办公室利用预测评价政府目标的完成情况。在其编制的《经济和财政展望》（EFO）中，预算责任办公室会评价在目前的政策条件下财政目标实现的可能性，还会检测在财政预测的各项可能的不确定因素的作用下，其评估结果的可靠性。

预算责任办公室负责核对财政部税收和福利支出措施的成本。在预算准备阶段，在考虑各种详细挑战的情况下，预算责任办公室对政府计算的税收和支出措施的成本草案进行详细审核，之后在《经济和财政展望》、"财政部政策成本文件"中说明预算责任办公室对政府最终颁布的合理的评估中的成本计算的看法，起到监督的作用。

预算责任办公室负责评估财政的长期可持续性。其负责编制的年度《财政可持续性报告》（Fiscal sustainability report）披露公共支出和税收收入的长期计划、公共部门的资产负债表、能反映财政长期可持续性的简要指标，并评估这些计划是否会伤害到财政可持续性和实现公共部门债务的健康运行。具体内容主要包括：（1）通过公共部门的资产负债表，反映过去的政府行为对财政状况的影响，其预测年度为50年；（2）未来的政府行为对财政状况的影响，既包括收入方面，也包括支出方面，主要涉及长期的财政项目，如税收、养老、教育、社会福利等，预测年度也是50年；（3）收入的可持续性，预测期为5年，内容包括税收收入、油气收入（按价格分情景）、燃料税相关收入（按燃烧效率分情景）等；（4）财政可持续性指标预测，在预测期50年内实现债务及赤字占GDP的比重保持在一定范围内。

预算责任办公室负责评估政府福利限额的绩效以及在其编制的年度《福利趋势报告》（Welfare trends report）中发布福利支出趋势等信息，目的是有利于对福利支出开展公开和建设性的对话。《福利趋势报告》的主要内容是描述社会保障和税式支出（tax credits spending）的详情。

## （六）对财政框架进行评估

对财政的评价最终要看财政是否实现其职能、发挥其应有的作用。英国财政大臣宣布，2020年财政部将对英国的财政框架进行评估，评估报告将在2020年秋季预算发布前完成，财政部是评估的执行者，国内和国际的专家也将参与评估。英国对财政框架的评估主要从以下方面着眼①：

1. 评估的目的。对财政框架进行评估的目的是：

① 英国财政部的《Budget 2020》。

（1）确保财政框架适应当前的宏观经济环境；

（2）财政框架可以支持政府雄心勃勃的新议题，即为增进国家的均等化水平进行投资；

（3）保持英国在宏观经济政策领域处于国际最优做法的领先位置。

2. 评估的原则。财政框架评估将按照以下原则开展：

（1）财政政策应该支持政府的经济目标，同时还要通过控制借款和债务保持财政的可持续性；

（2）有利于将通货膨胀维持在稳定的低点，这是政府经济目标可以实现的基本先决条件；

（3）英国当前的财政政策决策的制度优势——身份为独立机构的国家统计办公室（ONS）统计官方的经济和财政数据，身份为独立机构的预算责任办公室（OBR）提供官方的经济和财政预测数据以及根据财政目标评估政府的履职情况——应该得到保持和强化。

3. 评估考虑的因素。评估将考虑以下六个方面：（1）低利率环境；（2）宏观经济的稳定；（3）鼓励物有所值；（4）管理和编制资产负债表的进展；（5）减轻财政风险和压力；（6）强化英国世界级的制度优势。

可以看出，财政除了要实现长期可持续外，稳定和发展经济、支持政府的发展目标、稳定通货膨胀都同样重要。这也说明在面临公共风险冲击的情况下，财政政策会优先稳定社会和经济，财政在应对公共风险冲击的情况下稳定社会和经济的能力正是财政健康度的体现。

## 二、疫情风险、经济风险和社会风险

在多种措施的长期持续作用下，英国财政健康度持续改善，政府已经开始制定和实施新的政策目标，即为提升公共服务的均等化水平而增加投资和优先事项的支出，同时将赤字和债务维持在可控范围之内。但是2020年新冠肺炎疫情的全球性暴发和蔓延，打乱了英国继续提升财政健康度的设想。新冠肺炎是一种流行性传染病，已经引发全球公共卫生危机，疫情导致英国经济风险和社会风险大幅上升，对其经济社会的打击程度可能是近200年来最为严重的一次。

### （一）疫情的发展和现状

英国新冠疫情大体可以分为两个阶段，一是外防输入阶段，二是本土暴发阶段。

1. 外防输入阶段。2020年2月7日，英国进行了首次检测，共检测620份样本，检测结果617份为阴性，3份为阳性，这是英国首次出现确诊病例。同一天，英国将新冠病毒导致公共风险的等级从“低”提升到“中等”[①]。

在此阶段，首先，英国主要对重点人群进行了追踪和检测。其次，在法律方面作好准备。为延缓或防止病毒传染、尽最大可能保护公众，2020 年 2 月 10 日颁布了《（新冠病毒）医疗保护规定 2020》（The Health Protection（Coronavirus）Regulations 2020）[②]。最后，制定抗击疫情的行动规划。3 月 3 日颁布了《冠状病毒行动方案》（the Coronavirus Action Plan），该方案把抗击疫情分成 4 条主线，它们分别是阻止病毒的蔓延、延缓病毒的传播、研究病毒的起源和治疗办法、减轻其影响，简而言之就是“阻止、延缓、研究和减轻”[③]。此外，政府还提供信息服务，例如编制和发布疫情最新信息和指南、编制和发布防止感染的建议、111 电话热线提供新冠咨询等。

2. 疫情本土暴发阶段。2020 年 3 月 12 日，英国首相约翰逊宣布英国抗击疫情进入第二阶段，即延缓阶段。这表明英国防止输入措施的彻底失败，此后英国不再追踪接触者，新冠疫情在英国本土全面暴发和蔓延。截至英国时间 2020 年 10 月 13 日上午 2∶02，在 25476034 次检测中，有 617688 人的结果为阳性，确诊为阳性后 28 天内死亡的有 42875 人，死亡证明上表明患有新冠肺炎的有 57347 人[④]。

英国疫情有两大特点：一是感染率高，英国总人口 6679.68 万，按上文确诊人数计算，感染率超过 9‰，而且 9 月阳性病例数开始明显上升，9 月 29 日到 10 月 8 日连续 10 天每天检测为阳性的病例数都过万[⑤]；二是病死率高，按上文数据计算病死率超过 9%。感染率偏高，而且数据在未来还会继续上升，这说明虽然调整了“全民免疫”的策略，但是英国抗击疫情的公共卫生措施不得力、效果不好。而病死率高更是说明英国医疗体系的抗压能力差，在医护人员、床位、设备设施、相关用品方面储备不足，调动和调整能力有限，医疗系统的公共卫生应对能力不足，特别是在应对疫情的前期。成绩是病死率出现较快的下降，在 6 月该比率超过 14%[⑥]。

## （二）疫情对经济社会造成重大冲击

在防输入阶段，疫情对英国经济社会的影响体现在由于疫情对其他国家造成影响，英国作为开放型经济体也会受到影响，主要表现在全球供应链的中断和进出口上。但是随着疫情的本土暴发和蔓延，疫情对经济的影响体现在疫情本身的影响和

---

① 英国卫生和社会照料部（Department of Health and Social Care）网站发布的信息。

② 英国卫生和社会照料部发布的《Health Secretary announces strengthened legal powers to bolster public health protections against coronavirus》。

③ 英国 Prime Minister's Office 发布的《PM statement at coronavirus press conference：3 March 2020》。

④ 英国 Department of Health & Social Care 的 Coronavirus（COVID－19）in the UK 数据。

⑤ 英国 Department of Health & Social Care 的 Coronavirus（COVID－19）in the UK 数据。病例数按照样本采集日期统计。

⑥ 英国 Department of Health & Social Care 发布的《Coronavirus cases in the UK：daily updated statistics》。

疫情采取的措施的影响上，其影响程度有很大的不确定性，取决于与疫情直接相关的一些指标，如感染的人数、每一病例的诊治时长、疫情的持续时间等，还取决于政府采取的措施以及措施的实施期限，如暂时关停、社交距离、禁足令等。其影响包括供应链的中断和临时性失业，这在短期内将会对产出直接造成影响，降低生产能力。由于疫情，个人消费需求、企业投资需求和出口需求都会出现下降，反过来也会对产出造成不利影响。

1. 一季度经济实际萎缩2.5%，二季度萎缩19.8%，就业减少。英国国家统计办公室（ONS）是英国负责发布官方经济和财政数据的独立机构。从国家统计办公室公布的2020年以来的宏观经济实际数据来看，2020年一季度英国GDP实际增长率为-2.5%，二季度为-19.8%（见表5-6），而在3月份颁布的预算中，OBR预测的2020年GDP实际增长率为1.1%。疫情是在3月中旬开始严重的，已经对经济造成严重打击。从数据看，疫情对就业的影响似乎不很显著，但是实际上，暂时离开有偿工作岗位的人数（经过季节调整），从一季度第13周开始一直超过7000人，而2017—2019年该数据基本上不超2500人。同时，英国16岁及以上人口每周实际工作小时数（经季节调整）也出现极其明显的大幅下跌。二季度的实际工作小时与一季度相比下降创纪录的1.9亿小时，降幅为18.4%，是1971年开始该统计以来最大的季度环比下降，是1994年9—11月以来工作小时数下降最多的一次。据估计，7月份工资单上在册雇员人数（经过季节调整）与3月份相比下降2.5%，下降约73万。①

**表5-6 英国宏观经济概况（2020年，截至2020年10月13日）**

| 指标 | 指标说明 | 时间 | 数据 |
|---|---|---|---|
| GDP实际增长率（%） | 与上年同期相比 | 2020年一季度 | -2.5 |
| | | 二季度 | -19.8 |
| CPI通货膨胀率（%） | 年增长率，2015=100 | 2020年1月 | 1.8 |
| | | 2月 | 1.7 |
| | | 3月 | 1.5 |
| | | 4月 | 0.9 |
| | | 5月 | 0.7 |
| | | 6月 | 0.8 |
| | | 7月 | 1.1 |

① 英国Office for National Statistics发布的《Labour Market Overview，UK：August 2020》。

续表

| 指标 | 指标说明 | 时间 | 数据 |
|---|---|---|---|
| | | 8 月 | 0. 5 |
| 就业率（%） | 16—64 岁，季节调整 | 2019 年 11 月—2020 年 1 月 | 76. 5 |
| | | 2019 年 12 月—2020 年 2 月 | 76. 6 |
| | | 2020 年 1—3 月 | 76. 6 |
| | | 2—4 月 | 76. 4 |
| | | 3—5 月 | 76. 4 |
| | | 4—6 月 | 76. 4 |
| | | 5—7 月 | 76. 5 |
| 失业率（%） | 16 岁及以上，季节调整 | 2019 年 11 月—2020 年 1 月 | 3. 9 |
| | | 2019 年 12 月—2020 年 2 月 | 4. 0 |
| | | 2020 年 1—3 月 | 3. 9 |
| | | 2—4 月 | 3. 9 |
| | | 3—5 月 | 3. 9 |
| | | 4—6 月 | 3. 9 |
| | | 5—7 月 | 4. 1 |

资料来源：英国国家统计办公室网站，截至 2020 年 10 月 13 日，https：//www. ons. gov. uk/。

2. 预计全年经济萎缩将超过 10%，失业率升至 8%—9%。英国预算责任办公室（OBR）是英国负责发布官方经济和财政预测结果的独立机构。2020 年 4 月 14 日，预算责任办公室就冠状病毒对经济和财政的潜在影响进行了初步评估。准确来说，本次评估更接近情景设定而不是预测。基于的假设是经济活动在未来的 3 个月中将会受到很大的制约，在之后的 3 个月中将逐渐恢复到正常情况。5 月 14 日，预算责任办公室对预测结果进行了更新，对经济的预测结果与上次预测的相同。预测结果显示，GDP 实际增长率在第二季度将会大幅下降，与第一季度相比下滑 35%，在三季度将有所恢复，与二季度相比增长 27%，2020 年 GDP 实际增长率将萎缩 12. 8%①。2020 年 7 月，预算责任办公室发布的《财政可持续报告：2020 年 7 月》对情景进行了修订，通过 3 个潜在情景（上行、中间和下行）对经济和财政进行预测，结论是英国可能出现 300 年来年度 GDP 的最大降幅，在 3 个情景下，2020 年 GDP 的萎缩幅度都将超过 10% （见表 5 -7）②。预算责任办公室 2020 年 5 月预测结

① 英国 Office for Budget Responsibility 发布的《Coronavirus Analysis》。

② 英国 Office for Budget Responsibility 发布的《Fiscal Sustainability Report - July 2020》。

果显示，失业率将从2020年二季度开始出现明显变化，从一季度的3.9%大幅上扬到二季度的10%，三季度将略有下降（为8.5%），全年预计为7.3%①。随着预测结果的更新，根据《财政可持续报告：2020年7月》，在3个情景下，2020年失业率为8%—9%（见表5－7）②。

**表5－7　英国主要经济指标预测（年增长率）（2019—2024年）**　单位：%

| | 2019年 | 2020年 | 2021年 | 2022年 | 2023年 | 2024年 |
|---|---|---|---|---|---|---|
| 中间情景 | | | | | | |
| GDP | 1.4 | －12.4 | 8.7 | 4.5 | 2.1 | 1.9 |
| CPI通货膨胀率 | 1.8 | 0.7 | 1.3 | 1.9 | 2.0 | 2.0 |
| 就业（百万人） | 32.8 | 31.3 | 30.9 | 32.2 | 32.6 | 33.0 |
| 失业（百万人） | 1.3 | 3.0 | 3.5 | 2.4 | 2.1 | 1.9 |
| 失业率 | 3.8 | 8.8 | 10.1 | 6.9 | 5.9 | 5.3 |
| 上行情景 | | | | | | |
| GDP | 1.4 | －10.6 | 14.5 | 1.9 | 1.3 | 1.4 |
| CPI通货膨胀率 | 1.8 | 0.7 | 1.3 | 1.9 | 2.0 | 2.0 |
| 就业（百万人） | 32.8 | 31.6 | 32.5 | 33.2 | 33.3 | 33.4 |
| 失业（百万人） | 1.3 | 2.7 | 1.9 | 1.4 | 1.4 | 1.4 |
| 失业率 | 3.8 | 7.9 | 5.6 | 4.0 | 4.0 | 4.1 |
| 下行情景 | | | | | | |
| GDP | 1.4 | －14.3 | 4.6 | 5.4 | 3.3 | 2.5 |
| CPI通货膨胀率 | 1.8 | 0.7 | 1.3 | 1.9 | 2.0 | 2.0 |
| 就业（百万人） | 32.8 | 31.2 | 30.4 | 31.7 | 32.3 | 32.6 |
| 失业（百万人） | 1.3 | 3.1 | 4.0 | 2.8 | 2.4 | 2.2 |
| 失业率 | 3.8 | 9.1 | 11.6 | 8.1 | 6.9 | 6.3 |

资料来源：英国《财政可持续报告：2020年7月》表1。

3. 对经济社会可能产生中期影响。疫情的不确定性增强了经济社会的不确定性。疫情出现第二波，新冠病毒可能会长时间存在，疫苗研制、大规模生产和应用也存在不确定性。因此，疫情的不确定性导致疫情的影响可能不会是之前预想的那样是短期的暂时性困难，经济下行持续的时间可能比之前预料得更长，而且可能会

① 英国Office for Budget Responsibility发布的《Coronavirus Analysis》。
② 英国Office for Budget Responsibility发布的《Fiscal Sustainability Report－July 2020》。

对中期的经济增长造成伤害。疫情对投资、人力资本、国际贸易和全球供应链的影响，可能不仅是短期的，还可能对中期的产出和劳动生产率造成影响，例如大量的感染者、失业和休假以及教育和培训的中断或形式的变化都可能对未来的劳动生产率产生负面影响。

## 三、财政健康度急转直下

为了减轻疫情对经济和社会的冲击，避免其给经济和财政造成长期更大的损失，英国政府积极采取了其认为必要的专门为疫情打造的政策措施，帮助医疗卫生体系、经济和社会渡过暂时性冲击。这些措施在提供公共服务、稳定经济、支撑就业、保障需求和供给能力等方面发挥了重要作用，但是不可避免地增加了财政赤字和债务，对财政健康度产生了不利影响。

### （一）应对措施

疫情初期，英国最先采取的措施就是在第一时间支持疫苗的研发。2020 年 2 月 3 日，英国政府提议将 2000 万英镑的资金用于新疫苗的研发。这笔资金资助的项目中包括 3 项开发新型冠状病毒 2019 – nCoV[①] 疫苗的新计划[②]。

支持抗击疫情的全球联合行动，援助发展中国家。2020 年 2 月 8 日，为响应世界卫生组织为全球协同行动应对冠状病毒发起的全球紧急求助，英国提出将捐赠 500 万英镑，相当于其提出的募资需求总额 6150 万美元（约 4700 万英镑）的 10.6%。英国捐助资金中的一部分将用于雇佣专家到位于刚果共和国的世界卫生组织非洲办公室（AFRO）工作[③]。

英国 2020 年预算在 2020 年 3 月 11 日颁布，预算最重要的内容就是一项为应对新冠肺炎（COVID – 19）疫情而拟定的总额为 120 亿英镑的及时的有针对性的暂时性计划[④]，本着有需要就扶持的原则，该计划将为财务状况受到新冠肺炎影响的公共服务提供、个人和企业提供支持，其中包括 50 亿英镑的新冠肺炎应对基金（COVID – 19 Response Fund），该基金将为国家医疗服务体系（the NHS）和其他公共服务提供应对疫情所需的资金。除预算中包括的措施外，财政还将提供 180 亿英镑的支出，这样在 2020/2021 财年，政策措施提供的资金总额将达到 300 亿英镑。

---

① 注：当时新冠肺炎在英国被称为 2019 – nCoV，后来经世卫组织定名后，调整为 COVID – 19。

② 英国 Department of Health and Social Care 发布的《£20m announced to fund vaccines for coronavirus and other infectious disease》。

③ 英国 Department for International Development & Department of Health and Social Care 发布的《New UK aid to help stop the spread of coronavirus around the world》。

④ 英国 HM Treasury 发布的《Budget 2020》。

2020 年 3 月 17 日，英国财政大臣宣布了一项规模空前的一揽子政府背书和担保贷款计划，其初始担保金额为 3300 亿英镑，相当于 GDP 的 14% 左右。该计划是在 2020 年预算宣布的一系列措施的基础上采取的新措施。

随着疫情的发展和经济形势的变化，采取的措施在不断调整和变化中，主要财政支持措施的详情如下①：

1. 对个人的支持。

（1）法定病假工资（Statutory Sick Pay，SSP）。符合申请 SSP 的条件的人，如果因病无法工作，可以每周获得 94.25 英镑的法定病假工资。这笔费用由雇主支付，最多支付 28 周。从 2020 年 3 月 13 日开始，因为新冠肺炎进行自我隔离以及为照顾自我隔离家庭成员而接受建议进行居家隔离的人，可以申请 SSP。

（2）统一福利（Universal Credit）。新冠肺炎感染者或者因为新冠肺炎进行自我隔离的人如果需要申请统一福利，那么现在就可以申请并获得预付款，而不需要去就业中心（a Jobcentre Plus）。

（3）就业和援助补贴（Employment and Support Allowance）。对符合资格申请新型就业和援助补贴的人来说，如果因感染新冠肺炎或者被建议进行自我隔离，那么现在可以在生病或隔离的第 1 天就获得补贴，而不是之前规定的第 8 天才开始获得补贴。

（4）困难津贴（Hardship Fund）。困难津贴是英格兰地方行政当局提供的金融援助，总额为 5 亿英镑。这笔津贴的绝大部分用于为个人提供市政税（Council Tax，即住宅房产税）的税收减免，可以通过现行地方市政税援助（Local Council Tax Support）方案或其他类似措施申请。

（5）有 3 个月的时间可以不用偿还抵押贷款或缴纳房屋租金。由于新冠肺炎而财务紧张、无力偿还抵押贷款的人，可以有资格获得 3 个月的免还款保障。同样这也适用于租户由于新冠肺炎原因出现财务紧张的情况，这种情况下，租户最长 3 个月不缴纳租金，也不会被赶出租住的房屋。3 个月后，房主才有权启动驱赶不支付房租的租户的程序。政府希望期满后，房主可以充分考虑租户的个人情况，与租户一起协商并拟定出一个可负担的房租支付方案。同样这也适用于有付款义务的客户。这样的客户应该尽早联系为其提供融资的机构，探讨是否可以适用该政策。

（6）个人贷款的偿还或信用卡还款措施。受到新冠肺炎影响而遇到财务困难、无力偿还个人贷款或信用卡账单的人可以关注，金融行为管理当局（the Financial Conduct Authority，FCA）号召贷款机构考虑客户的个人情况，给予还款更多的灵活性。一些主要的贷款机构已经宣布采取相应措施。

---

① 英国 HM Treasury 发布的《Support for those affected by Covid－19》。

2. 对企业的支持。

（1）法定病假工资（SSP）补偿金。中小企业可以有资格申请法定病假工资（SSP）补偿金，补偿支付给雇员的 SSP 成本。截至 2020 年 2 月 28 日，雇用人数少于 250 人的雇主具备申请资格。从 3 月 13 日起，雇主支付的 SSP 可以申请补偿。

（2）非住宅（商业）房产税优惠。英格兰的一些企业包括幼儿园，可以有资格从 2020 年 4 月 1 日起享受为期 1 年的非住宅房产税的免交优惠。目前享受非住宅房产税零售部门折扣的企业，可以很快接到税收全部减免的账单。英格兰享受小型企业非住宅房产税优惠或农村地区非住宅房产税优惠的企业，有资格获得金额为 1 万英镑的一次性补贴。

（3）冠状病毒企业经营中断贷款计划和冠状病毒大企业经营中断贷款计划。“冠状病毒企业经营中断贷款计划”（the Coronavirus Business Interruption Loan Scheme）和“冠状病毒大企业经营中断贷款计划”（the Coronavirus Large Business Interruption Loan Scheme）对贷款机构发放给企业的贷款由政府提供贷款担保。这 2 个计划由中央政府的机构——英国商业银行（the British Business Bank）来管理。符合资格的贷款机构可以得到其向企业发放的贷款金额最高不超过 80% 的贷款担保，每家贷款机构可以获得一定限额的政府贷款担保，获得担保需要付费①。

（4）刺激中小企业的定期融资计划。刺激中小企业的定期融资计划（Term Funding Scheme incentives for Small and Medium - sized Enterprises，TFSME）是英国央行——英格兰银行实施的计划。2020 年 3 月英格兰银行扩展了“定期融资计划”，为中小企业提供额外刺激。5 月，英格兰银行为“刺激中小企业的定期融资计划”提供 37 亿英镑贷款，使“定期融资计划”的贷款总额达到 1190 亿英镑②。

（5）快速恢复贷款计划。快速恢复贷款计划（the Bounce Back Loan Scheme，BBLS）是为了确保企业在新冠肺炎疫情期间可以更快地获得融资而实施的计划。与上文提到的冠状病毒企业经营中断贷款计划和冠状病毒大企业经营中断贷款计划相比，该计划的条款和条件不同并具有特征③。

（6）新冠肺炎企业融资工具。大型企业由于新冠肺炎而面临现金流问题时，企业通常会在公开市场出售短期债（商业票据），这是快速和成本较低的筹集运营资金的办法。一项新的“新冠肺炎企业融资工具”（COVID - 19 Corporate Financing Facility）就是为了让英格兰银行可以有能力购买企业发行的这种短期债。它是英格兰银行代表财政部实施的计划，该计划通过购买大型非金融类企业发行的商业票据，为这些企业提供现金流。该计划没有金额限制，初始期限为 1 年④。

---

①④　英国 Office for National Statistics 发布的《Public sector finances，UK：March 2020》。

②③　英国 Office for National Statistics 发布的《Public sector finances，UK：May 2020》。

（7）冠状病毒工作保留计划和冠状病毒自我雇佣收入援助计划①。“冠状病毒工作保留计划”（the Coronavirus Job Retention Scheme）是政府帮助雇主支付雇员工资的暂时性计划，否则这些雇员就会被解雇。按照该计划，雇主需要向英国收入和海关总署（HMRC）提交受影响雇员（即休假员工）的详细情况和收入水平，随后英国收入和海关总署将补偿雇主支付给这些雇员的人工成本。政府补偿按照每位雇员工资的80%且每人每月不超过2500英镑的标准支付。

2020年3月26日，对自我雇佣人员也采用了相同的计划，计划的具体名称为“冠状病毒自我雇佣收入援助计划”（Coronavirus Self－employment Income Support Scheme）。根据这个暂时性的计划，政府按照收入和海关总署掌握的信息，对自我雇佣人员，根据其过去3年的经营利润，并按照一定权重计算的金额的80%提供收入援助，且每人每月最高不超过2500英镑，这笔收入援助款项需要纳税。

（8）自我雇佣者或企业主享受的税款缴纳支持。自我雇佣者或企业主可能会因为新冠肺炎而无力缴纳应该缴纳的税款，他们可以有资格寻求收入和海关总署（Her Majesty's Revenue and Customs）税款缴纳（Time to Pay）服务的支持。

（9）餐馆和小酒馆可以获得暂时性外卖许可。英格兰提供食品或餐饮服务的小酒馆的业主将可以为待在家里的人们提供热菜外卖。英国住房、社区和地方政府部将很快立法推进暂时性“发展许可”，允许A3类型企业（餐馆）和A4类型企业（小酒馆）可以像A5类型企业（热菜外卖）那样经营热菜外卖业务。

（10）对与非公共部门的大型和中等规模机构签订服务协议的人的支持。与非公共部门的大型和中等规模机构签订服务协议的人可以关注，政府在2020年3月17日宣布，非在册人员工作规则（即IR35）将延期1年实施，实施期从2020年4月6日调整到2021年4月6日，该规则适用于与非公共部门的大型和中等规模机构签订服务协议的人。

（11）经营中断保险的索赔。如果企业申请保险索赔的唯一障碍是政府建议人们远离企业提供的经营服务或者政府直接命令企业关停的证据不够明确，那么企业也可以申请经营中断保险。2020年3月16日政府的医疗建议可以充分证明，承保覆盖流行病和政府关停命令保险的企业，可以申请保险理赔。

（12）伦敦交通特别资金和特别融资。伦敦交通（Transport for London，TfL）特别资金和特别融资是中央政府向伦敦交通提供的一揽子拨款和贷款，是中央政府对公共部门企业的帮扶②。

（13）紧急措施协议项下的火车运营企业补贴。2020年3月，政府宣布紧急措施确保在乘客数量大幅下降的情况下维持铁路服务的提供，由中央政府向铁路运营

① 英国Office for National Statistics发布的《Public sector finances，UK：March 2020》。

② 英国Office for National Statistics发布的《Public sector finances，UK：May 2020》。

公司提供紧急措施协议项下的火车运营企业补贴［Train Operating Companies（TOCs）under Emergency Measure Agreements（EMAs）］①。

3. 应对措施的规模预计接近2000亿英镑。表5－8是英国预算责任办公室（OBR）对各种干预政策成本的初步粗略估计数和历次估计数。需要注意的有两点：一是政策还在变化中，一些估计数可能面临较大的调整；二是由于英国政府会计采用权责发生制，因此其中的一些可能最终会被计入2019/2020财年。从2020年7月14日的最新估计数来看，OBR估计政策措施对2020/2021财年现金性借款的直接影响将达1923亿英镑，其中增支措施预计为1782亿英镑，减税措施预计为142亿英镑。随后成本估计还将更新，更新的估计会考虑新增加的干预措施和对现有措施的调整。

**表5－8　　财政措施的成本估计（2020/2021财年）**　　单位：10亿英镑

| | 4月30日 | 5月14日 | 6月4日 | 6月19日 | 7月14日 |
|---|---|---|---|---|---|
| 政府决定的直接影响 | 103.7 | 123.2 | 132.5 | 132.6 | 192.3 |
| 其中：支出 | 99.3 | 118.4 | 120.9 | 122.1 | 178.2 |
| 税收 | 4.4 | | | | |
| 减税 | | 17.4 | 17.6 | 16.5 | 14.2 |
| （支出措施带来的）税收增加 | | －12.6 | －6.0 | －6.0 | |

资料来源：预算责任办公室《冠状病毒分析》（Coronavirus analysis），https：//obr.uk/coronavirus－analysis/。

## （二）对财政产生重大影响

冠状病毒的传播和实施的公共卫生限制措施都将明显地增加赤字和公共债务。这个结果是病毒导致的经济破坏和政府为了避免更大的经济损失而采取的增加个人收入和尽量减少企业倒闭的经济措施共同作用的结果。新冠肺炎对英国财政的影响预计为“重大”，影响来自两个方面，一是公共卫生措施的实施，二是政府支持企业和个人的政策措施。这些措施对2019/2020财年和2020/2021财年的财政状况造成的影响可能会超过2008年全球金融危机。

1. 2019/2020财年公共部门净债务占GDP的比重估计会明显上升。2020年4月23日，英国国家统计办公室（ONS）的《英国公共部门财政报告：2020年3月》中，公布了英国公共部门3月和2019/2020财年的财政数据，披露2019/2020财年公共部门主要财政数据的首次暂时估计数（the first provisional estimates）。

① 英国Office for National Statistics发布的《Public sector finances，UK：May 2020》。

从2020年4月23日发布的3月份报告中的数据来看①，新冠肺炎对财政的影响相对有限。其中部分原因在于，当前实施的公共卫生措施是在3月的后半段开始实施的，同时政府宣布的一些措施也是在这个时段后开始实施的。另外的原因还在于，就目前可获得的数据来看，已经采取的措施对财政的影响还没有完全表现出来。新冠肺炎对财政影响的全貌在5月会开始清晰起来。这意味着，国家统计办公室（ONS）公布的3月数据与以往不同，以权责发生制为记账基础估计的税收收入、借款和GDP将会比平常情况下的估计更为失真，随后将会面临较大的调整和修订，公布的估计数很可能在之后经历收入的下调和赤字指标的上调。

表5－9比较了预算责任办公室2020年3月发布的《经济和财政展望》（EFO）和《财政可持续报告：2020年7月》中间情景对主要财政指标的预测数。预算责任办公室3月发布的《经济和财政展望》的预测结果是在2月中旬得出的，当时新冠肺炎主要集中暴发在英国之外的有限地区，因此其预测结论基于以下假设：疫情在相对有限的范围内发生，其对世界贸易和英国出口的影响为小幅走低②。最新预测数据显示，在中间情景下，2019/2020财年公共部门净借款预计为570亿英镑，占GDP的2.6%，公共部门净债务预计为18 060亿英镑，占GDP的88.5%。数据揭示了在不到两个月的时间里（从2月7日出现确诊病例到3月底财年结束），由于受到疫情的冲击，与3月的预测相比，2019/2020财年公共部门经常性收入下降150亿英镑，公共部门净借款增加90亿英镑，公共部门净债务增加80亿英镑，占GDP的比重增加9.0个百分点（见表5－9）。财政指标的变动主要是由于疫情及其采取的措施导致支出的增加和经常性收入的减少，净借款和净债务增加较多。由于一季度经济萎缩2.2%而不是预计的增长，导致净债务虽然仅增加80亿英镑，但是其占GDP的比重增长较多③。

**表5－9　　中间情景预测数与3月预测数的比较**

**（2019/2020—2024/2025财年）**

| | | 2019/2020财年 | 2020/2021财年 | 2021/2022财年 | 2022/2023财年 | 2023/2024财年 | 2024/2025财年 |
|---|---|---|---|---|---|---|---|
| 中间情景预测数（10亿英镑） | 公共部门经常性收入 | 825 | 740 | 826 | 878 | 918 | 959 |
| | 管理总支出 | 881 | 1062 | 980 | 1010 | 1042 | 1075 |
| | 公共部门净借款 | 57 | 322 | 154 | 132 | 123 | 116 |
| | 公共部门净债务 | 1806 | 2205 | 2361 | 2497 | 2629 | 2632 |

① 英国Office for National Statistics发布的《Public sector finances, UK: March 2020》。

② 英国HM Treasury的《Budget 2020》。

③ 英国Office for Budget Responsibility发布的《Fiscal Sustainability Report－July 2020》。

续表

| | | 2019/2020 财年 | 2020/2021 财年 | 2021/2022 财年 | 2022/2023 财年 | 2023/2024 财年 | 2024/2025 财年 |
|---|---|---|---|---|---|---|---|
| 与 3 月预测数相比的变动（10 亿英镑） | 公共部门经常性收入 | -15 | -133 | -84 | -72 | -66 | -63 |
| | 管理总支出 | -5 | 135 | 3 | -1 | -3 | -5 |
| | 公共部门净借款 | 9 | 267 | 87 | 71 | 63 | 58 |
| | 公共部门净债务 | 8 | 387 | 533 | 597 | 660 | 600 |
| 中间情景预测数（占 GDP 比重,%） | 公共部门经常性收入 | 37.2 | 37.6 | 37.4 | 37.5 | 37.8 | 37.9 |
| | 管理总支出 | 39.8 | 54.0 | 44.4 | 43.2 | 42.9 | 42.5 |
| | 公共部门净借款 | 2.6 | 16.4 | 7.0 | 5.6 | 5.1 | 4.6 |
| | 公共部门净债务 | 88.5 | 104.1 | 103.6 | 104.7 | 106.1 | 102.1 |
| 与 3 月预测数相比的变动（个百分点） | 公共部门经常性收入 | -0.4 | -0.3 | -0.6 | -0.8 | -0.7 | -0.6 |
| | 管理总支出 | 0.0 | 13.7 | 3.6 | 2.4 | 2.1 | 1.8 |
| | 公共部门净借款 | 0.4 | 14.0 | 4.2 | 3.2 | 2.7 | 2.4 |
| | 公共部门净债务 | 9.0 | 26.7 | 28.6 | 29.3 | 30.5 | 26.8 |

资料来源：《财政可持续报告：2020 年 7 月》表 3。

2. 2020/2021 财年赤字和债务指标预测都将会明显上升。根据《财政可持续报告：2020 年 7 月》，在中间情景下，2020/2021 财年公共部门净借款预计为 3220 亿英镑，占 GDP 的 16.4%，公共部门净债务预计为 22050 亿英镑，占 GDP 的 104.1%，与上一财年相比都有明显的上升。在全部 3 个情景下，2020/2021 财年公共部门净借款都将处于和平时期空前的高位，将升至 GDP 的 13%—21%，公共部门净债务占 GDP 的比重在中间和下行情境下都将超过 100%。在未来中期，虽然随着经济的恢复，公共部门净借款会下降，但是在中间情景和下行情景下，公共部门净债务还会继续上升。与 3 月的预测相比，从 4 月开始的 2020/2021 财年受到疫情冲击的影响就更为剧烈，根据预测，在中间情景下，2020/2021 财年公共部门经常性收入下降 1330 亿英镑，管理总支出增加 1350 亿英镑，占 GDP 的比重增加 13.7 个百分点，公共部门净借款增加 2670 亿英镑，占 GDP 的比重增加 14.0 个百分点，公共部门净债务增加 3870 亿英镑，占 GDP 的比重增加 26.7 个百分点（见表 5 - 9）。财政指标的变动主要是由于疫情及其采取的措施导致支出的大幅增加和经常性收入的大幅减少，因此公共部门净借款和净债务增加得都较多，经济萎缩幅度较大，导致财政指标占 GDP 的比重变动较大①。

① 英国 Office for Budget Responsibility 发布的《Fiscal Sustainability Report - July 2020》。

## （三）财政健康度急转直下

财政由于与疫情相关的公共卫生支出的增加和疫情导致的收入下降，以及为缓解疫情避免经济、社会和财政的长期和更大损失而采取的支持个人和企业的措施，导致财政健康度明显恶化，主要体现在以下几个方面：

1. 财政赤字大幅跳升①。公共部门净借款大幅走高。公共部门净借款是最重要的赤字指标，等于经常性预算赤字加上净投资，也等于管理总支出减去经常性收入。公共部门净借款（不包括公共部门银行）在2008年金融危机期间略有上升，但是2020年4月份大幅跳升到超过490亿英镑，是有记录以来该指标月度数据的最高值（记录始于1993年），而且4—8月的总量相当于上年同期的6倍多（见图5-1）。

公共部门净借款占GDP比重大幅上升。英国公共部门净借款在2008年金融危机期间的2009/2010财年曾经到10%左右。但是近年来通过增加收入和削减支出措施的共同努力，已经下降到2%左右。但是如前文所述，根据预算责任办公室的最新预测，在中间情景下，2019/2020财年该指标估计为2.6%，2020/2021财年该指标预计将大幅上升到16.4%。

经常性预算余额从盈余变为高额赤字。经常性预算赤字也是一个重要的赤字指标，等于经常性支出加上折旧减去经常性收入。在2008年全球金融危机期间，英国公共部门经常性预算赤字曾经略有上升，但随后不断下行，截至2020年3月，呈现不断改善的盈余状态，但是4月经常性预算赤字接近420亿英镑，呈现出极其明显的跳升，其上升幅度明显超过2008年全球金融危机期间，在该期间每月经常性预算赤字都在140亿英镑以下（见图5-1）。

2. 公共部门净债务占GDP的比重超过100%②。如果说赤字是衡量当前财政健康度的主要指标，那么债务占GDP的比重就是衡量中期财政健康度的主要指标。2008年全球金融危机之前，英国公共部门净债务占GDP的比重在40%以下，到2010年1月该指标超过60%，在2017年达到84%后呈现下降趋势，但是2019年下半年开始从80%左右明显攀升。疫情让这种攀升明显加速，2020年7月该指标达到100.1%，这是1963年3月底结束的1962/1963财年以来该比重首次超过100%（见图5-2）②。

---

①② 英国 Office for National Statistics 发布的数据。

② 英国 Office for National Statistics 发布的《Public sector finances，UK：May 2020》。

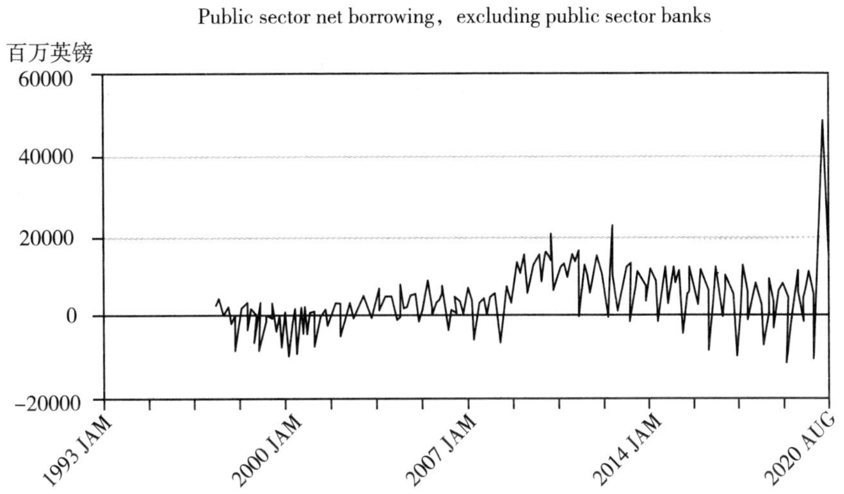


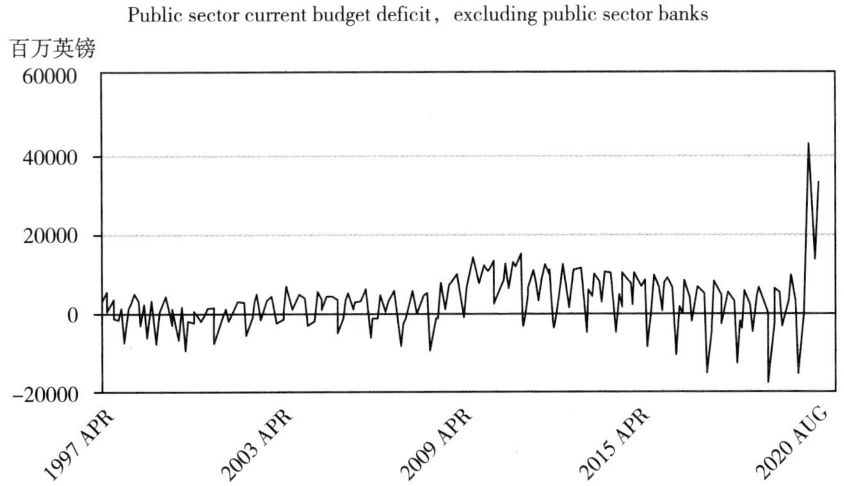


**图 5－1　公共部门净借款和公共部门经常性预算赤字（不包括公共部门银行）（1997 年 4 月—2020 年 8 月，月度数据）**

注：左侧为公共部门净借款，右侧为公共部门经常性预算赤字。

资料来源：英国国家统计办公室网站，2020 年 10 月 14 日更新，https：//www. ons. gov. uk/。

3. 支出由可控转到应对挑战。疫情发生之前，从支出来看，英国财政健康度已经明显向好。在疫情发生之前，英国经过 10 年的时间削减支出和增加收入，公共部门管理总支出占 GDP 的比重已经恢复到 2008 年全球金融危机之前的水平（见图 5－3）[①]。这种主动、自主控制收支和赤字的行动，已经让英国在支出方面有更多的余地，可以为实现国家的发展目标动用更多的资金。如前文所述，对内，英国正准备在基础设施投资、医疗、教育、公共秩序和安全等方面投入更多资金，提升

① 英国 HM Treasury 发布的《Statistical Bulletin：Public Spending Statistics November 2019》。

全国的公共服务均等化水平；对外，在脱欧后为树立独立自主、充满活力的英国国际形象投入更多资金。这都是英国财政健康度明显改善的重要标志。

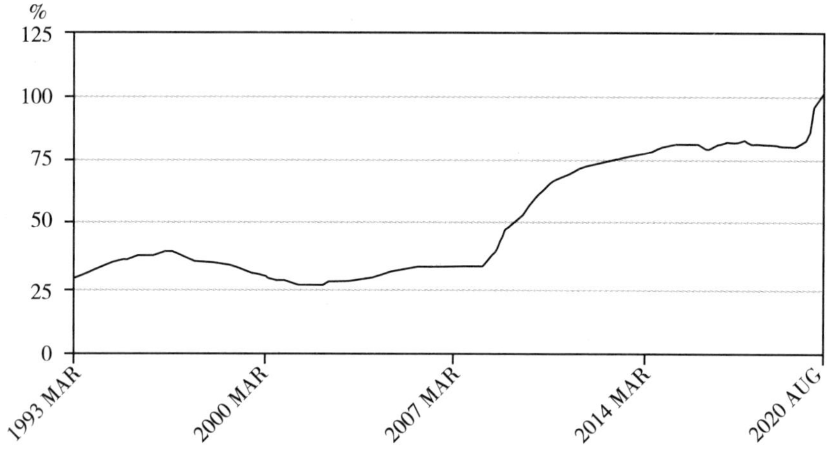


**图 5－2　公共部门净债务（不包括公共部门银行）占 GDP 的比重**
**（1993 年 3 月—2020 年 8 月，月度数据）**

资料来源：英国国家统计办公室网站，2020 年 10 月 14 日更新，https：//www. ons. gov. uk/。

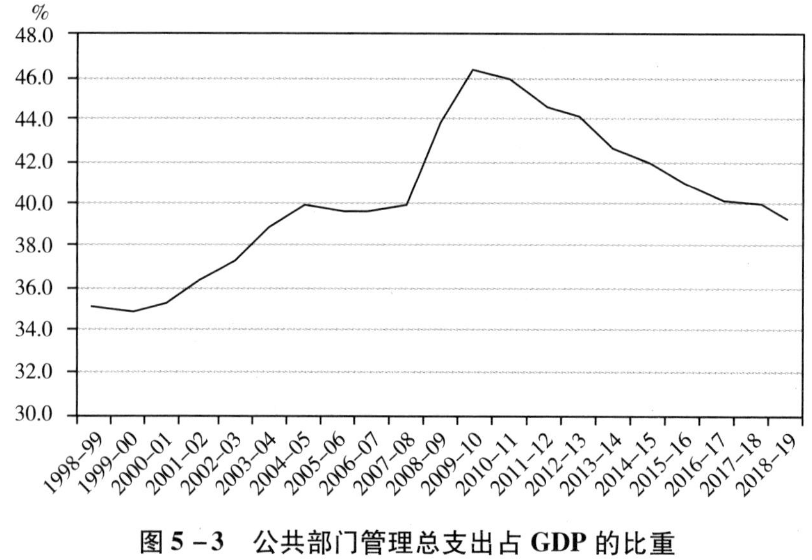


**图 5－3　公共部门管理总支出占 GDP 的比重**
**（1998/1999—2018/2019 财年）**

资料来源：HM Treasury，Statistical Bulletin：Public Spending Statistics November 2019，Table 10b，November 2019，英国财政部网站。

疫情导致英国将来削减支出的任务更为艰巨。英国赤字和债务指标现在都已经明显上升，即使乐观判断这仅是短期的上升，那么在疫情危机过后改善财政状况也必须大幅削减财政支出。鉴于赤字和债务上升的幅度，削减支出的压力必将十分巨大。经过 10 年的时间，公共部门管理总支出占 GDP 的比重才削减到 2008 年全球金融危机之前的水平。那么这次的新冠肺炎疫情导致的财政健康度恶化是否还需要另一个 10 年？而且当前面临的不利因素是当年英国财政健康指标如赤字和债务指标都良好，而此次危机前英国公共部门债务占 GDP 的比重在 80% 左右，如果低利率的市场环境发生变化或英镑汇率不稳，那么情况将更为恶化。

4. 收入出现明显下滑。如前文所述，英国收入结构和税种设计有自动稳定器的作用。2020 年 3 月，英国中央政府经常性收入已经出现下降，随着 3 月开始出台的减税措施，稳定器作用和减税措施的叠加导致中央政府的经常性收入从 4 月开始出现更为明显的下降（见图 5 - 4）[①]。收入下滑说明经济形势更为不利，体现了所得的减少和市场需求的下降。而收入的下滑也必然反映到赤字的增加上，这种被动的收入下降必然导致财政健康度的下降。

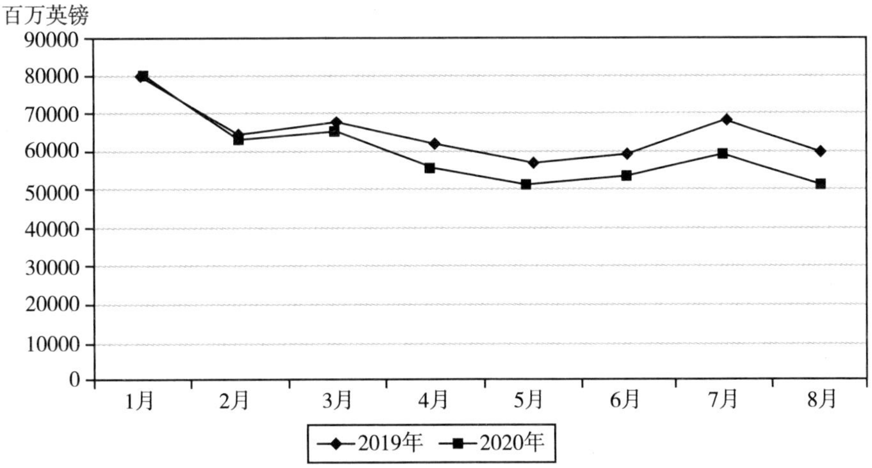


**图 5 - 4　英国中央政府经常性收入比较（2019 年和 2020 年前 8 月）**

资料来源：国家统计办公室《英国公共部门财政概况：2020 年 8 月》（Public sector finances, UK: August 2020）第 46 页表 PSA6B。

## 四、小结与启示

在设立多项财政目标、采用收支控制手段、加强预测和监督等措施的作用下，英国政府已经开始主动放松对支出和赤字的控制，财政健康度已经明显改善，为应对公共风险的冲击留出了更多空间。但是疫情的程度超出预期，打击过于激烈，打破了英国稳步提升财政健康度的计划，财政健康度急转直下。无论是财政健康

① 英国 Office for National Statistics 发布的《Public sector finances, UK: August 2020》。

度的改善还是恶化的过程都为我们呈现了样本，提供了可以吸收的经验和教训。

## （一）疫情控制结果直接影响经济和财政健康度

英国对疫情风险的识别出现偏差，防控措施不够坚决、果断和严格，导致感染人数超过61万，染病率超过9‰，确诊患者中死亡人数超过5万，病死率超过9%。其直接后果是英国错失了摆脱第一波疫情的机会，经济在2020年一季度萎缩2.5%，二季度萎缩19.8%，预算责任办公室预计在中间情境下全年萎缩12.4%。如果像预计的那样，英国将面临19世纪30年代以来GDP年实际增长率的最低值（见图5-5），之前最低值出现在第一次世界大战后（-10.9%），另外3次较严重的经济萎缩发生在大萧条时期（-5.1%）、第二次世界大战期间（-4.4%）和2008年全球金融危机期间（-4.2%）①。这些数据说明，与新冠病毒的“战争”的惨烈程度远远超出之前的预测，第一次世界大战后英国失去了世界霸主的地位，离世界领导者的位置越来越远，那么这场战役后即将离开欧盟的英国迎来的危还是机呢？

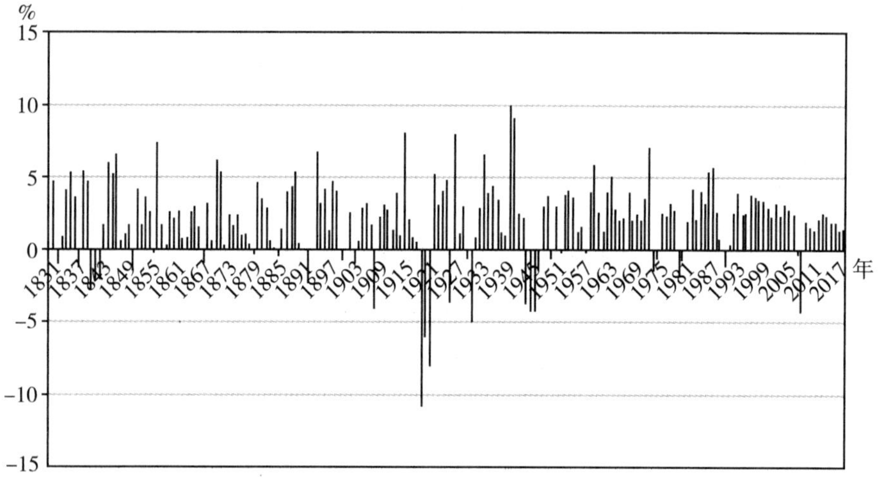


**图5-5　英国GDP年增长率（1831—2019年）**

资料来源：IMF数据库，1980年以前数据来源于IMF的Public Finances in Modern History数据库，1980年以来数据来源于IMF的世界经济展望（WEO）数据库。

疫情给经济带来重大损失，财政作为国家治理的基础和重要支柱，必然要承担稳定经济和社会的作用，因此不断向好的财政健康度大幅下滑，表现为但不限于上文提到的几个方面。根据英国预算责任办公室的预测，在中间情境下，2019/2020财年公共部门净借款占GDP的2.6%，公共部门净债务占GDP的88.5%；2020/

① IMF的Public Finances in Modern History & WEO数据库。

2021财年公共部门净借款占GDP的比重高达16.4%，公共部门净债务占GDP的比重为104.1%。这不但体现了财政健康度的短期下滑，更对中长期财政健康度造成重创，严重影响财政发挥作用的空间和继续应对公共风险的能力。

在与新冠病毒展开的特殊“战争”中，没有战胜国，所有国家都难以幸免，必将遭受重大损失，缴械投降只能造成更大的损失，对此要有清醒的认识。英国等国家抗击疫情的教训已经说明，只有控制住疫情，才能减轻其对经济社会的影响，把损失降到最低。这次疫情过后世界的格局也可能会像第一次世界大战和第二次世界大战一样发生重大的变化，抗击疫情最成功的国家，将成为损失最小的国家，其在世界的地位将有大幅的提升。

### （二）财政健康不是短期暂时性目标而是一贯的追求

负责任的政府必然追求收支的基本平衡、支出的可持续性，不会因当代人的利益增加下一代人的负担。但是疫情当前，正是要依靠财政发挥其应有的职能和作用、稳定经济和社会的时候，因此现在财政的首要任务是实现稳定经济和社会这一最重要的目标，筹措所需资金应对危机也是财政健康度的重要内容。在现阶段，财政健康度仍然是政府的目标，对财政健康度的追求体现在：一是坚决贯彻按需支出，有需要就支持，无需要不支持。疫情中确定为必需的资金，财政就要提供支持，根据需要来支出，应花尽花，但也绝不是为花钱而花钱，措施要明确是短期和暂时性帮扶，要有针对性。二是支出要讲效率和效果，支持和援助的内容要清晰明确，对企业要帮助有市场前景但面临暂时资金流困难的企业活下来，对家庭要帮助中低收入家庭延缓还款压力和解决基本生活问题，对已出台的措施要进行效果评估并据此做出改进，也可以参考其他国家政策措施的效果作为参考。

### （三）财政健康度体现在指标上但不仅仅体现在指标上

财政健康度体现在指标上，最重要的指标有赤字占GDP比重、债务占GDP比重，另外财政收支占GDP比重也反映财政调整的能力，对主要财政指标的中长期预测结果反映财政收支的可持续性和中长期财政风险，公共债务中当年待偿还外债的数额、国家外汇储备和经常性账户余额等可以反映债务风险情况，公共债务的利率以及与其他国家的利差（特别是欧元区不同国家的国债利差）反映各国财政风险的差异，等等。但是，财政健康度也不仅仅体现在指标上。财政健康度还体现为实现国家目标的能力，维护宏观经济稳定和社会稳定的能力和水平，财政在面临和可能面临公共风险时风险的发现、识别和管控的能力和水平，这些更是财政健康度的核心内容。以新冠肺炎疫情来说，对财政健康度的衡量包括危机中资金筹措的能力和速度，政策制定的迅速有效性，资金到位的迅速程度，对稳定经济和社会产生的效果，以及在疫情过后加强财政纪律、压缩赤字和债务的制度和体系安排。因此我国需要不断提升治理水平，在支出控制、财政指标的中长期预测等方面作出更多努力，还要继续增强收入调整能力，增加低收入人群收入，扩大对教育和公共卫生的投资，做好利率和汇率管理，改善营商环境，等等。

## 本章参考文献

1. 解洪涛，陈志勇，陈利伟．中国地方政府省际财政健康度评价及解释［J］．中国经济问题，2015（1）：3－14.

2. 颜燕，Andrew Reschovsky. 城市财政健康评价——以浙江省为例［J］．中央财经大学学报，2017（6）：14－21.

3. HM Treasury. Budget 2018：documents［EB/OL］．https：//www. gov. uk/government/publications/budget－2018－documents，2018－10－29.

4. HM Treasury. Budget 2020［EB/OL］．https：//www. gov. uk/government/topical－events/budget－2020，2020－03－11.

5. Office for National Statistics. Public sector finances，UK：March 2020［EB/OL］．https：//www. ons. gov. uk/economy/governmentpublicsectorandtaxes/publicsectorfinance/bulletins/publicsectorfinances/march2020，2020－04－23.

6. HM Treasury. Budget 2015［EB/OL］．https：//www. gov. uk/government/topical－events/budget－2015，2015－03－18.

7. Office for Budget Responsibility. Fiscal sustainability report：July 2014［EB/OL］．https：//www. gov. uk/government/publications/fiscal－sustainability－report－july－2014，2014－07－10. 49.

8. 中国财政科学研究院．世界主要国家财政运行报告（2019）［M］．北京：中国财政经济出版社，2020. 156－195. 及其他年份的报告

9. 廖晓军．国外政府预算管理概览［M］．北京：经济科学出版社，2016. 21.

10. 王朝才等．部分国家中期预算制度［M］．北京：中国财政经济版社，2016：24－39.

11. Department of Health and Social Care 网站发布的信息.

12. Department of Health and Social Care. Health Secretary announces strengthened legal powers to bolster public health protections against coronavirus［EB/OL］．https：//www. gov. uk/government/news/health－secretary－announces－strengthened－legal－powers－to－bolster－public－health－protections－against－coronavirus，2020－02－10.

13. Prime Minister's Office. PM statement at coronavirus press conference：3 March 2020［EB/OL］．https：//www. gov. uk/government/speeches/pm－statement－at－coronavirus－press－conference－3－march－2020，2020－03－03.

14. Department of Health & Social Care. Coronavirus（COVID－19）in the UK［DB/OL］．https：//coronavirus. data. gov. uk/，2020－10－13.

15. Department of Health & Social Care. Coronavirus cases in the UK：daily updated statistics［EB/OL］．https：//www. gov. uk/guidance/coronavirus－covid－19－information－for－the－public，2020－

08 - 17.

16. Office for National Statistics. Labour Market Overview, UK: August 2020 [EB/OL]. https://www.ons.gov.uk/employmentandlabourmarket/peopleinwork/employmentandemployeetypes/bulletins/uklabourmarket/latest, 2020 - 08 - 18.

17. Office for Budget Responsibility. Coronavirus Analysis [EB/OL]. https://obr.uk/coronavirus-analysis/, 2020 - 08 - 19.

18. Office for Budget Responsibility. Fiscal Sustainability Report - July 2020 [EB/OL]. https://obr.uk/fsr/fiscal-sustainability-report-july-2020/, 2020 - 07 - 14.

19. Department of Health and Social Care. £20m announced to fund vaccines for coronavirus and other infectious disease [EB/OL]. https://www.gov.uk/government/news/20m-announced-to-fund-vaccines-for-coronavirus-and-other-infectious-diseases, 2020 - 02 - 03.

20. Department for International Development & Department of Health and Social Care. New UK aid to help stop the spread of coronavirus around the world [EB/OL]. https://www.gov.uk/government/news/new-uk-aid-to-help-stop-the-spread-of-coronavirus-around-the-world, 2020 - 02 - 08.

21. HM Treasury. Support for those affected by Covid - 19 [EB/OL]. https://www.gov.uk/government/publications/support-for-those-affected-by-covid-19, 2020 - 04 -- 09.

22. Office for National Statistics. Public sector finances, UK: May 2020 [EB/OL]. https://www.ons.gov.uk/economy/governmentpublicsectorandtaxes/publicsectorfinance/bulletins/publicsectorfinances/may2020, 2020 - 06 - 19.

23. Office for National Statistics. Figures [DB/OL]. https://www.ons.gov.uk/, 2020 - 10 - 13.

24. HM Treasury. Statistical Bulletin: Public Spending Statistics November 2019 [EB/OL]. https://www.gov.uk/government/statistics/public-spending-statistics-release-november-2019, 2019 - 11 - 19.

25. Office for National Statistics. Public sector finances, UK: August 2020 [EB/OL]. https://www.ons.gov.uk/economy/governmentpublicsectorandtaxes/publicsectorfinance/bulletins/publicsectorfinances/august2020, 2020 - 09 - 25.

26. IMF. Public Finances in Modern History [DB/OL] & WEO [DB/OL]. https://www.imf.org/en/Data, 2020 - 06 - 30.

# 第六章
# 德国在风险平衡中保持财政健康

**本章导读:**

2020 年，国际形势更加复杂严峻，经济发展困难和风险增多，尤其是新冠肺炎疫情的暴发，在要求积极的财政政策大力提质增效的同时，也为政府“过紧日子”提出更严格的要求。在全球经济下行压力和新冠疫情造成的不确定性双双增加的背景下，很多国家不得不采取必要的财政手段，以财政风险对冲公共风险。世界各国的财政健康度均面临严峻的挑战。一向以财政纪律严明著称的德国，在“过紧日子”背景下，其长期实施的零赤字财政平衡原则为财政扩张提供了资金“蓄水池”，使其在疫情面前有更多的财政空间，也缓冲了疫情对德国财政健康度带来的负面影响。

新冠疫情暴发后，各国政府纷纷采取不同的政策组合，应对危机对国内和全球经济造成的严重冲击。财政的承受能力引起学界和决策层的广泛关注，财政健康度也随之出现在公众的视野中。迄今为止，学术界对财政健康度尚没有统一的定义①。在本书中，财政健康度是指财政应对公共风险和化解公共危机的能力。此次蔓延全球的新冠肺炎疫情，是重大的公共风险和公共危机事件，对于各国财政健康度也是重要的检验。本章以德国为研究对象，分析疫情冲击背景下德国的财政健康度状况。

---

① Bird R M. Reflections on Measuring Urban Fiscal Health [J]. Journal of African Economies, 2014, 24 (suppl 2): ii43 – ii72.

国内外学者曾尝试从不同的维度来诠释和测度财政健康。Slack 和 Bird（2015）总结了测度财政健康的四个方面，分别是财政管理能力、信用评级、财政困境的规避能力、政府财力保障水平①。王立勇（2017）结合中国国情和国际惯例，构建了包含 42 个变量的财政脆弱性指标体系。其中，债务相关指标 13 个，财政收支相关指标 11 个，宏观经济和国际贸易指标 11 个，金融市场相关指标 7 个②。

财政健康度的降低意味着财政脆弱性的提高，财政风险随之上升。传统理论认为，财政有资源配置、收入分配和稳定经济三大职能。跳出经济学的视角，回到国家治理层面，财政的基本职能是管理国家治理面临的公共风险，既包括风险的防范，也包括风险的平衡。化解公共风险，仅靠政府或某一方面的力量是不够的，必须发挥多元主体的积极性。财政在调节各种关系中发挥着基础性作用。财政调节的关系包括政府与市场的关系、政府与社会的关系以及政府部门和政府层级之间的关系。财政通过预算、税收和财政政策，可以调节政府与市场以及政府与社会的关系；通过财政体制，可以调节政府部门和政府层级之间的关系。财政通过这些关系的调节，可以将各种力量的作用发挥最大，从而形成应对不确定性和公共风险的治理结构。

## 一、疫情对德国经济社会的冲击

新冠肺炎疫情从供给端和需求端两个方面对德国的经济产生了巨大的冲击。从短期来看，证券交易所出现了大幅度暴跌，全球资产的避险情绪日渐高涨，这些都是对经济冲击造成的反应。但这只是冰山一角，随着疫情的扩散，德国的实体经济也受到了越来越严峻的挑战。

### （一）从供给端对德国企业造成较大冲击

1. 造成全球价值链的中断。当今全球价值链高度紧密联系，工业部门生产都广泛采取低库存量的及时生产模式。价值链中的一个环节出现了问题，都会导致整个价值链的中断。因此，只要一个国家遭到疫情影响，就会对价值链上的其他国家都产生供货压力。德国的三大贸易伙伴分别是中国、欧盟和美国，这三个国家或者地区都遭受了新冠肺炎疫情的强烈冲击，这必然会影响德国的对外贸易，进而导致德国经济的下行压力。

以汽车行业为例，在 2020 年初，中国受到疫情的影响，导致德国、韩国等多个国家的汽车零部件进口中断。而当今汽车零部件都根据下游公司的要求量身定制，

① Bird R M, Slack E. Is Your City Healthy? Measuring Urban Fiscal Health [M]. Toronto: Institute on Municipal Finance and Governance, 2015.

② 王立勇. 基于突变级数法的财政脆弱性指数研究 [J]. 人民论坛·学术前沿, 2017 (16): 68-81.

上下游公司的替代十分困难。所以，对于德国和韩国公司而言，并不能在短时间内找到能够以合理的价格提供相关零部件的替代供货商，因此德国和韩国的汽车生产线也被迫中止。虽然德国宝马公司在全球最大的生产基地——中国沈阳生产线已在2020年2月恢复运行，但由于市场需求进一步下跌，宝马公司不得不在3月中旬或者下旬暂时关闭位于欧洲和北美的工厂，并将等到市场重新恢复再全面启动生产。

2. 员工流失和失业压力。失业人数的增加以及企业员工的流失也从供给端给德国经济造成了巨大冲击。一方面，确诊病例的增加或者隔离措施造成直接就业障碍；另一方面，学校和学前教育机构的关闭逼迫大量员工在家照顾孩子，间接造成了员工的流失。事实上，这种间接影响并不是疫情期间才体现出来的。其他疾病也是同样道理，如果国家的医疗卫生体系没有为患者提供足够的保障，必然会占用其家庭成员的时间和精力。

虽然在很多领域，远程办公和居家办公在很大程度上缓解了来自劳动力供给端的冲击，但是并不是所有行业都适用，也不是所有就业者都有能力使用。例如在私人服务行业或者人工参与率较高的生产行业，居家办公并不现实，因此无法弥补对就业造成的严重负面冲击。

3. 基础设施和物流链条的中断。由于疫情防控的需要，德国国内航班遭到严重缩减和取消，铁路运营也受到极大损害，德国国内的交通运输基础设施网络遭到极大的破坏。这导致物流链条的中断，并损害工业生产的正常运行。这种影响会随着疫情的反复存在很长时间。从图6-1可见，尽管从2020年6月开始，德国物流运输指数已经开始恢复，但仍存在明显波动，至今仍未恢复到疫情前的水平。

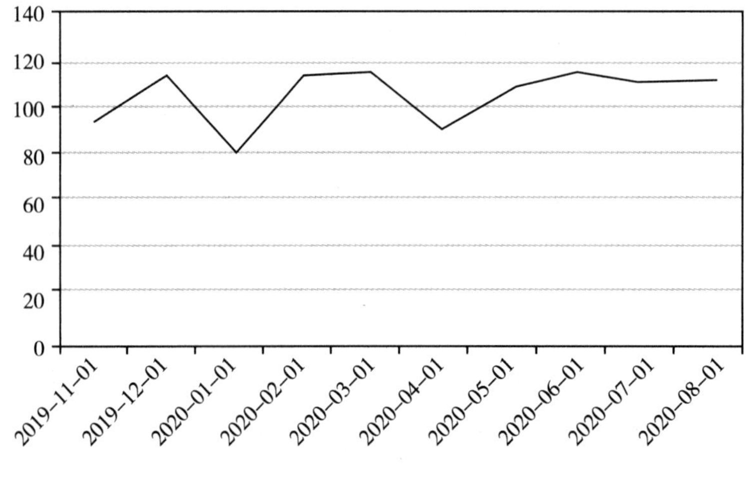


**图6-1　季节调整后德国物流运输指数变化情况**

资料来源：Bundesamt für Güterverkehr，Bundesbank，Destatis。

## （二）从需求端对国内外市场产生长远影响

新冠肺炎疫情对德国需求端的冲击可以分为国外需求和国内需求，既有直接影响，也有间接影响。

1. 对国外需求的冲击。德国是一个外贸依存度很高的国家。2019 年，在其经济结构中，出口占国内生产总值的比重为 47%，进口占比为 41%[①]。德国经济已经深度参与到了全球经济合作中，特别是在汽车领域。

受疫情影响，其他国家必然会减少对德国原材料、消费品以及旅游服务业的消费需求。根据 OECD[②] 的预测，由于病毒已经迅速传播到了全球，2020 年全球经济增长将下降 1.5%，全球贸易额将下降 3.75%。

2. 对国内社会消费需求的冲击。社会消费是与物质消费相对应的概念，主要指用于非物质性的科学教育、文化休闲娱乐等方面的消费。在德国国内，疫情对需求的直接影响就是社会消费的明显下降。受影响较严重的有餐饮业、旅游业、文化娱乐活动、贸易展览会等。包括汉诺威博览会和莱比锡书展在内的一些很重要的展览已经被推迟，有的直接被取消。社会消费的萎缩导致对交通基础设施的需求大幅度下降，汉莎航空公司已经将其飞行计划减少了近一半。德国旅游业对经济的贡献十分可观。2015 年，德国的旅游消费总额为 2872 亿欧元，其中 78% 来自国内游客。全年旅游业及相关产业增加值为 1053 亿欧元，占德国国内生产总值的比重为 3.9%，超过了零售业（3.3%）和机械工程（3.5%）。此外，德国旅游业及相关产业的就业人数将近 300 万，占国内总就业人数的 6.8%[③]。

社会消费与物质消费的区别在于，只要给予一定的喘息时间，物质消费可以在疫情过后出现补偿性消费，形成消费的回补，例如第一季度没有购买的汽车，可以在第二季度购买，但社会消费却不具有此特点。因此，社会消费作为经济发展的三驾马车之一，其受到的负面冲击必将传导到经济景气情况上，最终有可能会带来 2020 年的经济衰退。

3. 不确定性造成的预防性储蓄。除了上述疫情对内需造成的直接影响，疫情带来的极大不确定性也会通过影响居民的消费习惯对内需形成间接的深度冲击。预防性储蓄是指风险厌恶的消费者为预防未来不确定性导致的消费水平的下降而进行的储蓄。私人消费具有很强的敏感性。由于疫情的发展趋势尚不明确，国内民众对未来充满了不确定性和恐慌，特别是对于经济衰退的恐慌和对失业的担忧，都会引导

---

① https://www.destatis.de/DE/Themen/Wirtschaft/Aussenhandel/_inhalt.html，访问日期：2020 年 5 月 12 日。

② OECD (2020). Coronavirus: The world economy at risk. OECD Interim Economic Assessment, March 2.

③ Bofinger P, Dullien S, Felbermayr G, et al. Wirtschaftliche Implikationen der Corona – Krise und wirtschaftspolitische Manahmen [Economic Implications of the Corona Crisis and Economic Policy Measures] [J]. Wirtschaftsdienst, 2020, 100.

消费者改变消费策略，取消或者调整之前的消费计划。预防性储蓄造成私人消费具有一定的滞后性。只有疫情得到完全控制，经济摆脱了衰退的阴影，失业的担忧得到解除，消费者感受到了稳定的预期，补偿性消费才可能出现。

## （三）经济社会发展指标恶化

抗击新冠疫情发展所实施的停工停产措施影响全球经济，德国经济也不能幸免，疫情已经使出口大国德国第二季度的国内生产总值萎缩 10.1%。由于疫情尚未结束，德国经济仍将承受较大压力。

1. 经济增长陷入技术性衰退。德国联邦统计局的数据显示，2020 年第二季度，去除价格、季节和工作日等影响因素后，德国实际国内生产总值环比下降 10.1%（见图 6－2），为该国 50 年以来的最差表现。技术性衰退是指一个国家的 GDP 连续两个季度出现下跌，鉴于德国 2019 年第四季度 GDP 已经下降了 0.1%，因此，算上 2020 年第一季度的连续衰退，德国经济已经连续三个月衰退，技术性衰退在所难免，各种风险压力明显增加。德国联邦政府预测 GDP 在 2020 年全年或将下跌 6.3%①。

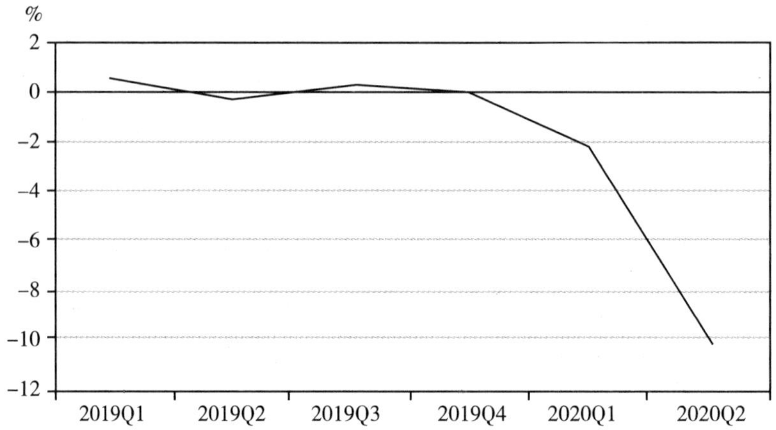


**图 6－2　德国 2019 年以来 GDP 变化情况**

资料来源：德国联邦统计局。

2. 消费者信心指数下降（见图 6－3）。受疫情影响，很多商业活动都被迫关闭，整个零售部门的销售额在 2020 年 3 月暴跌。同时，对日常用品的强劲需求导致超级市场和药房的销售额增加。总体而言，2020 年 3 月，德国去除价格因素的零售额比 2019 年 3 月减少 2.8%，名义销售额减少 1.5%。与 2020 年 2 月相比，2020 年

① https：//www.destatis.de/DE/Themen/Wirtschaft/Volkswirtschaftliche－Gesamtrechnungen－Inlandsprodukt/Tabellen/bip－bubbles.html，访问日期：2020 年 8 月 10 日。

3 月的销售额实际下降 5.6%，名义销售额下降 5.7%。这是自 2007 年 1 月以来最大的销售下降。

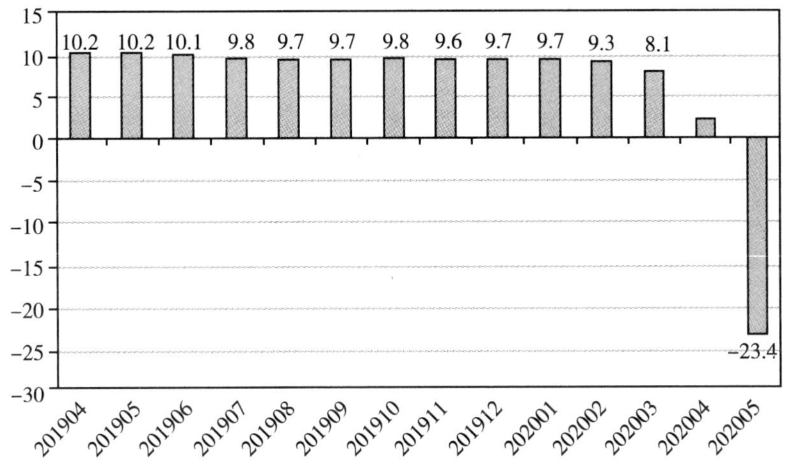


**图 6 –3　德国 Gfk 消费者信心指数变化情况**

资料来源：德国联邦统计局。

3. 就业市场压力明显。德国经济专家委员会在其报告中指出，受新冠肺炎疫情影响，德国 2020 年的失业率将达到 5.3%，而伊福经济研究所（IFO）的预计数据显示，2020 年德国失业率将达到 5.9%。德国联邦统计局公布的数据显示，经季节调整后，2020 年 5 月德国失业人数为 287.5 万，环比增加 23.8 万。当月失业率为 6.3%，明显高于 3 月的 3.8% 和 4 月的 4.3%（见图 6 –4）。联邦劳工局局长德特勒夫·舍勒在一份声明中说，新冠疫情可能导致德国经济面临第二次世界大战后的最严重衰退，使劳动力市场承受重压。

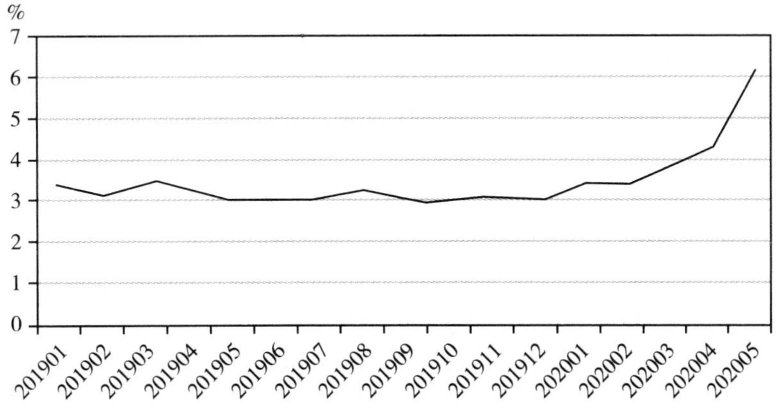


**图 6 –4　德国失业率变化情况**

资料来源：德国联邦统计局。

## 二、疫情风险到财政风险的传导

### （一）疫情导致经济下行压力形成潜在财政风险

作为一种公共风险，经济风险、金融风险通常会转化为财政风险。这既有被动转化的，如经济下行导致税源减少、财政减收，再如金融面临危机，财政被迫救援；也有主动转化的，如实行扩张性财政政策，避免断崖式经济滑坡以及失业人群迅速扩大所引致的公共危机。无论是被动的还是主动的风险转化，都具有隐蔽性，难以正面识别，等到发现的时候，往往已是危机的前兆。

德国经济自2019年开始表现就不尽如人意。由于工业疲软，全年经济增长只有0.6%，且2019年第三季度还出现了经济萎缩。如果两个季度都出现经济萎缩，就会被称为是“技术性衰退”。2019年，德国艰难地与技术性衰退擦肩而过。此外，作为典型的出口导向型国家，德国的GDP中有一半依赖出口。新冠疫情的暴发使越来越多的国家对全球经济一体化产生怀疑，并对全球供应链的无限延伸表示担忧。在不确定日益增加的国际环境下，这些国家纷纷考虑是否应该减少经济上的相互依赖。全球化进程遇到空前的障碍。“逆全球化”的发展对全球的经济都会造成负面影响，但对德国的冲击要远大于其他国家。

疫情给德国经济造成巨大负面冲击的同时也给德国的财政带来巨大的压力。在现代社会，作为政府重要的政策工具，财政的基本功能是防范化解经济风险等各类公共风险，以维持整个经济社会系统的稳定，熨平波动性，实现发展的可持续性。德国政府目前表现出的态度是对本国经济发展的担忧，并将尽全力保护本国受疫情影响的企业。国家所投入的援助基金，政府将承担的债务，以及一系列援助措施，都将打破该国长期以来对预算保持平衡的承诺。因此，在经济下行压力不断增加的情况下，德国不得不利用财政工具，实行扩张性财政政策，主动降税、增支，以此来稳定经济社会，避免公共风险的扩大和转移，这对德国财政来说是一场巨大的考验和挑战。

### （二）应对疫情冲击，对冲公共风险的财政应对

疫情冲击造成的影响强弱在很大程度上取决于市场主体的预期和民众的心理变化。因此，经济政策制定也要考虑这些因素的影响，从而更加具有针对性。德国作为一个紧密参与到全球生产价值链的开放经济体，与其他国家相比，更容易受到新冠肺炎疫情的影响。因此，德国政府在制定应对政策时提出，最重要的政策目标是让市场和社会对国内的劳动力市场、银行和金融市场充满信心，并努力避免内需疲

软导致的系统性经济危机。

为应对疫情冲击，德国联邦政府先后分别公布了一系列有针对性的应对政策，最终推出总额高达 8800 亿欧元的空前救助方案。根据利用这些工具的程度，2020 年德国新增债务可能升至 3560 亿欧元，约占德国 GDP 的 10%。根据德国《基本法》的规定，政府可承担的新债务不得超过 GDP 的 0.35%，但上述援助计划的债务超出法定上限 1000 多亿欧元。综合来看，德国为应对疫情提出的救助方案金额超过 8800 亿欧元，目的在于保障就业，帮助所有企业、个体经商户和自由职业者渡过难关①。具体措施包括：

1. 保障医疗供应，控制疫情传播。虽然医疗目标和经济目标之间可能会存在冲突，但所有经济和政治措施的前提条件必须是确保医疗卫生系统的正常运行。例如，取消活动或关闭学校会减慢病毒的传播速度，也产生了巨大的直接经济成本。尽管如此，控制病毒的快速传播仍然是当务之急。如果感染人数呈指数级增长，并且卫生系统达到其容量极限，那么将不得不采取更加严格的隔离措施，从而带来更高的成本。从长远来看，防控措施不到位将带来更高的经济成本。

为了保障医疗防控体系正常快速运转，以及药品等资源的正常供应，联邦卫生部获得额外 10 亿欧元的拨款，用于保障防控设施的配备和疾控机构罗伯特·科赫研究所的正常运转；联邦研究与教育部获得 1.45 亿欧元拨款用于疫苗研发；海关负责监督防护口罩、护目镜和防护服等防护设备的出口是否违反欧盟出口禁令。

2. 千亿企业援助计划。在短期内，需求冲击将导致许多公司出现流动性问题，公司的现金流难以继续偿付债务，进而导致某些行业的公司集中破产。因此，在同时出现供给冲击和需求冲击的情况下，经济政策的主要目的是解决企业的流动性紧张问题和稳定金融系统，确保疫情不会导致德国经济出现一波破产浪潮。因此，诸如流动性计划、临时税收援助或短期工作福利之类的政策措施不仅可以帮助直接受影响的公司，而且可以起到稳定预期的效果。如果疫情持续时间长，还必须稳定企业收益，避免其对劳动力市场产生负面影响，防止行业性冲击对国民经济造成系统性危机。

德国政府为大型企业提供高达 6000 亿欧元的救助方案。其中，1000 亿欧元的经济稳定基金用于对陷入财务困境的公司进行投资。这部分注资可直接购买企业股权，在解决企业应急需要的同时，也可以阻止外资收购。此外政府给企业提供 4000 亿欧元的担保，联邦政府用政府信誉为企业的负债背书。另外 1000 亿欧元是通过德国政策性银行——德国复兴信贷银行（KfW）给企业提供流动性贷款。这将大大减轻其他商业银行和融资机构的贷款压力。政府将授权复兴信贷银行发行 2000 亿欧元

---

① Corona - Schutzschild, https://www.bundesfinanzministerium.de/Content/DE/Standardartikel/Themen/Schlaglichter/Corona - Schutzschild/2020 - 03 - 13 - Milliarden - Schutzschild - fuer - Deutschland.html.

债券为上述两项举措筹资，政府为债券发行提供担保。

为将疫情对企业的影响降到最低，德国复兴信贷银行将放宽贷款条件，降低对企业信用度的要求。同时，为了简化贷款流程，方案还规定，企业只需要通过其往来银行的风险评估，就可以拿到最高300万—1000万欧元的信用额度。贷款可用于企业的投资和运营支出，包括办公场所的租金成本和人员费用等。

针对中小企业和个体工商户，德国政府提供高达500亿欧元的资金补贴。按照计划，规模小于5人的公司每3个月将得到一笔一次性9000欧元的资金注入，而全职员工数量为5—10人的公司，每个季度获得一次性补助15000欧元。

3. 税收减免政策。德国联邦政府推出的税收减免政策同样覆盖所有规模的企业，尤其是受到疫情直接影响的企业。主要措施包括：

（1）延期缴纳税款。如果企业受到疫情的影响无法按时缴税，则可申请延期缴纳税款，并免除法定罚息。这一支持政策最长可延续到2020年12月31日。企业必须证明自己受到疫情的直接影响，但是不必提供所造成损害价值的详细证据。涉及的税种包括个人所得税、企业所得税和增值税。

（2）调整预付税款。企业、个体经商户和自由职业者也可以根据收入情况申请调整企业所得税、营业税及个人所得税的预付税款。只要能够证明由于受疫情影响，企业本年度收入将低于往年，就可以得到预付税款的削减，企业的流动性也会有所好转。

（3）暂停税务强制执行措施。针对逾期缴纳的个人所得税、企业所得税及营业税，在2020年年底前，停止实行强制措施，期间免除逾期交纳的法定罚金。

上述税收减免政策对能源税、航空税和保险税也同样适用。

4. 稳就业、保收入。受疫情影响，大量企业面临停工和裁员的压力。为了应对疫情，德国政府规定当企业有10%的员工无法正常工作时，企业可申请短时工作津贴。对于申请短时工作津贴的员工，其社保支出中雇主支付的部分将100%由联邦劳工局承担，此前联邦劳工局承担的比例为50%。这一支持政策最多可持续12个月。企业的临时工也可享受此政策。

短时工作津贴是德国政府推行的企业抗疫政策之一，一方面是保证经济活动不全面停摆，避免人员大规模失业，另一方面是为企业维持生产减轻负担。当然，这也保证了普通员工和家庭能有生活基本收入。比如，雇员原本一周40工时，受疫情影响缩短成30%，即工作12小时，雇主完全支付12小时的工资，剩余的工资由德国联邦劳工局支付。疫情之下，德国宝马公司约有2万名员工需要短时工作津贴的支持。

此外，对于受疫情影响失去收入的雇员和自由职业者，可以申请德国政府提供的基本生活保障，以维持其基本生活所需。为了简化申请流程，加快申请进度，暂时取消了原本申请时要求的财产证明。

## (三) 史无前例的救助政策造成对德国财政的巨大压力

欧洲央行降息的效果非常有限，2020年3月9日，10年期联邦债券收益率达到-0.826%的历史低点。像日本央行采取的购买股份的措施也受到质疑，从目前经验来看，证券交易所价格暴跌对整体经济产生的影响是有限的。零利率意味着几乎所有储备国央行的利率刺激工具（包括降息和收益率曲线指导）都将失效，降息的积极效果不复存在。货币政策调控能力或因低利率而受限，而财政政策将重新成为主要的政策工具。具体措施包括减税降费、为企业的民众提供财政补贴等。

德国政府一开始以惯常的节俭态度来应对这场危机，并严格遵守宪法中提出的“债务刹车”规定，但随着形势的发展，政府表示将“不惜一切代价”来应对疫情。因此，3月份德国联邦议院通过了最新的疫情应对方案。“债务刹车”法则第115条对紧急情况作了说明：“如果发生自然灾害或国家无法控制的特殊紧急情况，并严重影响国家的财务状况，则联邦议院一致通过后可以超过信贷限额。”《稳定与增长公约》也规定了危机情况下的临时财政空间。根据该说明，德国联邦政府推出高达7500亿欧元的救助方案，该方案预计使2020年德国新增债务升至3560亿欧元，约占德国GDP的10%。德国联邦政府不得不暂时放弃“黑零规则”——财政收支保持平衡的零赤字规则。

尽管这次的财政救助规模史无前例，但德国联邦政府仍然认为，财政政策在中短期要保持稳定。所有财政政策措施应该遵循及时性、针对性和临时性原则，疫情本身并不是长期减税或长期扩大政府支出的理由。与欧洲央行货币政策不同的是，在短期和中期内，德国的财政政策具有稳定经济的巨大潜力，因为德国债务占GDP比例较低。

德国经济专家委员会在其报告中指出，受新冠肺炎影响，德国2020年的财政赤字将达到272亿欧元，赤字率为0.8%，而2020年预算案中预计2020年预算盈余为164亿欧元，收支盈余减少436亿欧元（见表6-1）。赤字的增加主要是收入的减少和支出的增加双向作用的结果。预计2020年财政收入为16185亿欧元，比预算案减少196亿欧元，其中税收减少194亿欧元。预计2020年财政支出为16457亿欧元，比预算案增加240亿欧元。2020年债务率预计为60.5%，比预算案高3.8%。预计到2021年，德国债务率将重新回到欧盟规定标准之下，达到58.6%①。

---

① Bofinger P, Dullien S, Felbermayr G, et al. Wirtschaftliche Implikationen der Corona-Krise und wirtschaftspolitische Manahmen [Economic Implications of the Corona Crisis and Economic Policy Measures] [J]. Wirtschaftsdienst, 2020, 100.

**表 6－1　　　　2020 年德国政府财政收支预测情况**

| | 预测值 | 与 2020 年预算案相比 |
|---|---|---|
| 财政收入（亿欧元） | 16185 | －196 |
| 财政支出（亿欧元） | 16457 | 240 |
| 财政盈余（亿欧元） | －272 | －436 |
| 债务率（%） | 60.5 | 3.8 |

资料来源：https：//de.statista.com/statistik/daten/studie/1108334/umfrage/corona－prognose－zu－den－staatsfinanzen/，访问时间：2020 年 5 月 13 日。

## 三、财政有效发挥平衡器与稳定器功能

近年来，德国对财政支出较为谨慎，推崇财政平衡，避免财政赤字。但此次疫情让德国重新审视财政政策，在特殊时期甚至可能突破宪法规定的“债务刹车”限制，用财政风险对冲公共风险，充分发挥财政的基础性作用，以避免疫情对经济社会造成过大的冲击。这一方面反映德国长期以来较高的财政健康度，另一方面反映在危机时刻，财政健康是一个国家经济社会健康的基础和重要支柱，更是国家在应对风险时自我修复和调整的能力。只有财政打下强健的“底子”，才能在财政风险和公共风险之间保持最佳平衡点，并能沉着有效应对各种突如其来的危机入侵。

### （一）扎实的财政根基为化解公共风险储备空间

德国一直严格遵守欧盟和国家层面的财政纪律，2009 年颁布《新债务限额》法案，又称“债务刹车”，并将其写入了联邦宪法。该法案规定，自 2016 年起，不考虑经济周期引起的赤字，德国联邦政府结构性赤字不能超过国内生产总值的 0.35%，州及以下政府不允许有任何赤字。此外，政府需要每年减少新增债务，至 2020 年各州政府不允许新增任何债务。在该法案框架下，默克尔政府提出了更为苛刻的“黑零”规则，该规则要求联邦政府严格遵守赤字为零的财政平衡政策。

在上述两项规则的约束下，德国政府自 2015 年以来连续 5 年实现预算盈余，2019 年德国联邦政府预算盈余达到破纪录的 171 亿欧元，比 2018 年增加 43 亿欧元，这是德国联邦政府年度预算盈余第三次超过百亿欧元。同时，2019 年德国联邦债务率重新降到《马斯特里赫特条约》规定的 60% 的水平以下，如图 6－5 所示，根据 IMF 的统计，2019 年，德国广义政府债务占 GDP 的比例为 59.8%，在发达国家中处于较低水平。债务水平的降低带来利息支出的减少，为缓解财政压力增加了空间，同时为实施扩张性财政政策提供了资金支持。此外，德国经常账户余额连续 4 年蝉

联世界第一，2019 年高达 2930 亿美元的经常账户余额也为其财政平衡政策的顺利实施提供了保障。

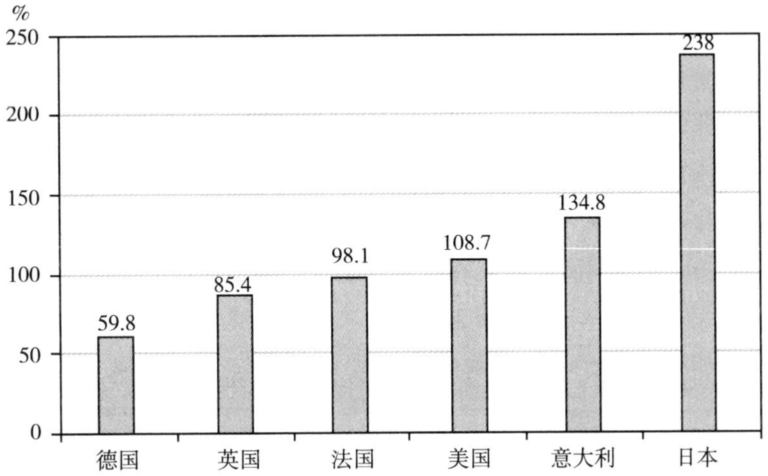


**图 6 –5　广义政府债务占 GDP 比重的国际比较（2019 年）**

资料来源：IMF 网站数据库。

稳健又扎实的财政基础增强了德国应对重大冲击的抗压和抗打击能力。正如德国财政部长所说，面对来自国内外的众多不确定性，德国必须有一个稳健的政府预算作为“压舱石”，以应对来自欧盟内部以及外部的各种不确定性。因此，在疫情应对上，德国财政部门采取的政策力度空前，占 GDP 的约 30%。虽然 2020 年德国债务率将有所上升，超出《马斯特里赫特》条约的规定，但 60. 5% 的债务率与其他主要国家相比仍然处于较低水平，而且德国联邦政府称有信心在 2021 年将债务率重新降至 60% 的警戒线以下，重新恢复财政健康。

### （二）财政通过主动式风险转化，不断平衡各种风险，避免风险聚集演化为危机

受疫情影响，德国就业规模出现下滑，2020 年 4 月德国失业人数为 263. 9 万，环比增加 37. 3 万。在严峻的就业形势下，社会风险和经济风险不断积聚，公共风险暴发的危险性不断升高。财政通过自身风险和公共风险的合理转换，可以发挥平衡器和稳定器作用，平抑疫情带来的失业率上升风险。

从德国政府财政政策应对疫情的具体内容来看，其侧重点主要集中在两方面：第一，向企业提供充足流动性，以降低企业因疫情冲击而上升的破产风险；第二，向劳动者提供收入损失补偿，以对冲因疫情不能工作或失业造成的个人相关风险，这有助于平抑疫情带来的失业率上升风险，并使居民部门收入支撑私人部门消费不

至于过快下滑。例如，为了保障就业率的稳定，德国政府推出了短时工作计划，并为企业提供用工补贴，旨在维护员工和雇主之间的关系，以鼓励企业减少裁员，希望在经济恢复活力时能激发劳动力市场迅速复苏。该计划的实施有效地降低了疫情对德国就业市场的冲击。如图 6－6 所示，疫情暴发前，美国的失业率略低于德国，2020 年 3 月，德国季节调整后失业率为 5.1%，美国为 4.4%。到了 2020 年 4 月，美国失业率一举跃升至 14.7%，而德国失业率仅略有上升，为 5.8%。德国的短时工作计划对维持德国就业市场的稳定发挥了重要作用。据高盛经济学家预计，到 2020 年底，美国的失业率将在 12% 左右，而德国的失业率则会降到不到 4%①。

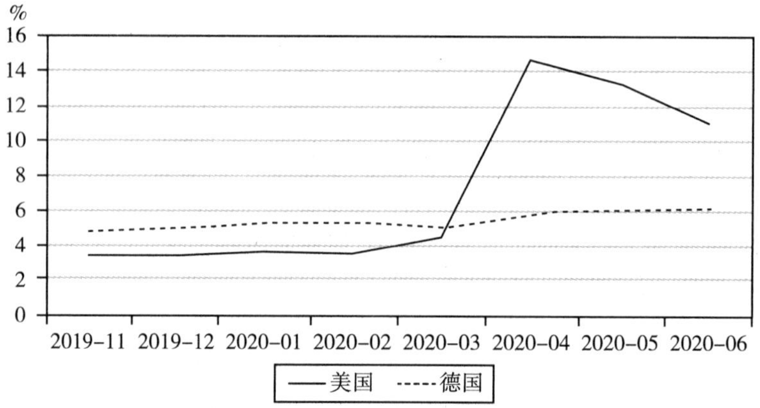


**图 6－6　德美两国失业率变化趋势对比**

资料来源：Wind 数据库。

## （三）用短期财政风险换取长期发展潜力，在动态中维护财政健康

在疫情过后，财政紧张国家的许多资金不足的公司将面临来自强大的外国竞争对手的竞争，而这些竞争对手在国家的大规模援助下实力将得到加强。这些实力较强国家的企业将能够利用主要来自国家援助而新获得的优势来更积极地竞争，甚至接管实力较弱的企业，对后者国内的产品市场环境和资本市场环境都是一种巨大的打击。疫情导致许多德国传统企业的市值跌幅过半。德国政府考虑到了这种长期经济安全的风险，所以，德国财政资金对企业进行了大规模注资。在 6000 亿欧元的企业救助资金池中，1000 亿欧元的经济稳定基金用于对陷入财务困境的公司进行投资。这部分的注资可直接购买企业股权，在解决企业应急需要的同时，也可以阻止外资收购。财政政策在发挥短期救助作用的同时关注长期经济稳定与安全，既在短

① Why the US unemployment rate is so much higher than Germany's, https：//qz. com/1861408/why－us－unemployment－is－higher－than－germany/.

期内为企业注入了流动性，又在长期保证了国家的经济安全，防止技术和市场的外流。

## 四、小结与启示

在当前收支矛盾压力加大的背景下，财政风险和公共风险之间的平衡尤其应当引起重视。从短期来看，中国的财政风险必须加以控制，否则因为支出和债务赤字控制不力导致中国主权信用评级下调，将会引发财政风险和公共风险循环恶化，后果不堪设想。从长期来看，应借疫情冲击进一步强化“过紧日子”之势，大力调整优化支出结构，提升财政可持续性和财政健康度，为国家发展构建更大的确定性。

### （一）严肃财经纪律，为应对公共风险冲击储备空间

财政健康是一个国家经济社会健康的基础和重要支柱，更是国家在应对风险时自我修复和调整的能力。严格的财政纪律能够创造更大的财政空间，用于支持经济社会发展的薄弱环节，也可以用来应对充满不确定性的财政挑战和公共风险，是实现财政健康的有效途径。德国长期以来一直恪守欧盟财政契约和国内财政纪律，连续 5 年实现财政盈余，并将债务率控制在《马斯特里赫特条约》规定的 60% 以下。这使得德国面对疫情能够有决心通过短期增加债务，以支持大力度的财政援助措施，并有信心在 2021 年将债务率重新恢复到 60% 以下。疫情应对措施仅可能使德国背负 0.8% 的赤字率和 60.5% 的债务率，仍然远远低于其他发达国家。借鉴德国经验，我们要进一步严格财政纪律，完善财政管理框架，在中央文件和相关法律中细化“过紧日子”的相关条款，将“过紧日子”常态化，以应对“百年未有之大变局”中可能产生的风险和危机挑战。同时，通过财政“过紧日子”，倒逼各级政府和部门调整思维方式、转变职能、提升决策水平，更好地处理政府与市场的关系，政府管不了、管不好的事，下决心通过放权减轻自身负担，激发市场活力。

### （二）保持公共风险理性，有效发挥财政的平衡器与稳定器功能

从国家治理的层面来看，财政的基本职能是管理国家治理面临的公共风险，既包括风险的防范，也包括风险的平衡。作为国家治理的基础和重要支柱，财政打下强健的“底子”，能够在财政风险和公共风险之间保持最佳平衡点，并能沉着有效应对各种突如其来的危机入侵。新冠肺炎疫情给全球带来前所未有的冲击，德国在受到疫情冲击后，认识到财政平衡并不是目的，而是实现经济社会稳定和可持续发展的重要工具。因此德国联邦政府果断放弃长期实施的零赤字财政平衡原则，通过

适度增加赤字和债务来对冲疫情所带来的公共风险。因此，面对前所未有的危机和风险，要对冲公共风险，就必须适度扩大财政风险。同时，财政风险适度扩大，也要考虑债务规模和经济规模在一定机制下的良性循环，避免财政筹资对市场资金产生挤出效应。否则，政府债务不但不能促进经济的恢复，反而会导致经济规模的收缩，同时增大政府的债务风险。

### （三）发挥经济政策与社会政策、财政政策与金融政策的协同作用

德国财政盈余的形成，部分归因于欧洲央行的零利率贷款政策为联邦政府削减了利息支出成本。同时，货币政策的调节作用也避免了大规模的财政刺激。因此，加强货币政策和财政政策的协调配合，能够保证政策的连续性和稳定性。

当前，我国经济发展面临的国际环境和国内条件正在发生深刻复杂的变化，经济下行压力加大，外部环境挑战和不确定性上升，但尚未达到需要财政刺激的程度。在此背景下，应灵活运用政策工具箱中的各种政策工具，加强政策之间的协调配合。在财政政策面临重压的情况下，货币政策等其他政策工具应适时加码顶上，为财政政策储备能量，待财政政策积蓄力量之时，在应对未来的不确定性和化解公共风险中发挥更大作用。

财政赤字货币化作为非常时期的一种应对措施，通过政府在一级市场发行债券、中央银行在二级市场购买同等数额的政府债券来实现。合理的财政赤字货币化可以保留政府的财政空间，在发生严重的经济紧急情况时，例如新冠疫情的蔓延，积极的财政政策和货币融资的组合可以有效降低实体经济融资成本，保持经济复苏和持续增长。

### （四）针对结构性问题实施定向积极财政政策，打通结构性瓶颈制约，促进国家长远可持续发展

德国的经济刺激计划不仅关注短期经济刺激效果，更看重短期经济政策与中长期结构性改革的一以贯之。例如出台的临时性税费减免措施和社保缴费补助措施，在帮助德国企业走出困境的同时，提高了德国劳动力市场的灵活性和适应性。对服务业和中小企业的扶持进一步增强了德国企业在商品和服务市场的竞争力。针对经济社会发展的薄弱环节发力，通过改善德国经济自身的调整和平衡能力，打通结构性瓶颈。维持德国经济的可持续性，增强其自身抵抗危机冲击的能力。总体来看，德国的财政援助计划旨在通过供给侧改革，鼓励创造就业、扩大投资，以激发劳动力市场活力，从而从根本上解决阻碍经济增长的制约因素，提高劳动生产率。最终提高整个国家的综合竞争力、经济增长潜力和危机应对能力。

我国的情况与德国类似，一味进行财政刺激未必有效。刺激性财政支出在过去

往往用于扩大基础设施投资，但新投的很多基础设施项目，已不太像过去那样能够产生足够直接的经济收益。因此，应当进一步优化财政支出结构，做到有“保”有“压”，根据宏观经济形势以及中央的决策部署，对支出按照轻重缓急进行排序，特别是要着眼于鼓励创新，松绑经济体制，落实以人民为中心的发展思想。在减税降费的背景下，进一步压缩三公经费和一般性支出，重点保障教育、公共卫生、科研、脱贫攻坚等方面支出。

## 本章参考文献


1. 丁纯．从希腊债务危机看后危机时代欧盟的经济社会状况［J］．求是，2010（7）：57－59.

2. 丁纯．金融危机冲击下的欧洲经济：表现，成因与前景［J］．欧洲研究，2010，28（4）：37－55.

3. 丁纯，李君扬．德国“工业4.0”：内容、动因与前景及其启示［J］．德国研究，2014（4）：49－66.

4. 刘军，欧阳远芬，孟祥轶．财政风险指数与财政效率研究——基于跨国面板数据的实证分析［J］．中央财经大学学报，2016（8）：3－14.

5. 刘尚希．防控疫情与经济发展当有效协调［N］．社会科学报，2020－4－30（001）.

6. 李成威，傅志华．应对疫情对经济影响的关键是构建确定性［J］．财政研究，2020（3）：3－9，118.

7. 史世伟．从“新经济”走向“新经济”：德国社会生产体系的连续性与变革——评阿贝尔斯豪塞的《1945年至今的德国经济史》［J］．欧洲研究，2015，33（4）：137－147，8.

8. 王立勇．基于突变级数法的财政脆弱性指数研究［J］．人民论坛·学术前沿，2017（16）：68－81.

9. 殷桐生．德国经济通论［J］．外交评论（外交学院学报），2017，34（4）：157.

10. 殷桐生．国际金融危机冲击后的德国经济［C］．中国欧洲学会德国研究分会年会暨学术研讨会，2010.

11. 中国财政科学研究院宏观经济研究中心课题组，刘尚希，白景明，石英华，罗建钢，王志刚，王宏利，张鹏．财政风险指数框架研究［J］．财政科学，2016（4）：5－23.

12. Bird，Richard M. Reflections on Measuring Urban Fiscal Health［J］. Richard M Bird，2014，24（suppl 2）：ii43－ii72.

13. Bofinger P，Dullien S，Felbermayr G，et al. Wirtschaftliche Implikationen der Corona－Krise und wirtschaftspolitische Manahmen［Economic Implications of the Corona Crisis and Economic Policy Measures］［J］. Wirtschaftsdienst，2020，100.

14. Deutsches Stabilitaetsprogramm 2019，Bundesministerium der Finanzen，April 2019.

15. Finanzbericht 2020，Bundesministerium der Finanzen，August 2019.

16. Gadatsch N，Hauzenberger K，St? Hler N. Fiscal policy during the crisis：A look on Germany and the Euro area with GEAR［J］. Economic modelling，2016，52（JAN. PT. B）：997－1016.

# 第七章
# 日本财政健康度雪上加霜

**本章导读：**

在新冠疫情暴发前，日本财政就面临收入增长缓慢、过度依赖赤字和国债、支出刚性增长、社保与利息费用居高不下等问题。日本2020财年预算案显示，其计划新发行国债额约为32.56万亿日元，占预算收入的31.7%。预算收入高度依赖发债严重影响了日本财政的健康度，并蕴藏公共风险。突如其来的新冠疫情，进一步降低了日本财政健康度。一方面，随着疫情的加速扩散，日本经济供需两端同时受到冲击，失业人数剧增，社会不稳定风险加剧，财政收入锐减；另一方面，为了降低新冠疫情对经济社会的影响，日本实施了多轮紧急经济对策，这进一步加重了财政支出负担。受此影响，2020年日本赤字率将达到14.7%，较2019年上升近12个百分点，创历史新高。从疫情视角观察日本财政健康度可以发现，日本税收收入难以应对公共卫生事件引发的公共风险，增发国债老路则导致日本实现财政稳健目标越发困难。

此次蔓延全球的新冠疫情，是重大的公共风险和公共危机事件，对于各国财政健康度也是重要的检验。日本作为全球第三大经济体，在新冠疫情暴发前，其财政就面临收入增长缓慢、过度依赖赤字和国债、支出结构固化等问题，进而导致正常情况下日本财政应对公共风险的能力非常有限。2019年底突如其来的新冠疫情，进一步加大了日本面临的公共卫生风险、经济下行风险与社会不稳定风险。为了应对这些风险，日本出台了有史以来最大规模的经济刺激方案，并大幅增加财政支出规模。但是由于“自我造血”能力不足，日本只能通过发债与扩大赤字规模为财政“外部输血”。这势必导致日本债务规模与赤字率激增，不仅会降低日本财政的可持续性，还将给日本埋下新的公共风险隐患。

# 一、疫情前日本财政健康的问题

在疫情暴发前，日本经济增速长期低迷，这不仅导致税基无法稳定增加，不利于财政收入的持续提高，还大大增加了风险处理难度，使经济发展中出现的风险无法得到及时化解，这些风险的持续积累无疑会对财政健康构成威胁。从收入端看，日本依靠上调消费税税率弥补税收收入无异于“饮鸩止渴”，过度依赖赤字与国债则对日本财政健康构成潜在威胁。从支出端看，日本财政支出刚性增长，支出结构不断固化，导致其应对公共风险能力弱化。另外，突出的老龄化问题带来的社会风险，对日本财政健康的冲击同样不容忽视。

## （一）经济增长低迷，经济发展中积累的风险对财政健康构成威胁

在20世纪90年代，日本因为泡沫经济的崩溃，非但未能实现成为全球第一大经济体的目标，反而陷入了长达30多年的经济停滞期。图7－1显示，1995—2019年，日本经济未能保持良好增长态势，而是呈现较大波动性，多数年份经济增速在零值附近徘徊，部分年份经济增速甚至为负。特别是受2008年金融危机影响，日本经济在2008年与2009年受到较大冲击。虽然之后，在国内经济刺激政策以及全球经济复苏的带动下，日本经济增长状况有所好转，但是近几年日本经济增速仍较为低迷，尤其是2016年以来，日本GDP增速从未超过2%。毫无疑问，日本低迷的经济增长导致税基无法稳定扩大，不利于财政收入的持续增加，进而影响财政健康状

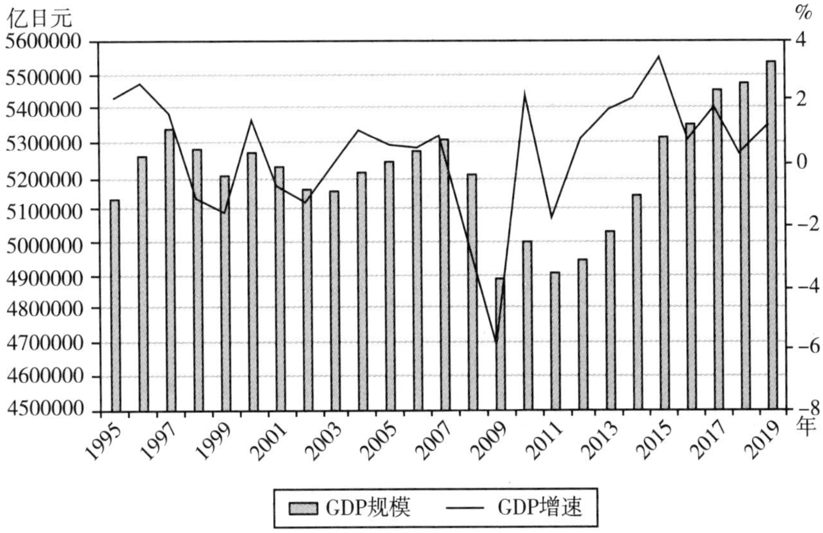


**图7－1　1995—2019年日本GDP规模及增速**

资料来源：日本内阁府。

况。与此同时，经济增长的持续低迷，还大大增加了风险处理的难度，使得日本经济发展中出现的风险无法得到及时化解，而经济发展中风险的持续积累同样对财政健康构成了威胁。

## （二）税收收入增长缓慢，靠上调消费税税率弥补税收收入无异于“饮鸩止渴”

税收是财政收入的重要来源。然而，日本经济陷入衰退后，由于税基缩小导致税收收入一度不增反减（见图 7－2）。实际上，日本 1991 年的税收收入一度达到 60.2 万亿日元，但之后由于泡沫经济崩溃的影响，日本税收收入开始下降。再加上 2008 年金融危机对经济的冲击，日本税收收入在 2009 年坠入谷底，仅为 38.7 万亿日元，不到 1991 年的 65%。为了弥补税收的减少，日本政府积极“开源”，而上调消费税税率则成为日本政府弥补财政收入的重要手段。2010 年之后，日本政府一共实施了两轮消费税税率上调政策：2014 年 4 月，日本消费税税率从 5% 上调至 8%；2019 年 10 月，日本消费税税率从 8% 上调至 10%。受益于消费税税率的上调，日本的消费税收入不断增长，并成为带动税收收入增长的重要因素。根据日本批准的 2020 财年预算案显示，在消费税税率提高带动消费税收入增加等一系列因素的影响下，日本 2020 财年税收规模将达创历史新高的 63.5 万亿日元。尽管如此，实际上这一规模也仅仅略超过 1991 年的税收收入水平。况且，上调消费税税率会造成居民消费萎缩，削弱经济增长内生动力。由此可见，依靠上调消费税税率弥补税收收入无异于“饮鸩止渴”。另外，日本政府在制定 2020 财年预算案时，预测 2020 财年日

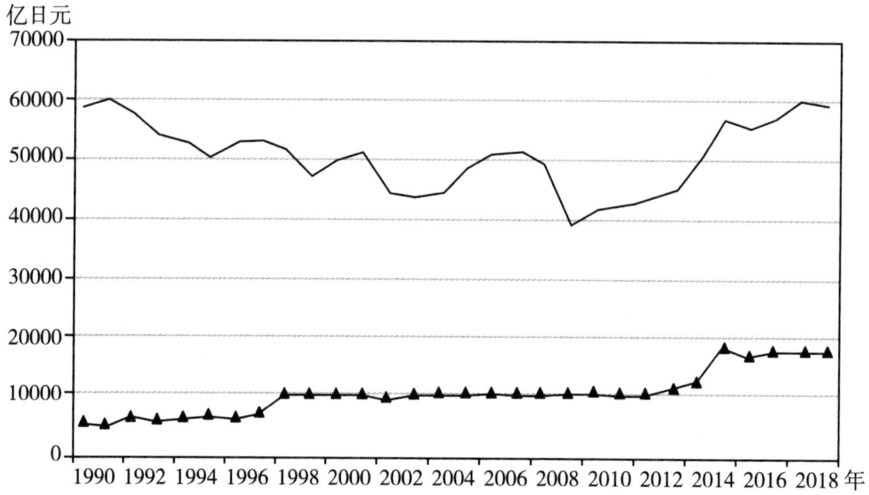


**图 7－2　1990—2019 年日本税收收入与消费税收入**

资料来源：日本财务省。

本实际经济增长率为 1.4%，并在此基础上推算出全年税收规模将达 63.5 万亿日元。在 2020 年日本经济受到新冠疫情冲击的情况下，这一预测显然过于乐观。因此，日本 2020 财年税收规模很可能无法超过 1991 年的税收收入水平。

## （三）过度依赖赤字和国债，对财政健康构成潜在威胁

在财税收入不足、财政支出保持刚性增长的情况下，日本财政越发地依赖赤字与国债。这说明日本财政过于依赖“外部输血”，“自我造血”能力严重不足，导致其越发难以抵御各种公共风险的冲击。实际上，巨额债务不仅限制了日本财政政策的发挥空间，还导致日本央行国债购买规模大幅上升，并可能引发日本出现欧洲式主权债务危机。

日本 2020 财年预算案显示，日本计划新发行国债额约为 32.56 万亿日元，占预算收入的 31.7%。从债务存量角度看，日本政府债务仍在不断积累扩大。2019 年，日本国债累积总额接近 900 万亿日元，而当年税收收入仅约为 60 万亿日元，国债累积总额相当于日本 2019 年税收收入的 15 倍。从债券类别看，日本的国债可以分为建设国债和赤字国债。建设国债发行所得资金的用途主要是投资建设新项目，对世代之间的公平性没有太大影响。赤字国债则不同，其发行的主要目的是用于弥补当年政府收入的不足，如果发行规模过大或者存量规模不断累积会对未来带来不利影响。图 7-3 显示，日本每年新发行的国债规模巨大，且以赤字国债为主，表明日本财政收入过于依赖国债，特别是过度依赖赤字国债。这显然不利于日本财政保持稳健水平，并成为影响日本财政健康的潜在风险。

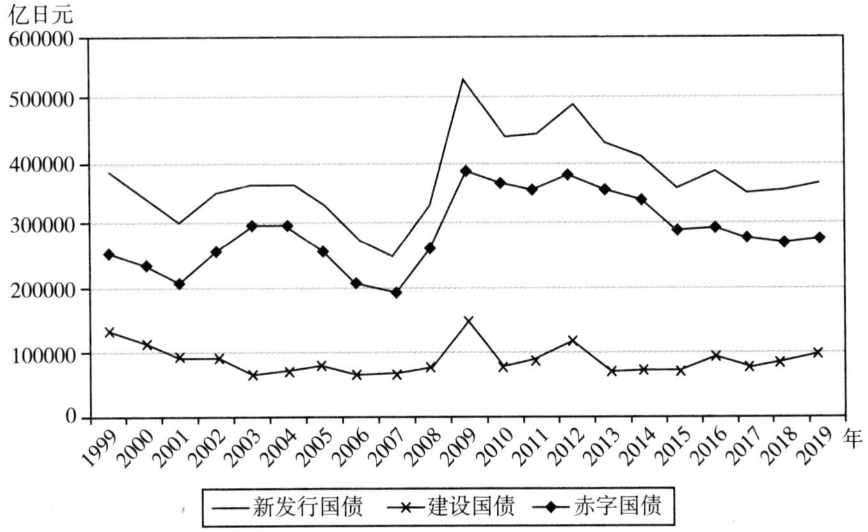


**图 7-3　1999—2019 年日本新发行国债情况**

资料来源：日本财务省。

## （四）财政支出刚性增长，支出结构存在固化趋势，应对公共风险能力弱化

进入21世纪之后，日本政府财政支出保持刚性增长（见表7-1）。在2019财年政府预算突破100万亿日元水平后，日本2020财年的政府预算总额高达102.66万亿日元，比2019财年增加1.2万亿日元，连续8年刷新历史最高纪录。与此同时，日本政府的财政支出结构也发生了一定的变化，主要表现为社保费用与国债利息费用居高难下。在2001财年，日本财政支出总额为84.80万亿日元，且主要财政支出项目的金额与占比差距不大。其中，社会保障费支出为19.30万亿日元，占比最高，达到22.80%；国债费用、地方交付税交付金支出均为15.8万亿日元，占比均是18.60%，并列第二位；主要是基础设施投资的公共项目关系费支出10.80万亿日元，占比为12.70%，排名第四。到了2020财年，政府财政支出高达102.66万亿日元，但是主要财政支出项目的金额与占比差距逐渐拉大，特别是社会保障费与国债费用合计占比高达57%。具体来看，日本2020财年财政支出中，社会保障费支出高达创纪录的35.86万亿日元，比2001财年提高了86%，占比则进一步提升至34.93%；国债费用支出达到23.35万亿日元，比2001财年提高了48%，占比同样提高至22.74%；地方交付税交付金支出为15.81万亿日元，与2001财年几乎无异，占比则下降为15.40%。

表7-1　日本财政支出结构

| | 2001年 | | 2006年 | | 2012年 | | 2017年 | | 2020年 | |
|---|---|---|---|---|---|---|---|---|---|---|
| | 金额（万亿日元） | 比重（%） | 金额（万亿日元） | 比重（%） | 金额（万亿日元） | 比重（%） | 金额（万亿日元） | 比重（%） | 金额（万亿日元） | 比重（%） |
| 社会保障费 | 19.30 | 22.80 | 20.60 | 25.30 | 29.20 | 30.10 | 32.50 | 33.10 | 35.86 | 34.93 |
| 文教与科学振兴费 | 6.70 | 7.90 | 5.30 | 6.50 | 6.00 | 6.20 | 5.70 | 5.80 | 5.51 | 5.37 |
| 国债费用 | 15.80 | 18.60 | 18.30 | 22.50 | 21.00 | 21.60 | 22.50 | 22.90 | 23.35 | 22.74 |
| 地方交付税交付金 | 15.80 | 18.60 | 15.90 | 19.50 | 16.80 | 17.30 | 15.40 | 15.70 | 15.81 | 15.40 |
| 防御关系费 | 5.00 | 5.90 | 4.80 | 5.90 | 4.80 | 4.90 | 5.30 | 5.40 | 5.31 | 5.17 |
| 公共项目关系费 | 10.80 | 12.70 | 7.70 | 9.50 | 5.80 | 6.00 | 6.90 | 7.00 | 6.78 | 6.60 |
| 其他 | 11.40 | 13.40 | 8.80 | 10.80 | 13.50 | 13.90 | 9.80 | 10.00 | 10.10 | 9.84 |
| 一般公共支出总额 | 84.80 | 100.00 | 81.40 | 100.00 | 97.10 | 100.00 | 98.10 | 100.00 | 102.66 | 100.00 |

资料来源：日本财务省。

## （五）老龄化问题突出，社会风险对财政健康冲击较大

财政支出中社会保障费用不断增长且占比居高难下的根本原因是日本社会正面

临日益严重的老龄化问题。根据联合国的定义，总人口中65岁以上的老龄人口占比超过7%的社会称为老龄化社会，超过14%的社会称为老龄社会。根据日本总务省的数据显示，2019年，日本65岁以上的老龄人口占比为28.44%，即日本已步入老龄社会。与此同时，日本15岁以下人口却在不断减少。根据日本总务省的数据显示，1995年，日本15岁以下人口数量为2001万，占总人口的比重为15.94%；到了2019年，日本15岁以下人口数量降为1521万，占总人口的比重进一步减少为12.06%。而根据日本国立社会保障和人口问题研究所的预测，到2050年，日本65岁以上老龄人口的占比将达到惊人的37.7%，15岁以下人口占比则将进一步降至10.5%。对日本来说，与老龄社会相对的是包括养老金、医疗保险和护理保险在内的社会保障费支出的增加。实际上，与1989年相比，日本的社会保障费增加了近3倍。未来，随着老龄人口的不断增加，日本财政支出中社会保障费继续攀升已然成为一种难以逆转的趋势，将对财政健康产生较大冲击。

## 二、疫情背景下公共风险放大

日本在2020年1月出现首例新冠肺炎确诊病例，之后随着确诊人数增多，日本面临的疫情风险不断上升。特别是疫情的加速蔓延，导致日本国内的人流、物流、资金流无法在正常状态下运转，进而影响商品（服务）的生产销售，并使得日本经济供需两端同时受到冲击，经济下行风险进一步加大。在此情况下，日本就业环境急转直下，失业风险大增，社会风险加剧。随着疫情风险、经济风险、社会风险的上升，日本面临的公共风险进一步放大。

### （一）伴随确诊人数增多，日本面临的疫情风险不断加大

1. 日本于2020年1月开始出现确诊病例。根据世界卫生组织（WHO）发布的数据显示，2020年1月15日，日本国内确诊了首位新冠肺炎患者。之后的9天，日本没有再出现新的确诊病例。直到2020年1月25日，日本才出现了第二位新冠肺炎患者。截至2020年1月底，日本累计确诊新冠肺炎患者仅为14例。

2. 日本疫情从2020年2月开始步入逐步扩散阶段。新冠疫情于2020年2月开始在日本本土扩散。一方面，日本开始出现输入性病例。例如，日本于2020年1月29日开始从武汉包机撤侨，而从武汉撤回的日本侨民中发现多名乘客感染新冠肺炎。另一方面，日本虽然于2020年2月1日起在各机场口岸禁止湖北及有湖北滞留经历的旅客入境，但是由于政府前期对新冠疫情的估计不足，相关防控措施不充分，疫情开始在本土扩散。再加上钻石公主号邮轮上发生新冠疫情，日本面临的疫情防控局势骤然严峻起来。2020年2月16日，厚生劳动省大臣加藤胜信正式宣布，新

冠肺炎已经开始在日本流行。2020 年 2 月 27 日，日本出现新冠肺炎患者的地区扩大到 19 个都道府县，疫情防控进入关键时期。根据 WHO 发布的数据显示，截至 2020 年 2 月底，日本累计确诊新冠肺炎患者达到 230 例。

3. 日本疫情 2020 年 3 月之后发展迅速。2020 年 3 月开始，日本新冠肺炎确诊病例数从单日两位数开始上升到单日破百。截至 2020 年 3 月底，日本累计确诊新冠肺炎患者 1953 例。为防止疫情扩散，日本政府要求体育团体和文化团体停办活动和公演至 2020 年 3 月 15 日左右。而早在 2020 年 2 月 27 日，日本首相安倍晋三就要求日本全国中小学校暂时停课，停课时间从 2020 年 3 月 2 日直到春假（3 月底或 4 月初）结束。但是 2020 年 4 月之后，日本国内疫情扩散趋势再度加速，新增确诊人数以每 3 天约 1000 人的速度快速增长。为了应对主要城市的疫情扩散，2020 年 4 月 7 日，日本首相安倍晋三正式宣布日本进入紧急状态，时间为期一个月，进入紧急状态的城市包括大阪、神奈川、埼玉、千叶、兵库、福冈、东京等日本主要大城市。之后由于新冠疫情在日本不断扩散，日本首相安倍晋三在 2020 年 4 月 16 日再次宣布，日本所有地区均进入紧急状态。由于疫情持续的原因，在 2020 年 5 月 4 日，日本再次宣布将紧急状态延长至 2020 年 5 月 31 日。

## （二）疫情冲击下日本经济承压，经济下行风险加大

疫情在日本国内加速蔓延后，日本经济供需两端同时受到冲击。一方面，疫情在本土扩散，导致日本国内的人流、物流、资金流无法在正常状态下运转，进而影响日本国内商品（服务）的生产销售；另一方面，疫情在日本国内加速扩散的同时，也在全球范围内快速蔓延，全球公共卫生问题的暴发势必会拖累全球经济增速，进而通过外需等途径影响日本的经济增长。2020 年 4 月 23 日，日本政府发表的月度经济报告称，日本经济急速恶化，处于非常严峻的局面。这是近 10 年来日本政府首次在经济景气判断中使用“恶化”一词。

实际上，受疫情影响，2020 年上半年，日本多项经济指标持续恶化，经济下行风险不断加大。IHS Markit 公布的数据显示，2020 年 5 月，日本制造业采购经理人指数（PMI）进一步下降至 38.40（见图 7－4），恶化速度创 11 年来最快。这主要是因为受疫情冲击，日本不仅出口订单萎缩，国内需求也有所下降，工厂不得不减产运行，进而导致 PMI 及新订单、新出口订单、就业等多个分项指数均大幅下跌，企业对未来的产出预期也转为负面。2020 年 5 月，日本服务业 PMI 为 26.50，虽然较 4 月的 22.8（2007 年 9 月调查开始以来的最低水平）有所上升，但仍远低于 50 的荣枯线。疫情不仅对日本的生产造成了不小冲击，还进一步动摇了日本国内消费者的信心。日本内阁府公布的数据显示，2020 年 5 月，日本家庭消费者信心指数为 24.1，仅略高于 21.6 的历史低点。

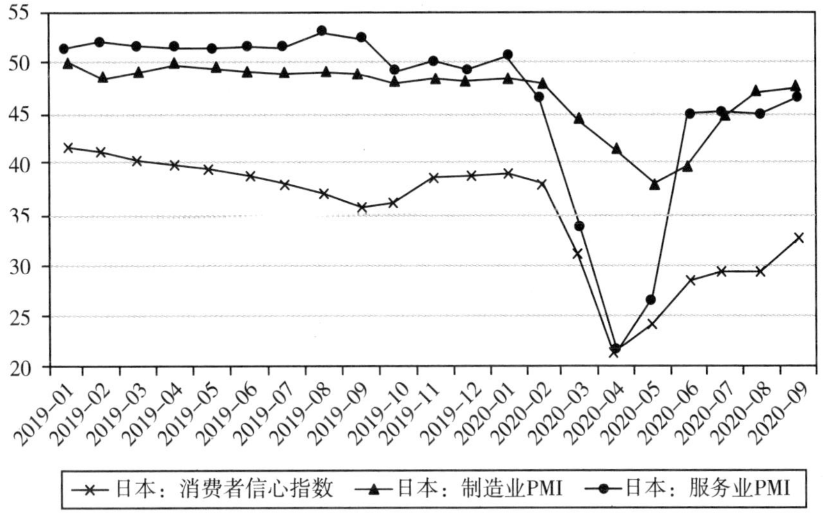


**图 7－4　2019 年以来日本 PMI 与消费者信心指数**

资料来源：Wind 数据库。

根据日本内阁府发布的数据显示，扣除物价因素后，2020 年二季度日本实际 GDP 环比下降 7.8%，按年率计算降幅为 27.8%，降幅创第二次世界大战后最差纪录。GDP 连续 3 个季度萎缩，意味着日本经济 4 年半来首次陷入技术性衰退（见图 7－5）。日本经济研究中心（JCER）资深研究员 Jun Saito 表示，疫情可能会成为压倒日本经济的最后一根稻草，并给日本经济带来最后一击，使其走向“非常严重的衰退”。

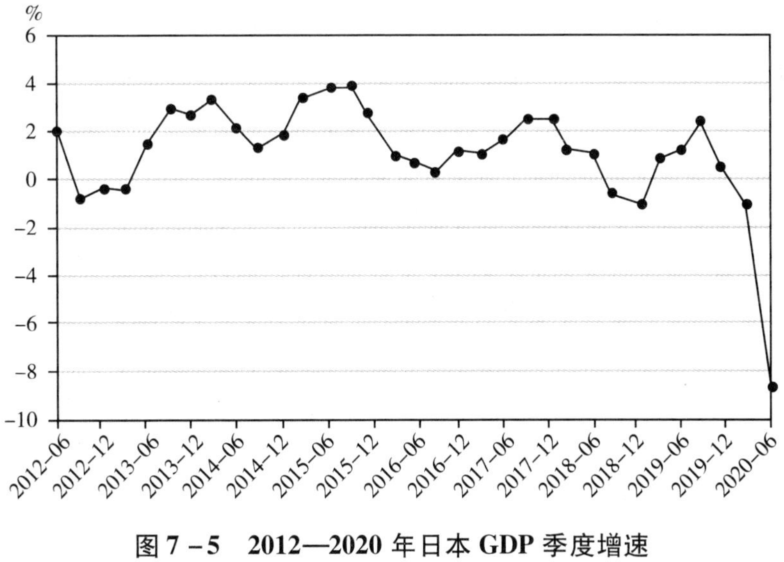


**图 7－5　2012—2020 年日本 GDP 季度增速**

资料来源：Wind 数据库。

## （三）疫情导致日本失业人数剧增，社会风险加剧

1. 疫情冲击下日本就业环境急转直下，失业风险大增。受疫情冲击影响，2020年1月开始，日本企业发布的新招聘岗位数持续减少。根据日本厚生劳动省公布的数据显示，2020年1—3月，日本企业的录用率持续下降，尤其是2020年3月的求职人数与岗位空缺的比率仅为1.39，3年半来首次低于1.4。自日本政府2020年4月初发布“紧急事态宣言”之后，更多的日本企业开始选择停业，以应对疫情带来的不利影响，抗风险能力较弱的中小企业更是采取解雇员工或停止续聘的方式应对疫情冲击，这进一步加大了日本社会面临的失业压力。据日本厚生劳动省的数据显示，截至2020年5月20日，日本因疫情而遭到解雇或停止续聘的人数为9569。从行业看，受疫情冲击最大的住宿、旅游、餐饮等服务业失业人数较多；从时间看，2020年2—5月①，日本遭解雇或停止续聘的人数分别为282、835、2654、5798，失业人数呈逐月上升态势。

由于疫情冲击带来的不确定性，日本面临的失业风险较往年大增，社会不稳定风险加剧。根据日本智库中部圈社会经济研究所发布的报告显示，在新冠疫情发生后，日本的就业环境急转直下。如果全球新冠疫情在2020年底平息，日本失业人数可能将达到301.5万，与2019年相比，日本就业人数减少率或达到4.5%，大幅超过雷曼危机后2009年的1.5%。与之相对的是，在疫情发生之前，日本就业环境绝佳。2019年，日本失业率仅为2.4%。另外，日本咨询公司大和总研的预测结果显示，如果到2020年底，全球疫情还无法得到有效控制，且日本政府不推出强有力的经济政策，日本的失业人数将达到412万—481万，失业率可能上升到6%—7%。与此相对的是，日本在2008年金融危机时期，其最高失业率也仅为5.5%。由此可见，在疫情冲击下，日本就业环境变得异常严峻，失业人口增多无疑增加了日本面临的不稳定性风险，并给未来日本经济复苏埋下隐患。

2. 疫情带来的不确定性影响日本正常社会生活秩序，东京奥运会被迫延期。应对新冠疫情，减少人员流动是最有效也是最直接的应对方法。疫情在国内加速扩散后，日本也逐渐开始加大人员流动限制力度，并通过鼓励企业远程办公、要求全国中小学校临时停课、建议普通群众疫情期间不出门等方式减少人员流动。尤其是2020年4月7日，日本首相安倍晋三正式宣布日本进入紧急状态，为期一个月，进入紧急状态的地区包括大阪、神奈川、埼玉、千叶、兵库、福冈、东京等日本主要都道府县。之后由于疫情在日本不断扩散，日本认识到在全国层面采取措施控制人员流动是必要的，于是首相安倍晋三在2020年4月16日再次宣布，日本所有地区

① 2020年5月遭解雇或停止续聘的人数数据截至5月20日。

均进入紧急状态。之后由于疫情持续，日本再次宣布将紧急状态延长至2020年5月31日。根据日本国内的相关法律法规，进入紧急状态的都道府县，其区域内的银行、超市等基本生活设施仍可以正常营业，也不会直接限制居民外出，但是当地可以根据疫情的发展情况，要求娱乐场所停业、学校停课、居民停止外出。实际上，从2020年4月8日开始，进入紧急状态的7个都道府县内的娱乐场所、电影院、商场均自发停业。另外，4月是日本学校的开学季，但是由于疫情影响，日本全国许多大学已纷纷决定推迟开学。根据日本文部科学省的数据显示，截至2020年4月6日，日本已经宣布推迟开学的全国公立大学、国立大学、私立大学、短期大学及高等专门学校占比为78.9%。

原定于2020年7月24日开幕的东京奥运会的被迫延期，则是疫情影响日本正常社会生活秩序的一个集中缩影。疫情在全球范围内快速传播，使得其他国家与地区的运动员能否来日本参加奥运会，以及日本能否在不损害本国公共卫生状况的情况下顺利举办奥运会面临巨大的不确定性，这种因疫情产生的不确定性最终迫使日本不得不宣布，将2020年东京奥运会延期1年。这也使得东京奥运会成为现代奥林匹克124年历史上首届延期举办的奥运会。

## 三、对冲政策严重损害日本财政健康度

为了化解疫情带来的公共风险，日本实施了多轮紧急经济对策，试图运用财政金融等刺激政策减轻疫情带来的负面影响。这些举措虽能在短期内降低疫情对日本经济社会的冲击，但大规模经济刺激政策引发国债增发、赤字率抬升的后果，势必进一步降低日本财政健康度，并可能产生新的公共风险。如果从疫情视角观察日本财政健康度则可以发现，日本正常情况下的财政收入难以应对公共卫生事件引发的公共风险。

### （一）实施量化宽松与多轮紧急经济对策对冲疫情影响

1. 货币政策：增加量宽规模加大对实体经济的流动性支持。

（1）加大量化宽松力度。2020年3月16日，日本央行提前召开货币政策会议，宣布采用一系列措施以维持金融市场平稳运行，并刺激信贷供应。由于日本长期实施负利率政策，已无继续降息的政策空间，会议决定维持现有-0.1%的利率水平不变，转而采取其他方式向市场投放流动性，具体包括：一是将金融商品交易所交易基金（ETF）的购买额度由每年6万亿日元提升至12万亿日元，并将房地产投资信托基金（J-REITs）的年购买规模从900亿日元提升至1800亿日元；二是买入3—10年期国债，增持商业票据和企业债券，将购买商业票据和企业债券的总额上限提

高2万亿日元，并分别以两者的未偿付金额上限（约3.2万亿日元和约4.2万亿日元）进行购买，额外的购买计划将持续到2020年9月底；三是以零利率向民间金融机构注资，通过这些机构缓解中小企业资金周转困难局面；四是央行将继续实施定量和定性货币宽松政策（QQE），未偿还的日本国债数量将以每年约80万亿日元的速度增加。

（2）宣布取消国债购买上限。2020年4月27日，日本央行召开货币政策会议，决定进一步加大货币政策宽松力度。主要措施包括：一是将企业债和商业票据的购买规模从7.45万亿日元提高到20万亿日元，购入对象债券的久期从3年延长到5年；二是扩大特别资金供给操作，将担保范围扩大到全民间债务，以帮助企业资金周转，并增加政府系金融机构参与该操作，同时日本央行将对利用该市场操作的资金付息0.1%；三是宣布无限量购买日本国债，取消每年80万亿日元的买债规模上限，以使日本10年期国债收益率维持在0左右。

2. 财政政策：实施多轮紧急经济对策。

（1）第一轮紧急经济对策。在2020年2月13日出现首个死亡病例后，日本国会于14日审议通过了应对新冠疫情扩大的第一轮紧急对策方案。该方案涉及金额约153亿日元，其中，103亿日元来自2019年度预算中的预备费。第一轮紧急经济对策的措施主要有：一是利用财政资金加大对受疫情影响的中小企业扶持力度；二是支持企业设备投资与生产，推动企业尽快从供应链受损的状态中恢复正常；三是加大对新冠肺炎疫苗的研发与投入；四是对口罩生产企业每条生产线给予最高3000万日元补助，鼓励企业尽快扩大产能，支持疫情期间短缺的口罩尽快增产。此外，日本政府还将通过政策金融公库设置5000亿日元的紧急贷款与担保额度，支持受疫情影响的中小企业。同时，日本进一步放宽了雇佣调整助成金条件，以帮助陷入经营困境的企业继续雇佣员工。

（2）第二轮紧急经济对策。由于疫情在日本本土加速扩散，日本各界对经济减速的担忧进一步加剧。为此，日本在2020年3月10日召开的新冠病毒感染对策会议上再次宣布，将出台应对新冠疫情扩大的第二轮紧急对策方案。政府将提供约1.6万亿日元用于企业融资援助，向受疫情影响的中小企业发放低息或无息贷款，并提供规模为4308亿日元的财政资金，通过向企业发放员工在家育儿补贴、雇佣补助金等方式减轻疫情带来的影响。其中，直接用于抗击病毒和加强医疗系统的经费约620亿日元，对家庭的直接补助约2240亿日元，缓解疫情对经济的冲击约1410亿日元。

第二轮紧急对策方案的具体政策措施包括：一是出台有关学校停课的配套措施。为了补偿因学生停课而停工的监护人收入损失，日本将为企业提供每人每天最高8330日元的补贴；对于灵活就业人员与自由职业者，在符合一定条件的情况下，日本将为其提供每天4100日元的定额补贴；日本还将根据实际情况为收入减少的家庭提供10万日元以上、20万日元以下的个人贷款。二是为企业提供信贷资金支持。对于销售额出现下降的中小企业，日本将设立5000亿日元的贷款额度，并通过无息贷款、无担保贷款为其提供资金支持；对于大企业，日本将通过日本国际协力银行（JBIC）为其提供约2500亿日元的金融支持，帮助企业维持正常运转。三是进一步加大雇佣调整助成金特例措施的支持力度，提高特别地区的补助率，以支持企业能够维持正常雇佣活动。四是税收延迟。个人所得税、赠与税、消费税等缴纳期限由3月中旬延迟至4月中旬，推迟受疫情影响的个人和企业纳税时间。五是创设面向个人的紧急小额贷款特例，金额为10万—20万日元，贷款不仅免息，还可以根据情况免还。

（3）第三轮紧急经济对策。由于2020年3月之后，疫情在国内加速扩散，日本政府在2020年4月7日召开临时内阁会议，正式确定了为应对新冠疫情实施的第三轮紧急经济对策。总的来看，日本将出台总规模高达108万亿日元的刺激计划，以降低疫情对日本经济社会的影响。刺激计划包括政府财政支出39.5万亿日元与向企业提供45万亿日元金融支持。这是日本有史以来发布的最大规模经济刺激方案。为了落实这一方案，日本政府还将编制补充预算，这也是日本首次在年度开始不久就编制补充预算。

第三轮紧急经济对策的主要内容包括疫情防控和疫后经济发展两方面内容。具体政策措施包括：一是对家庭和企业进行现金补助，对于处境艰难的家庭、中小微企业，政府将提供超过6万亿日元现金补助；二是对儿童的特殊补助，每户家庭除补助30万日元外，每个孩子还能获得1万日元的儿童补助，以帮助有多个孩子的家庭；三是创设首个面向企业和个体户的给付金制度，向销售额大幅减少的中小企业提供200万日元补助，向个体经营户提供100万日元补助，并减免固定资产税；四是允许企业推迟一年缴纳消费税、社会保险费等，并无须负担延迟缴纳费，延期缴纳规模为26万亿日元，以确保企业继续运转；五是确保企业和个体户能从地方银行、信用金库、信用组合等民间金融机构获得无息、无担保、还款期最长为5年的贷款，以保护就业；六是计划将雇佣调整补助的补助率提升到历史最高；七是向医疗系统拨款1.8万亿日元防止疫情扩散；八是设置1.5万亿日元的疫情对策特别预备费。

## （二）疫情冲击降低日本财政健康度

1. 引发增发国债，进一步降低日本财政健康度。与以往应对经济危机类似，为了应对疫情对日本经济社会造成的巨大冲击，日本不得不再次出台大规模经济刺激政策，这势必导致日本大幅增加财政支出。以日本出台的108万亿日元刺激计划为例，其中，直接财政支出高达39.5万亿日元，占日本GDP的7%，超过2008年金融危机期间日本财政支出的两倍。为了确保财政收入能够支持刺激计划的实施，日本政府计划发行16.8万亿日元国债，其中，赤字国债规模约为14.5万亿日元，这也是2012年第二次安倍内阁成立以来，首次因采取经济对策而发行赤字国债。根据日本财务省公布的数据显示，2020财年日本预算收入为102.66万亿日元，其中，新发行国债为32.56万亿日元，预算收入中国债占比为31.7%（见图7－6）。如果再加上日本为保证刺激计划实施而额外发行的16.8万亿日元国债，那么2020年日本新发行国债将增加至49.36万亿日元，预算收入中国债占比则进一步提高到41.32%。由此可见，日本政府为应对疫情而采取的经济刺激措施，迫使其不得不再次借助增发国债来弥补财政收入，而这会进一步加大日本财政收入对债务的依存度，并损害日本财政健康度。

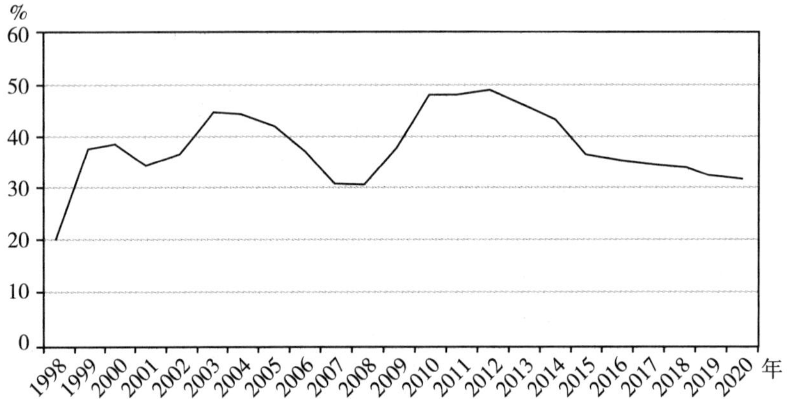


**图7－6　1998—2020年日本预算收入中国债占比**

资料来源：日本财务省。

2. 抗疫刺激政策抬升日本赤字率，财政健康化目标暂难实现。为了应对疫情给经济社会带来的不确定性，日本政府出台了一系列抗疫措施，包括给各类企业提供低成本融资以维持企业正常运转降低失业，向国民直接发放现金补贴支持居民消费，鼓励社会采取远程办公适应抗疫需要，等等。尽管如此，还是无法完全消除疫情对日本经济社会造成的不利影响。2020年6月24日，国际货币基金组织（IMF）在其发布的最新一期《世界经济展望报告》中就明确指出，疫情将导致日本经济多项指标出现明显下滑，预计2020年日本实际GDP同比下降5.8%，这意味着2020年日本GDP将再度降至5万亿美元以下。而在2020年2月10日，IMF预测2020年日本实际经济增长率为0.7%，彼时疫情尚未在日本本土蔓延。国际评级机构穆迪的预测则更加悲观，认为疫情对日本造成了自2008年全球金融危机以来的最大冲击，预计2020年日本实际GDP将萎缩6.5%。与此同时，日本政府出台的一系列抗疫措施中有不少涉及财政支出，在疫情引发经济增长下滑导致财政收入减少的同时，抗疫需要又不得不增加财政支出，这势必会进一步抬升日本赤字率。根据 IMF 公布的数据显示，2020 年日本赤字率将达到 14.7%（见图 7－7），较 2019 年上升近 12 个百分点，创历史新高。由此可见，在疫情冲击下，日本赤字率抬升已成确定性事件，日本政府提出的财政健康化目标实现时间将再次延后。

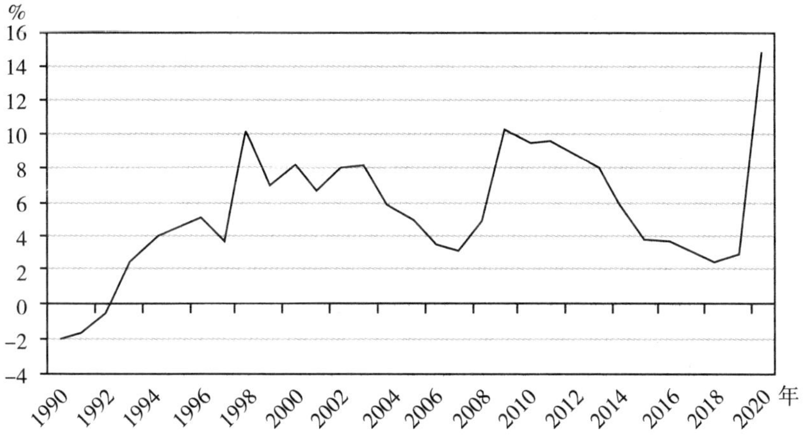


**图 7－7　1990—2020 年日本赤字率**

资料来源：IMF。

## （三）疫情视角下日本财政健康度再评判

1. 日本税收收入难以应对公共卫生事件引发的公共风险。2009 年以来，日本税收收入逐步从低位反弹。特别是日本政府为了弥补税收收入的不足，分别在 2014 年与 2019 年两次上调消费税率，使得消费税增收成为日本近年来税收收入增加的重要原因。根据日本财务省公布的数据显示，日本 2020 年税收收入有望达到创历史新高的 63.5 万亿日元。尽管如此，这也仅仅略超 1991 年的税收收入水平（60.2 万亿日元）。与此同时，30 年间，日本政府一般会计预算支出从 1991 年的 70.35 万亿日元快速增长到 2020 年的 102.66 万亿日元（见图 7－8）。在一般会计预算支出快速增长、税收收入增长缓慢的背景下，日本一般预算支出与税收收入间的缺口进一步扩大。这表明，即使在正常情况下，日本的税收收入都已经越来越难以覆盖政府不断增加的各项支出，如果再考虑疫情拖累日本经济增速进而减少税收收入，以及日本为应对疫情而额外增加公共支出等因素的影响，日本的税收收入势难应对由公共卫生事件引发的公共风险。

2. 增发国债老路致日本实现财政稳健目标越发困难。日本由于税收收入难以应对公共卫生事件引发的公共风险，因此，为化解因疫情引发的公共风险，唯有再次借助“屡试不爽”的增发国债老路。这虽能在短期内为应对疫情筹集需要的资金，但势必会再次加重日本本就沉重的债务负担。另外，债务的积累也不利于日本财政保持稳健水平，并成为影响日本财政健康度的潜在风险。实际上，日本财政支出结构中，国债费用的攀升与政府长期以来的过度发债有关。20 世纪 90 年代泡沫经济破灭后，日本经济增速长期低迷，导致税收收入增长缓慢，而为了应对财政支出的刚性增长以及实施经济刺激政策的需要，日本多次采用发行国债的方式扩大财政支出。但是由于自身经济结构的原因，日本财政支出乘数连年下降，通过发债方式刺激经济增长的效果也日渐式微。与此同时，债务的积累导致政府债务规模越来越大，债务负担率和债务依存度持续攀升，并使得日本政府陷入了“发新债偿旧债”的恶性循环，债务清偿支出也成为仅次于社会保障支出的第二大支出项目。这些都表明日本政府债务风险积聚已经成为其不容忽视的财政风险。为了应对此次新冠疫情带来的公共风险，日本政府再次选择增发国债的老路补充公共收入，这势必导致日本财政健康度的进一步下降，并使得日本实现财政稳健目标越发困难。

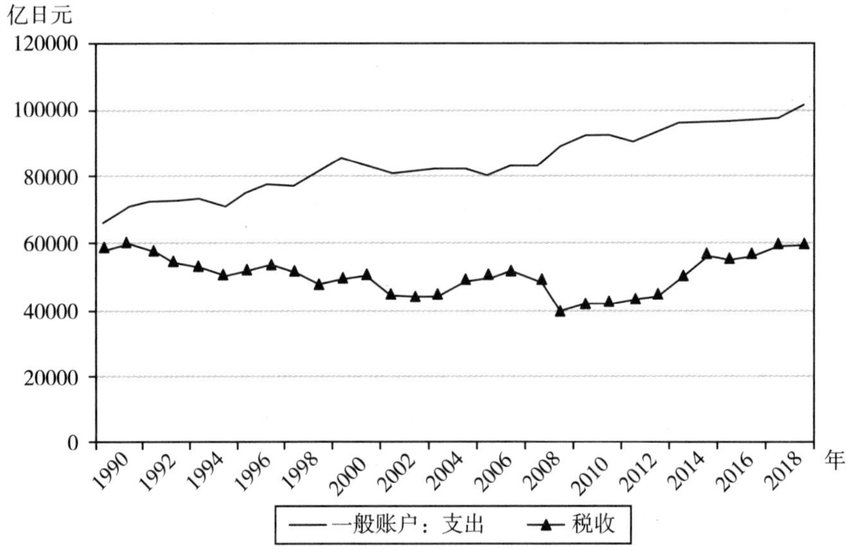


**图 7－8　1990—2020 年日本一般会计预算支出及税收收入**

资料来源：日本财务省。

3. 出台中期财政计划加强财政改革以提高财政健康度。日本曾多次尝试用改革解决自身存在的财政问题，出台中期财政计划加强财政整顿就是日本提高财政健康度的重要举措。日本最早与中期财政计划类似的制度，是桥本内阁于 1996 年 12 月制定的《财政构造改革法》，它确定了一个多年期的支出削减计划。为了重建财政，目前执政的安倍内阁曾于 2013 年 8 月发布《中期财政计划》，该计划对日本财政健全提出了三大目标：一是 2015 年的基础财政收支赤字占 GDP 的比重较 2010 年降低一半以上；二是提出 2020 年实现基础财政收支平衡目标；三是累计债务占比稳定下降。不过，由于计划执行的不顺利，安倍内阁在 2018 年 6 月不得不把实现基础财政收支平衡的时间推迟到了 2025 年。虽然疫情大幅改变了日本的财政状况，但日本暂未考虑再次修改财政健全化目标。实际上，中期财政计划的本质是设置一个“支出规模天花板”，严格财政纪律，并通过影响财政预算，提高财政健康度。虽然从实际运行状况看，日本出台的中期财政计划执行效果并不理想，但是不能就此否认中期财政计划的作用。因为如果没有中期财政计划，日本的财政健康状况很可能比现在更差，财政应对公共风险冲击的能力也将更弱。

## 四、小结与启示

在新冠疫情暴发前，日本财政就面临收入增长缓慢、过度依赖赤字与国债、支出结构固化等问题，财政健康状况不容乐观。新冠疫情的暴发，进一步降低了日本财政健康度。剖析疫情发生前后日本财政健康度的状况，可为我国今后的财税改革提供如下经验借鉴。

### （一）用风险思维推动财政改革，为不确定性预留足够财政弹性

世界的本质是不确定性。目前，人类已经步入风险社会，各种风险事件的发生概率与过去相比明显上升。财政作为国家治理的基础和重要支柱，主要手段之一就是以承担适度的财政风险来对冲公共风险，从而保障市场主体和人民群众的利益。但是，在对冲公共风险过程中，由于风险事件本身发展的不确定性，可能会发生政策用力过猛的现象，从而导致政府债务膨胀与赤字规模上升，进而使得财政可持续性下降。因此，在今后推动财政改革的过程中，要运用风险思维，在经济复苏与繁荣期时尽可能地节约政策空间，以预留足够财政弹性应对不确定的风险事件。

### （二）加快税制改革，为应对人口老龄化提前做好政策储备

中国的人口老龄化问题在 20 世纪末和 21 世纪初就已经有所显现。2019 年，中国老年人口占总人口的比例已经达到 12.6%。未来一段时间内，中国老龄化程度加深将是一件确定性事件，而老龄化程度的持续提高，势必要求不断扩大相关公共支出规模。对此，我国要加快税制改革步伐，为应对老龄化预留足够财政空间。一方面，要通过包括降低企业养老保险缴费负担在内的减税降费举措释放市场活力，推动经济增长，以“放水养鱼”扩大税基的方式增加税收收入；另一方面，要加快建立与人口老龄化相适应的税收制度，为应对人口老龄化提前做好政

策储备。与此同时，单纯依靠政府财政不仅无法较好解决养老问题，还会增加政府财政负担。因此，还需尽快建立和完善多层次养老体制，让商业养老保险发挥更多更大的作用。

### （三）严防债务风险过快上升，避免财政陷入过度发债的路径依赖

在面临公共风险或经济下行风险时，日本政府通常会出台大规模刺激政策，由此带来的额外财政支出，往往超过了日本财政收入的承受能力。对此，日本政府多会通过增发国债的方式弥补财政缺口。不过，由于财政收入过于依赖发债，导致日本政府债务规模快速膨胀，这让日本政府“背上”了沉重的债务负担。为了偿还债务与利息，日本政府又不得不再次通过发行国债的方式筹集收入，进而陷入了“发债—偿债—发债”的恶性循环。虽然目前中国的政府债务率在国际上处于较低水平，但近几年中国债务增速明显加快，并存在不少隐性债务。因此，中国要时刻关注自身债务问题，严防债务规模过快增长，避免财政陷入过度发债的路径依赖。

### （四）进一步完善中期财政规划管理，实现财政可持续发展

虽然日本的中期财政规划执行得并不顺利，发挥的作用也较为有限，但不能忽视中期财政规划在推动财政可持续发展方面的作用。中期财政规划是预算收支安排超过一年的财政计划，通过采取宏观预测、明确发展战略、强化预算上限和进行绩效评估等措施，优化财政资金配置方式，是克服年度预算局限性的有效机制。实行中期财政规划是建立现代财政制度、完善国家治理体系的重要内容，将更好地加强完善财政管理，发挥财政的基础性支撑性作用，推动政府将年度决策和中期决策相结合，使政府决策更长远，有利于规范政府行为和转变政府职能。因此，我国有必要进一步完善中期财政规划管理，实现财政可持续发展。

### （五）加强风险管理，树立基于风险决策的财政政策新思维

在本土出现疫情后，日本政府并未高度重视其可能带来的公共风险，导致疫情在国内加速蔓延，并使得日本面临的疫情风险、经济风险、社会风险不断加大。最终日本不得不出台大规模财政刺激政策对冲疫情冲击，虽然“亡羊补牢”为时未晚，但日本错过了化解公共风险的最佳时机。鉴于此，中国要加强风险管理，尽快树立基于风险决策的财政政策新思维。一方面，中国要学会从公共风险管理中看待财政政策；另一方面，中国在制定、调整和完善财政政策的过程中，要把公共风险纳入政策分析框架，提高财政政策的有效性。在如今的风险社会中，财政政策不仅要对冲经济领域的风险，还要对冲公共卫生等社会领域的风险。

## 本章参考文献


1. 刘尚希．公共支出范围：分析与界定［J］．经济研究，2002（6）．

2. 李清如，消费税改革与日本平成时期经济社会变迁［J］．国际税收 2020（2）．

3. 日本全国进入紧急状态，“安倍经济学”如何应对疫情影响?．财经．http：//news. caijingmobile. com/article/detail/415290．

4. Cabinet Office，Government of Japan：Annual Report on the Japanese Economy and Public Finance 2019（Summary），https：//www5. cao. go. jp/keizai3/whitepaper – e/wp2019 – e. html.

5. Ministry of Finance，JAPA. 令和 2 年度財務省所管一般会計補正予算（第 1 号）概算が決まりました，https：//www. mof. go. jp/about_mof/mof_budget/budget/fy2020/hosei1_20200420. html.

6. Ministry of Economy，Trade And Industry，JAPA. METI's Support Measures for Companies Concerning the Impacts of the Novel Coronavirus Disease，https：//www. meti. go. jp/english/covid – 19/index. html.

7. IMF，World Economic Outlook，April 2020：The Great Lockdown，https：//www. imf. org/en/Publications/WEO/Issues/2020/04/14/World – Economic – Outlook – April – 2020 – The – Great – Lockdown – 49306.

8. StatisticsBureay of Japan，Implementation of Regular Surveys Taking into Consideration Countermeasures against the Novel Coronavirus Disease（COVID – 19）（Labour Force Survey，Family Income and Expenditure Survey，Retail Price Survey）.

9. http：//www. stat. go. jp/english/info/covid – 19/index. html.

# 第八章
# 一块短板影响意大利财政健康度

**本章导读：**

本章以意大利为对象，探讨疫情冲击和医疗卫生体系脆弱性对意大利财政健康度的影响。在新冠肺炎全球大流行的背景下，疫情的控制对国家发展经济至关重要，对财政收支的影响也十分重大。意大利是欧洲首个暴发疫情的国家，到目前为止，新冠肺炎的新增确诊人数和感染率得到了有效控制，但病死率一直居高不下。医疗卫生体系的一些脆弱性对意大利财政健康度造成了极大冲击。

意大利是欧洲最早暴发新冠疫情的国家，也是欧洲著名的高债国家之一。2020年2月中旬，意大利还只有3人感染新冠肺炎，之后感染病例数量显著增加。经历了夏季的平稳期后，随着欧洲整体暴发第二波疫情，意大利的疫情也急转直下，近期日新增确诊人数已达3万人以上，使得累计确诊人数3个月暴增100多万。截至2020年11月19日，意大利累计确诊新冠肺炎人数为1272352，死亡47217人，由于基数变大，病死率从14%左右的持续高位降至3.71%，跌出前10。但累计确诊7日增幅排名全球第8位，为23.727%，累计确诊人数排名重新升至全球第9位，疫情前景不容乐观。

意大利政府从2020年3月下旬开始加强限制和封锁措施，6月3日取消了国内流动和国际进出的限制。但8月初确诊病例开始增加，政府重新采取了一些遏制措施：夜总会关门，文化场所容量限制；到2021年1月底，在公共场所（包括室内和室外）必须佩戴口罩；对于不遵守防传染和检疫规定的人，罚款将提高；将快速新冠检测应用于一些欧洲国家返回的旅客，以及用于学校识别和隔离感染者，以避免整个学校关闭。

## 一、疫情发展与意大利财政健康度变化

国际评级机构对一个国家的整体评级尤其是对经济、财政实力的评级是评价一国财政健康度的重要指标。本书选取了国际货币基金组织（IMF）以及三大评级机构中的穆迪和惠誉对意大利的综合评价。其中穆迪公司2020年2月7日对意大利的定期评级，在一定程度上可以反映意大利疫情未暴发时的财政健康度状况；国际货币基金组织3月9日对意大利经济和财政的评价，在一定程度上可以反映意大利疫情暴发初期的财政健康度状况；惠誉4月28日对意大利的信用评级下调以及7月10日的确认，在一定程度上可以反映意大利疫情后期的财政健康度状况。

### （一）疫情初期穆迪的评估

2020年2月7日，穆迪宣布完成对意大利政府评级的定期审查，评估使用的主要方法是2019年11月发布的主权评级方法，意大利的长期债务信用评级为Baa3评级。Baa3是投资级别中的最低一级，意味着保证程度一般，利息支付和本金安全现在有保证，但在相当长远的一段时间内具有不可靠性，缺乏优良的投资品质。风险程度上，安全性中等，短期内还本付息无问题，但在经济不景气时风险增大。意大利短期债务评级为P-3，意味着发行人（或相关机构）短期债务偿付能力尚可。

意大利的经济实力评级为a3，反映了庞大、多样化的经济体，私人部门负债较低，但增长表现疲弱，面临重要的结构性挑战，包括生产率增长缓慢，法律和行政体系效率低下，区域差异较大。

意大利的制度和治理强度评级为a2，是该国融入欧盟和欧元区的重要因素，有着高度的法律和数据透明度标准和严密的财政监控。

财政实力评级为ba3，考虑了欧元区债务负担的增加和相对较弱的债务负担能力指标。

对风险事件的易感性评级为ba，主要反映了银行业的风险。

从图8-1可以看出意大利主权评级的历史走势。1985年意大利的主权评级还处于Aaa的最佳评级；2012年之前虽有所波动，但一直处于A区间；2012年6月评级陡降至Baa2；2018年10月进一步降至Baa3。这说明在疫情暴发之前，意大利的整体资产负债状况已经处于不佳的状态。

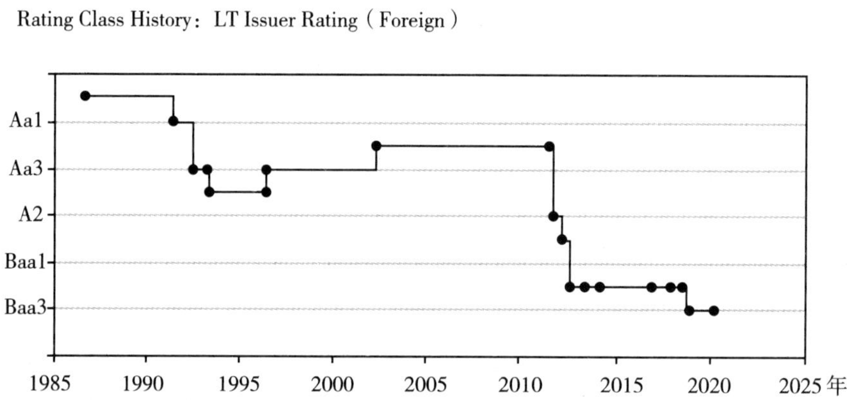


**图 8－1　意大利主权评级趋势（1985—2020 年）**

1. 新冠疫情影响意大利经济增长，但不太可能影响主权和次主权信用状况。在欧洲，意大利的“Baa3 稳定”评级受新冠病毒影响最严重。意大利确诊新冠肺炎病例主要集中在高度工业化的北部地区，已对 11 个小地方政府实施了有选择的检疫措施和旅行限制。新冠疫情的暴发使意大利经济本已疲弱的增长进一步恶化，并增加了意大利滑入衰退的风险。尽管目前影响的规模和持续时间不确定，但消费和生产很可能暂时中断。穆迪对意大利的主权评级反映了经济增长疲弱的预期，甚至在考虑到病毒的影响之前。因此，增长进一步（但暂时）放缓，不会从根本上改变穆迪的信用观察。穆迪还认为，在这个关键时刻，可能会有财政措施来减轻新冠病毒对经济的影响，但财政影响将是可控的。尽管如此，这将在很大程度上取决于危机的持续时间和严重程度。在这一阶段，穆迪的基本假设是疫情将得到控制，而且它的持续时间相对较短。

2. 经济短期内将为负增长，但应在 2020 年下半年复苏。疫情暴发之前，穆迪曾预测 2020 年意大利的经济增长只有微弱的加速，从 2019 年的 0.2% 增长到 0.5%。疫情增加了基线的下行风险。伦巴第大区、威尼托大区以及艾米利亚—罗马涅和是疫情最严重的地区，占意大利 GDP 的近 41%，占出口的一半以上。旅游业是受影响最大的行业之一，占意大利非金融经济增加值的 6% 左右。穆迪目前的假设是，疫情对经济的影响会通过私人消费减弱、投资决策推迟和出口下降来传导，将持续数周，之后将逐渐减弱，正常的经济活动将恢复，并在下半年加快步伐。这与穆迪对全球经济的观点相一致，即病毒对第一季度经济增长造成实质性影响，随后即复苏。然而，即便是这样的 V 型复苏，也可能导致意大利经济在 2020 年整体上接近停滞，凸显了在新型冠状病毒进入意大利之前，该国已然脆弱的增长状况。

3. 财政影响可能是负面的，但在中央和大区层面都是可控的。此次疫情对意大利中央和地方的财政影响可能是负面的，但总体上是可控的。意大利的预算状况相当良好，穆迪估算 2019 年意大利全国政府的预算赤字约占 GDP 的 2.2%。预计

2020年的赤字会略高，达到GDP的2.4%，任何额外费用都应在可控制的范围内。受影响的大区信用状况良好、预算做法强有力、债务较低、现金缓冲雄厚，如果疫情持续时间短，可以利用这些缓冲来减轻疫情的负面后果。穆迪期望欧盟委员会在疫情对财政的影响更为明显的情况下对意大利宽大处理。穆迪预计意大利政府将出台更全面的应对政策和支持措施，包括缓解被称为疫情“红区”、已实施隔离的11个市的企业资金短缺的措施，比如选择在“隔离期”延迟缴纳每月应缴税款或应还贷款。鉴于大区政府在医疗保健方面的支出责任，它们处于抗击疫情的前沿，医疗保健平均占大区政府预算的3/4。由于国家医疗保健基金（NHF）提供了充足的资金，意大利各大区的医疗保健体系收支总体上是平衡的。穆迪还认为，由于意大利的医疗标准高、实践做法良好，其医疗保健系统能够很好地应对这类紧急情况。疫情暴发后的一些额外支出可由各大区消化，但如果情况长期恶化，期望中央政府通过增加国家医疗保健基金进行干预。鉴于受疫情影响的地区有良好的治理，期待各地区政府能够与意大利民防保护部和中央政府迅速有效协调，确保隔离制度被完全遵从。

## （二）疫情中期IMF的评估①

1. 整体评价。意大利面临着充满挑战的前景（见表8-1）。经济急剧放缓，而实际人均收入仍比2008—2009年危机前的峰值低7%，并继续落后于欧元区其他国家。展望未来，增长预计将是欧盟最低的，反映出潜在增长乏力，并意味着实际人均收入可能要到21世纪20年代中期才能恢复到危机前的水平。负面冲击的具体化，如贸易紧张局势升级、主要贸易伙伴的增长放缓、地缘政治事件以及与新冠肺炎扩散相关的更广泛和更长期的影响，可能会导致更弱的结果。

**表8-1　　2017—2022年意大利经济指标**

| | 2017年 | 2018年 | 2019年 | 2020年 | 2021年 | 2022年 |
|---|---|---|---|---|---|---|
| 实际经济（变化百分比） | | | | | | |
| 实际GDP | 1.7 | 0.8 | 0.3 | -0.6 | 0.8 | 0.8 |
| 最终国内需求 | 1.5 | 1.2 | 0.4 | -0.1 | 0.7 | 0.7 |
| 商品和服务出口 | 5.4 | 2.3 | 1.2 | -1.9 | 5.3 | 3.2 |
| 商品和服务进口 | 6.1 | 3.4 | -0.4 | -2.0 | 4.9 | 3.1 |
| 居民消费价格 | 1.3 | 1.2 | 0.6 | 0.7 | 1.0 | 1.2 |
| 失业率（%） | 11.3 | 10.6 | 10.0 | 10.4 | 10.2 | 10.1 |

① 截至2020年3月9日。

续表

| | 2017 年 | 2018 年 | 2019 年 | 2020 年 | 2021 年 | 2022 年 |
|---|---|---|---|---|---|---|
| 公共财政 | | | | | | |
| 全国政府净借贷（占 GDP 百分比） | -2.4 | -2.2 | -1.6 | -2.6 | -2.4 | -2.3 |
| 结构总体平衡（占潜在 GDP 百分比） | -1.8 | -1.9 | -1.3 | -1.5 | -1.8 | -1.8 |
| 全国政府债务总额 | 134.1 | 134.8 | 134.8 | 137.0 | 136.9 | 136.2 |
| 国际收支平衡（占 GDP 百分比） | | | | | | |
| 经常账户余额 | 2.7 | 2.6 | 3.0 | 3.1 | 3.2 | 3.0 |
| 贸易余额 | 3.0 | 2.5 | 3.3 | 3.3 | 3.3 | 3.2 |
| 汇率 | | | | | | |
| 汇率机制 | 欧洲货币联盟（EMU）成员 | | | | | |
| 汇率（国家货币/美元） | 0.9 | 0.8 | 0.9 | … | … | … |
| 名义有效汇率：基于 CPI（2000 = 100） | 100.9 | 103.8 | … | … | … | … |

要想果断地扭转经济和社会局势，就需要广泛的政治支持来进行深层次的改革。每当意大利面临周期性的市场紧张时，该国政府都会采取纠正措施，这通常有助于缓解短期市场担忧。但长期降低债务、确保稳定和提高潜在增长的政策几乎没有得到支持。

新政府面临的挑战是，为全面改革方案提供支持，以提高潜在增长和增强韧性，当前的低利率提供了机会之窗。政府打算尽快宣布新的三年国家改革计划，包括支持投资和进一步减税的措施。政府被敦促加强结构性改革，解决工资谈判僵化、竞争壁垒、公共部门和司法效率低下等问题。在促进增长和包容性措施的支撑下，要降低公共债务，需要可信的中期财政整顿。要继续加强银行系统的稳定性及其支撑经济的能力，就必须增加实力较弱银行的资本，提高盈利能力和资产质量。

IMF 认为意大利应优先考虑工资谈判权力下放和市场自由化的改革，因为这些改革将增加投资、创造就业，并带来可观的收入增长。可以考虑制定法定最低工资，以反映各区域不同的生产力水平和生活成本。应该通过促进高附加值行业发展、消除有许多低生产率公司行业的退出壁垒，以及普遍解除企业增长的障碍，来降低竞争的监管壁垒。及时实施改革，提高公共部门的效率，改进破产和司法框架，将在中期内进一步释放意大利的潜力。加强反洗钱/打击资助恐怖主义（AML/CFT）框架，并有效实施反腐败法，也将有助于加强治理和改善营商环境。

意大利需要可信的中期财政整顿来维护稳定。养老金支出、公共债务预计在中期内仍将居高不下，在较长时期内还将上升。与此同时，如果不利冲击成为现实，债务将会更早更快地上升。因此，强烈建议在利率较低的情况下，通过立法预先制定高质量的措施，实施可信的中期整顿。逐步调整平衡，目标定位于在4—5年内实现小额整体盈余，将确保债务随着时间稳步下降。整顿应以促进增长和包容性的措施为基础。应通过维持退休年龄相对于预期寿命的指数化，确保精算公平，包括提前退休，以及调整养老金参数以确保负担能力，来遏制养老金支出压力。扶贫项目的设计应与国际最佳实践相一致，以避免对就业的抑制和对福利的依赖。

全面的税收改革将促进经济增长和劳动力参与，同时惠及中低收入家庭。应该考虑将劳动税大幅削减至欧盟平均水平，同时大幅扩大税基以抵消收入减少。在以下方面还有相当大的余地：（1）理顺个人所得税制度中的税收抵免和扣除额，特别是那些没有明确目标或不利于劳动力供给的税收抵免和扣除额；（2）简化增值税降低税率的使用，并注意分配后果；（3）更新房产估价体系，该体系给贫困家庭带来了不成比例的负担，应在明显较低的法定税率水平上解决公平问题和增加税收。打击逃税的斗争需要继续。此外，未来10年逐步提高碳税将使意大利能够实现其减排目标，所产生的收入可以用来补偿受影响的家庭或抵消扭曲性税收。

意大利主权债务的风险敞口相对较大。根据金融部门评估方案（FSAP）的调查结果，意大利政府被鼓励继续增强银行业的弹性。应继续强力挑战减少不良贷款计划，并进一步关注不可能偿还的贷款。下一步，要考虑适时加大对弱势银行的整改力度；应尽量避免将存款担保计划用于预防性措施，只在具有成功恢复和恢复长期生存能力的良好前景的例外情况下使用；在银行破产中使用公共资金应严格限于可能破坏整个系统金融稳定的例外事件；此外，应在适当的过渡期间建立更多的吸收损失的能力，以促进对不太重要的机构的有序解决或清算，特别是那些已预见到解决战略的机构。

2. 与新冠肺炎相关的发展态势。自2020年2月中旬以来，意大利新冠肺炎感染病例数量显著并迅速地增加。尽管意大利各地都有确诊病例，但大约80%的病例集中在伦巴第北部、威尼托和艾米利亚—罗马涅三个最大的经济区，占全国GDP的近40%。

意大利政府采取了坚决的遏制措施。当局近期的努力正确地集中在限制和控制新冠疫情对人类和经济的有害影响上。意大利政府还宣布了一揽子财政措施，包括增加医疗和群众防护的额外资金，对失业人员的收入支持，暂停中小企业的税收缴纳，以及为银行提供支持信贷的国家担保。欧盟委员会一直全力支持，并承认意大利的财政框架需要灵活性。

意大利资产估值大幅下降，反映出全球金融市场的态势。截至2020年3月9日，意大利10年期主权债券与德国国债的息差升至228个基点，比疫情暴发前高出

90个基点以上（2月21日）。10年期主权债券收益率升至1.4%左右。股市指数下跌了25%，银行股下跌了大约30%。

意大利2019年的财政赤字占GDP的1.6%，而实际GDP增长略高于初步估计。财政赤字率明显好于意大利政府2019年11月估计的GDP的2.2%，反映了税收收入的改善，尤其是税收合规方面的努力。其结果是税收负担增加了，公共债务/GDP比率保持不变。社会福利和公共资本支出也高于此前的估计。同时，国民经济核算的修正证实了2019年底的经济收缩。2019年实际GDP增长0.3%，略高于初步估计，主要反映了进口的贡献减弱。

鉴于疫情的发展情况，很明显，增长将会放缓，但在一段时间内，放缓的幅度可能仍然不确定。新冠肺炎的传播带来了重大经济挑战，包括企业和公共服务的关闭，更少的工作日和更少的劳动力供应，与旅游业相关的服务活动的减退，消费者和企业信心下降导致需求减少。初步指标显示，航班和旅行预订量大幅下降。外部环境也有所减弱。2020年的增长预期从0.5%修改至-0.6%。鉴于升级的禁闭措施和整个欧洲范围内暴发的疫情，经济复苏明显放缓的风险很高。中期增长预计在0.7%左右，尽管这也取决于危机持续时间和程度的不确定性。

由于对新冠肺炎疫情暴发的危机做出了必要的反应以及产生了经济影响，财政余额预测略有下降。总的来说，IMF预计2020年意大利整体赤字将占GDP的2.6%。如果新冠病毒影响持续时间较长，经济增长大幅放缓，那么赤字可能会更高。虽然修正后的预测反映了一些下行风险的具体化，但新冠肺炎的潜在传播和影响仍存在很大的不确定性。如果感染人数继续上升，可能会导致长时间的业务中断和信心恶化，从而导致经济活动进一步大幅收缩，并有可能重新点燃欧元区银行与主权信用风险之间错综复杂的关系。全球疫情暴发导致的主要贸易伙伴的持续疲软，也会进一步影响经济，就像意大利的疲软会影响其贸易伙伴一样。相应地，公共债务/GDP比率指标也会恶化。

## （三）疫情后期惠誉的评估

2020年4月28日，惠誉国际评级（Fitch Ratings）将意大利的长期外币发行人违约评级（IDR）从BBB下调至BBB-，前景稳定。意大利IDR评级的下调反映了以下主要评级驱动因素及其相对权重：

1. 债务率。降级反映了全球新冠肺炎大流行对意大利经济和主权财政状况的重大影响。惠誉预测意大利2020年GDP将收缩8%，这一基准预测的风险倾向于下行，因为它假设新冠病毒可以在2020年内得到控制，从而导致2021年经济出现相对强劲的复苏。如果出现第二波感染和全面恢复封锁措施，2020年和2021年的经济将会更加疲弱。

2020 年，意大利全国政府债务总额（gross general government debt，GGGD）占 GDP 的比率将上升 20 个百分点左右。惠誉对意大利 GGGD 与 GDP 比率的基线预测是 2020 年底达到 156%，相比之下，BBB 评级的国家目前这一比率的中值是 36%。根据惠誉的基线债务动态情境分析，GGGD 对 GDP 的比率在中期内只会稳定在这个非常高的水平，这凸显了意大利债务可持续性的风险。

稳定的前景在一定程度上反映了惠誉的观点，即欧洲央行的净资产购买计划将有助于意大利采取实质性的财政措施应对新冠肺炎大流行，并通过在短期内将借贷成本保持在非常低的水平来减少再融资风险。不过，如果意大利政府不能实施可信的经济增长和财政策略，增强人们对政府总债务/GDP 比率将逐步下降的信心，评级可能继续面临下调压力。

2. GDP 增长率。当新冠肺炎疫情冲击到来时，意大利经济已经处于弱势，2019 年实际 GDP 仅增长 0.3%（见表 8－2）。在过去两年里，意大利经济实际上已经停滞不前，2018 年和 2019 年的大部分时间里，环比增长率都在正负 0.1% 的窄幅范围内，而 2019 年第四季度则出现了收缩（－0.3%）。意大利的五年平均实际 GDP 增长率为 1%，而欧元区为 1.9%，目前 BBB 评级国家和地区的五年平均增长率为 3.6%。作为衡量债务可持续性的关键指标，意大利 2010—2019 年年均名义 GDP 增长率为 1.3%，而欧元区为 2.5%。根据世界旅游及旅行理事会的数据，意大利旅游业占 GDP 的 5.5%，这在疫情之下对增长前景构成了下行风险。

经济衰退和应对新冠肺炎大流行的经济政策将导致意大利 2020 年预算平衡出现相当大的恶化。意大利政府于 2020 年 3 月 17 日宣布了 250 亿欧元的短期财政支持措施，重点是卫生危机的直接影响。惠誉预计意大利 2020 年将出现更大规模的整体财政宽松（见表 8－3、表 8－4），包括额外的医疗支出、更低的社会保障缴款和就业保护补贴，将使 2020 年预算赤字接近 GDP 的 10%，而 2019 年预算赤字比之前预计的要好，占 GDP 的比例为 1.6%。针对私营部门的信贷担保计划可能达到 4000 亿欧元（约占 GDP 的 25%），将成为意大利的或有负债。

欧洲央行“大流行紧急购买计划”（PEPP）的规模（7500 亿欧元）和灵活性在短期内降低了意大利的再融资风险，并有助于其对危机的财政反应。债券收益率下降和量化宽松延长期限将降低利息服务负担，从而支撑信贷可靠程度。2015 年以来利率服务成本下降所创造的财政空间，并未被用于减少债务存量和为促进增长的改革提供资金。2019 年底政府总债务占 GDP 的比率为 134.8%，仅比 2015 年的水平低 0.5 个百分点。惠誉认为，长期国债收益率走低，也将降低未来政府将削减公共债务和促进增长的结构性改革作为政治优先事项的动机。

表 8 – 2　　2017—2021 年意大利主要经济指标（惠誉）

| 权重 | 定量因素 | 2017 年 | | 2018 年 | | 2019 年 | | 2020 年 | | 2021 年 | |
|---|---|---|---|---|---|---|---|---|---|---|---|
| | | 实际 | | | | 估算 | | 预测 | | | |
| 低 | 人均 GDP（美元，市场汇率） | 32292 | 32293 | 34342 | 34357 | 32839 | 32979 | 32991 | 30118 | 33218 | 31362 |
| 高 | 实际 GDP 增长（%） | 1.6 | 1.7 | 0.9 | 0.7 | 0.2 | 0.3 | 0.2 | -8.0 | 0.6 | 3.7 |
| 低 | 居民消费价格（年均变化%） | 1.3 | 1.3 | 1.2 | 1.2 | 0.7 | 0.6 | 0.8 | 0.2 | 1.1 | 0.5 |
| 中 | 全国政府赤字率（占 GDP%） | -2.4 | -2.4 | -2.2 | -2.2 | -2.2 | -1.6 | -2.4 | -9.5 | -2.7 | -6.6 |
| 高 | 全国政府债务率（占 GDP%） | 134.0 | 134.0 | 134.9 | 134.8 | 136.0 | 134.8 | 136.6 | 155.9 | 137.0 | 157.4 |
| 低 | 经常账户余额 + 净外国直接投资（占 GDP%） | 2.5 | 2.5 | 2.5 | 2.5 | 2.5 | 2.1 | 2.7 | 0.6 | 2.5 | 1.1 |
| 低 | 净外债（占 GDP%） | 54.3 | 54.3 | 46.9 | 46.8 | 48.6 | 48.9 | 49.0 | 53.6 | 48.7 | 51.6 |
| 国际货币基金组织发展分类 | | 发达市场（Developed Market，DM） | | | | | | | | | |
| 2020 年 4 月 22 日信用违约掉期（CDS）市场隐含评级 | | BB + | | | | | | | | | |

注：年度数据左侧为 2020 年 2 月 7 日的数据，右侧为 2020 年 4 月 23 日的数据。

**表 8－3　　惠誉主要评级因素及权重（意大利）**

| 权 重 | 因　　素 | 相对上次重审的变化 |
| --- | --- | --- |
| 低 | 财政融资弹性 | 稳定 |
| 高 | 公共债务可持续性 | 负面 |
| 低 | 外部脆弱性 | 稳定 |
| 低 | 银行系统能力 | 负面 |
| 低 | 政治风险/不确定性 | 稳定 |
| 高 | 宏观经济展望，政策一致性和可信度 | 负面 |
| 低 | 营商环境和竞争力 | 稳定 |
| 低 | 其他因素 | 稳定 |

**表 8－4　　意大利的优势和弱势**

| 因素 | 状态 | 趋势 |
| --- | --- | --- |
| 宏观经济 | 弱 | 负面 |
| 公共财政 | 弱 | 负面 |
| 外部融资 | 中性 | 稳定 |
| 结构问题 | 强 | 稳定 |

3. 其他主要评级驱动因素。评级还由意大利多样化、高附加值的经济所支撑，意大利的人均国民总收入（GNI）、治理和人类发展指标远远强于同类群体的中位数。

惠誉预计意大利 2021 年 GDP 将增长 3.7%，反映出疫情冲击后的技术反弹。鉴于经济基本面的疲弱，2021 年后的复苏力度有很大的不确定性。意大利在 2008 年全球金融危机后的糟糕表现也是一个警示信号。到 2012 年，损失的产出只有大约一半得以恢复。意大利私营部门有一些缓冲，可以抵御经济前景在短期内的急剧恶化。自 2012 年以来，意大利家庭和企业部门的财务平衡都有所改善。家庭债务极低，2019 年第三季度为 GDP 的 53%，金融财富净值（金融资产减去金融负债）为 GDP 的 195%，远高于整个欧元区的水平（153%）。

与大多数发达国家类似，意大利在新冠肺炎大流行的最初几周展现出广泛的政治凝聚力。五星运动党和民主党联合政府的支持率有所上升，总理孔特的支持率达到就职以来的最高水平。然而，政治紧张局势在最近几周重新浮出水面。惠誉认为，随着封锁措施逐渐放松，政治紧张局势将加剧，政治焦点将转向经济以及欧洲对危机的共同应对。

2020 年 4 月 23 日，欧洲部长理事会授权欧盟委员会起草建立“复苏基金”计划，以支持疫情后的复苏。欧盟委员会还同意设立临时失业再保险计划（SURE），由欧洲投资银行和欧洲稳定机制（ESM）的预防性信贷额度（价值为每个国家GDP的2%且无附加条件）支持的250亿欧元的泛欧担保基金出资。迄今为止，欧洲层级关于如何解决卫生危机经济后果的决定在意大利具有政治敏感性。意大利政府似乎对2020年2月举行的欧盟峰会的结论表示欢迎，但意大利各政党在使用欧洲稳定机制方面的政治分歧可能会持续下去。

“复苏基金”将针对欧洲受影响最严重的部门和地理区域，包括意大利。惠誉了解到，欧盟成员国之间在该基金的融资问题上存在分歧，特别是在该基金是否将以赠款或贷款的形式提供援助方面。其他不确定因素包括基金的规模、支付速度及其对促进广泛复苏的有效性。

意大利政府债务的平均期限为6.96年，为吸收短期市场冲击提供了缓冲。由于中长期债券的年平均发行收益率为1.6%，债券平均成本从2012年的峰值4.4%下降到2019年的2.5%。自2000年3月18日欧洲央行宣布“大流行紧急购买计划”以来，意大利10年期国债收益率在3月中旬飙升后一直低于2%。

意大利2019年经常账户盈余估计将占GDP的3.0%，惠誉预测2020年和2021年经常账户盈余将占GDP的1%左右，而目前BBB评级的贸易逆差中值为GDP的1.8%。意大利的净国际投资头寸（NIIP）从2013年底的峰值（GDP的-23.3%）降至2018年底的接近平衡（GDP的-4.7%）。意大利2019年净外债（不包括股票和投资基金份额）占GDP的51.7%，而“BBB”评级的中值为6.6%。

新冠肺炎疫情发生后，意大利银行业的前景相对于此前的预期有所恶化，此前预计银行业的表现将在2020年企稳，资产质量将进一步改善。惠誉已将意大利银行业的行业展望从“稳定”下调至“负面”，并将银行经营环境评估展望由2020年3月的稳定修正为负面。深度衰退可能会放大信贷质量风险，对银行业的收入和盈利能力构成压力。政府对企业和家庭部门的支持措施，包括对中小企业贷款的政府担保，应能够在一定程度上支持资产质量，并在一定程度上减轻对银行的不利影响。

环境、社会和治理（ESG）之治理。意大利的ESG相关性分数为5，包括政治稳定和权力、法治、体制和监管质量、控制腐败。这些分数反映了世界银行治理指标（WBGI）在惠誉专有的主权评级模型中的高权重。意大利的WBGI得分是67.5（百分制），反映出较强的制度能力、有效的法治和较低的政治稳定性得分。

2020年7月10日，惠誉国际评级再次确认了意大利的BBB-信用评级，前景稳定。惠誉最新预测意大利2020年经济萎缩9.5%，2021年和2022年分别复苏4.4%和2.1%。高企的政府债务和结构性疲弱的经济增长，将继续对该评级构成压力。预计2020年意大利预算赤字将超过GDP的10%，2021年将保持在6%以上。2020年第二季度意大利的失业率为7.8%，低于第一季度的8.9%。政府工资补贴计划推迟了劳动力市场的调整，预计失业率在2020年达到11.2%之后，在2021年达到 11.6% 的峰值。

欧洲央行大规模紧急购买计划（PEPP）的灵活性以及扩大规模至 1.3 万亿欧元降低了中短期的再融资风险，并有助于通过降低债券收益率来促进财政应对危机。截至 2020 年 5 月，PEPP 购买了 374 亿欧元的意大利主权债券，占总额 1866 亿欧元的 20%，而意大利对欧洲央行的出资比例为 14%。

欧洲央行的资产购买直接降低了债务收益率，从而降低了主权国家的利息负担，并通过使意大利央行增加利润，间接产生重大影响。惠誉估计，意大利央行每年将获得约 100 亿欧元（占 GDP 的 0.6%）的“量化宽松额外利润”，而且只要欧洲央行继续进行再投资，且利差维持在当前水平，这种利润增长可能会在未来几年持续。

## 二、财政健康受累于医疗卫生体系脆弱性

在新冠肺炎全球流行的背景下，疫情的控制对国家发展经济至关重要，对财政收支的影响也十分重大。意大利是欧洲首个暴发疫情的国家，到目前为止，新冠肺炎的新增确诊人数和感染率得到了有效控制，但病死率一直居高不下。医疗卫生体系的一些脆弱性对意大利财政健康度造成了极大冲击。

### （一）意大利医疗卫生体系概述

意大利人的健康状况总体良好，出生预期寿命是欧盟第二高，2017 年为 83.1 年，比欧盟平均高 2 年多，仅次于西班牙。心血管疾病是意大利人死亡的主要原因，肺癌和结肠直肠癌是最常见的癌症死亡原因，阿尔茨海默症死亡率显著上升。意大利老龄化严重，2017 年超过 1/5 的意大利人年龄在 65 岁及以上，高于 1980 年的 1/8，2050 年这一比例预计上升至 1/3 左右。

2008—2009 年的经济危机之后，意大利医疗支出最初有所下降，但近年来一直保持稳定。2017 年，医疗支出占意大利 GDP 的 8.8%，低于欧盟平均 9.8% 的份额。近 3/4 的医疗支出是由公共资金提供的，其余部分自付。这一比例低于 2010 年的 79%，也低于欧盟目前的平均水平 79%。2017 年，意大利的人均医疗支出为 2483 欧元，比欧盟平均水平 2884 欧元低约 15%。近年来医疗支出开始再次增长，但增速低于大多数欧盟国家。在经济危机后，许多医疗服务和药品引入了新的共同支付，自付费用随之增加。意大利未被满足的医疗需求普遍较低，有一些地区的低收入群体和居民获得某些医疗服务的障碍较大。

尽管各地区之间存在显著差异，但意大利的医疗保健系统总体上是高效的，能够以相对较低的成本提供高质量的医疗服务。意大利的医疗系统在避免过早死亡方面相对有效，是欧盟中可预防、可治疗疾病死亡率最低的国家之一。医疗系统面临

的主要挑战是患有慢性疾病的人口比例越来越高，需要加强其护理方面的协调，还有就是减少获得医疗保健的差距。

意大利与欧盟的人口基本情况对比如表 8 –5 所示。

**表 8 –5　　意大利的人口和社会经济背景（2017 年）**

| 人口因素 | 意大利 | 欧 盟 |
| --- | --- | --- |
| 人口数量（万） | 6053.7 | 51187.6 |
| 65 岁以上人口比例（%） | 22.3 | 19.4 |
| 生育率 | 1.3 | 1.6 |
| 社会因素 | | |
| 人均 GDP（欧元，购买力平价） | 28900 | 30000 |
| 相对贫困率（%） | 20.3 | 16.9 |
| 失业率（%） | 11.2 | 7.6 |

注：相对贫困率指生活在相当于可支配收入中位数 60% 以下的人口比例。

资料来源：欧盟统计局数据库。

意大利医疗系统的特点是分权的、以大区为基础的国家医疗服务（NHS）。中央政府将一般税收收入用于公共资助的医疗保健，制定福利计划，并进行全面管理。每个大区负责透过本地医疗单位、公营及认可私营医院组织和提供医疗服务。医疗服务覆盖所有公民和合法的外国居民。覆盖范围是自动和普遍的，医院和医疗服务一般是免费的。

2017 年，意大利公共支出占医疗卫生支出的 74%，占国内生产总值的 6.5%。尽管基本福利计划涵盖广泛的服务，但家庭直接自付（OOP）的金额相对较高，占总费用的 24%，弥补了大部分剩余的费用。私人健康保险只占一小部分，仅占总医疗支出的 2% 左右。

意大利的国家医疗服务主要是通过一般税收提供资金，辅之以大区企业和个人所得税的收入，以及病人直接支付的共同费用。各大区不同的财政能力和医疗系统效率水平令人担心，较贫穷或表现较差的地区没有能力在不增加大区税收或出现赤字的情况下提供高质量的医疗保健服务。尽管如此，通过非常严格的支出控制，大多数地区近年来已设法保持其医疗预算平衡。

患者的显著区域间流动是全国各地医疗服务提供不平等的指标之一，在非居住大区接受治疗病人的比例从 2001 年的 7% 上升至 2016 年的 8.5%，选择在非居住大区接受治疗的南方病人的比例几乎是北方的两倍。医疗费用标准在意大利各地都是通用的，但不同大区的费率和豁免各不相同。

## （二）意大利医疗卫生体系的脆弱性分析

1. 医生结构老化，护士数量较低。意大利人均医生数量高于欧盟平均水平，2017 年分别为每千人 4.0 个和 3.6 个医生，但在公立医院工作和作为全科医生的人数正在下降，而且超过一半的医生年龄在 55 岁以上，引发了人们对未来医生短缺的严重担忧。意大利雇佣的护士几乎比所有西欧国家都要少（西班牙除外），数字远远低于欧盟的平均水平，意大利是每千人 5.8 个护士，欧盟是每千人 8.5 个护士。

2. 培训和招聘新医生方面存在瓶颈。尽管意大利的人均医生数量仍然高于欧盟的平均水平，但目前执业医生的年龄构成令人担忧医疗系统是否有能力应付未来的医疗需求。2017 年，意大利超过一半的执业医生年龄在 55 岁以上，为欧盟最高比例。

培训和招聘新医生以取代即将退休的大量医生所面临的瓶颈，加剧了人们对未来医务人员可用性的担忧。这些瓶颈还导致大量医学毕业生和年轻医生移民外流，开始他们的职业生涯。

2010—2016 年，意大利医学院的毕业生人数从 6700 增加到 8000 多。然而新毕业生中的许多人无法找到完成实习和专业培训的地方，因为名额的数量被限制在显著低于毕业生人数的水平，所以许多人决定出国完成专业培训。此外，由于意大利医生的入门级工资非常低，在每月 2000 欧元和 2500 欧元之间，即使是普通外科医生也是如此。因此一些在意大利新培训的医生也移居到了国外，以获得更好的工作机会。2010—2018 年，超过 8800 名医学毕业生或受过全面培训的医生移民到欧洲其他地方寻找实习或常规职位。在此期间，只有 1100 名外国训练的医生流入，轻微抵消了流出的数量。

有限的新医生供应正在使一些地方医疗单位和医院信托机构的能力吃紧，无法填补空缺职位，从而造成越来越严重的医生短缺。为了提高就业合同的吸引力，意大利政府于 2019 年颁布了一项法令，在发放永久性合同以取代即将退休的医生方面，为各大区提供了更大的灵活性。

3. 日间手术大量增加，医院容量减小。与几乎所有欧盟国家的趋势一致，2000 年到 2017 年，意大利人均医院床位数量下降了约 30%，为每千人 3.2 张，远低于欧盟平均水平。出院人次与病床数目同步减少，而平均住院时间（ALOS）则略有增加，原因是病情较重的病人在医院接受治疗，较轻的病人越来越多地使用门诊护理。

近几十年来，日间手术的发展一直是优先事项，是出于减少医院资源不必要使用的考虑，以及对大多数患者尽快回家的偏好做出反应。自 2000 年以来，意大利日间白内障手术、腹股沟疝修补术和扁桃体切除术的比例显著增加，目前至少与欧盟平均水平持平，甚至可能更高。但是，仍有可能进一步取得进展，达到北欧国家和英国等领先国家所达到的水平。

## （三）医疗卫生体系脆弱性对意大利财政健康度的影响

1. 医疗卫生体系脆弱性放大疫情公共风险。从上文可以看出，意大利的整体医疗状况属于良好，但在应对疫情的准备方面，能发现四个明显的不足：一是医生整体年龄偏大；二是护理人员不足；三是为了满足人们不爱住院的习惯，日间手术增多，医院容量减少，造成应急情况下的床位不足；四是国内政策不到位，造成医护人才的流失。

如图 8－2 所示，德国重症监护床位为 33.9 个/10 万人，而意大利为 8.6 个/10 万人，德国几乎是意大利的 4 倍，这也是德国新冠疫情病死率远低于意大利的原因之一。

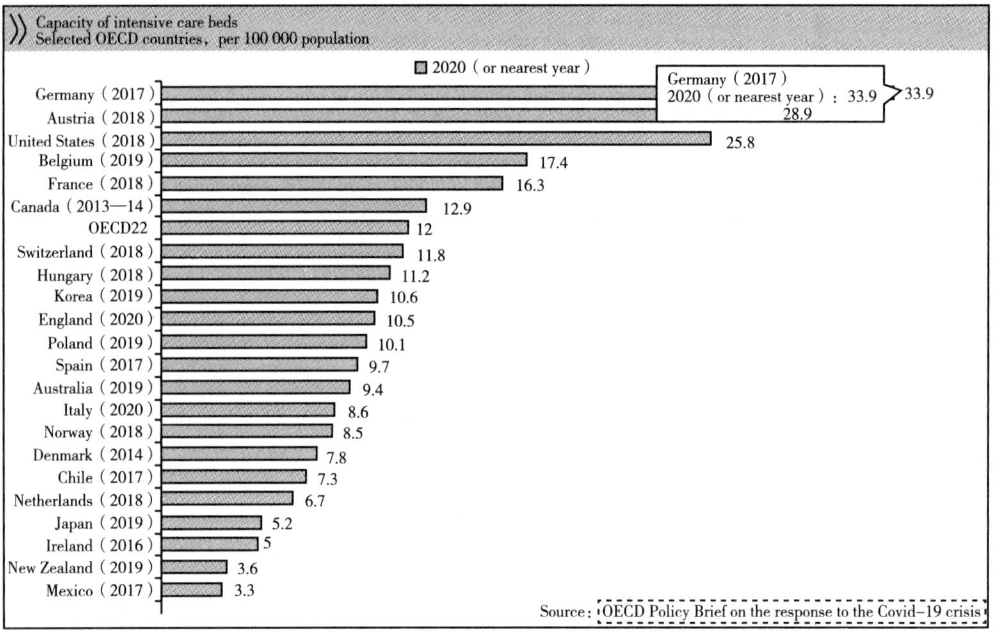


**图 8－2　部分 OECD 国家重症护理床位情况（每 10 万人）**

注：从高到低依次为德国、奥地利、美国、比利时、加拿大、瑞士、匈牙利、韩国、英国、波兰、西班牙、澳大利亚、意大利、挪威、丹麦、智利、荷兰、日本、爱尔兰、新西兰、墨西哥。

资料来源：http：//www. oecd. org/coronavirus/en/。

意大利疫情反复，病死率一度排名全球第二，这其中的原因值得深思。除了生活习惯、老龄化、未及时限制旅游业之外，一个重要的原因是伦巴第、艾米里亚—罗马涅和威尼托这三个北部重灾区疫情极其严重，对当地医疗体系造成巨大冲击，导致医疗体系崩溃，造成了大量死亡病例。医疗体系的崩溃，一定程度上可归因于其原本存在的脆弱性，使得疫情更加难以控制，疫情造成的公共风险被放大。政府不得不投入更多资金，用于公共卫生、工资补贴等，从而加剧了财政健康度的恶化。

2. 不得不加大财政政策力度，对冲放大的疫情公共风险。2020 年 5 月 20 日，欧盟委员会提出了“国别具体建议”，为所有欧盟成员国提供经济政策指导，重点关注疫情带来的最紧迫挑战和重新启动可持续增长。欧盟委员会的最新援助计划约为 5400 亿欧元，约为欧盟 27 个成员国 GDP 的 4%。欧盟预算的主要援助措施总额约为 370 亿欧元，占 2019 年欧盟 27 个成员国 GDP 的 0.3%。欧盟的金融援助主要是一些资产购买计划，以及降低了长期再融资利率。

2020 年 7 月 21 日，经过艰苦谈判，欧盟 27 个成员国就“欧盟下一代”（NGEU）复苏基金达成一致，将提供总计 7500 亿欧元的资金，其中 3900 亿欧元以无偿拨款形式发放，3600 亿欧元以低息贷款形式发放。70% 的无偿拨款将于 2021—2022 年发放，剩余的将于 2023 年发放。2021—2022 年，无偿拨款的分配将与 2015—2019 年平均失业率等指标挂钩，2023 年的拨款分配将与前两年 GDP 的下降幅度挂钩。意大利是“复苏基金”的最大净受益者，预计将获得该基金的 28%（约 2090 亿欧元），其中 820 亿欧元为补贴，1270 亿欧元为贷款。

在欧盟疫情应对措施支持的基础之上，意大利的财政金融疫情应对措施和大多数西方国家一样，主要集中在四个方面：（1）各种类型的工资补贴、托儿补贴、病假补贴；（2）暂停偿还债务，包括个人和企业；（3）税款、社会保险、生活缴费的延迟缴纳，以及税收减免；（4）提供流动性和稳定证券市场。在欧盟委员会承认疫情使意大利的财政框架需要灵活性的情况下，意大利在财政方面，已分三次投入，总额为 1050 亿欧元，合计占 2019 年 GDP 的 6.5%。根据惠誉的 2020 年 6 月 3 日的统计，意大利的财政措施加上财政担保和准财政措施的总额达到了 GDP 的近 30%，如图 8 - 3 所示。

（1）意大利国内货币和宏观金融措施。除欧盟货币金融措施外，实施了“治愈意大利”方案和流动性法令紧急措施，其中的关键措施有：一些家庭和中小企业暂停偿还贷款，包括抵押贷款和透支贷款；向所有企业贷款提供政府担保；以递延所得税活动的形式对金融和非金融企业进行激励；对国家开发银行（CDP）提供 5 亿欧元的政府担保，以支持向银行发放贷款和提供流动性，使银行能够为大中型企业提供融资；出口商共同保险计划。

参照欧洲央行（ECB）和欧洲银行管理局（EBA）采取的举措，意大利央行（Bank of Italy）宣布了一系列措施，以帮助其监管下的银行和非银行中介机构。包括在选定的资本和流动性要求之下临时操作的可能性，延长一些报告义务的期限，重新安排现场检查的日程。

2020 年 5 月 20 日，为鼓励使用债权作抵押，鼓励向中小企业贷款，意大利央行扩大了“额外债权框架”，纳入了与新冠肺炎相关的公共部门担保支持的贷款。

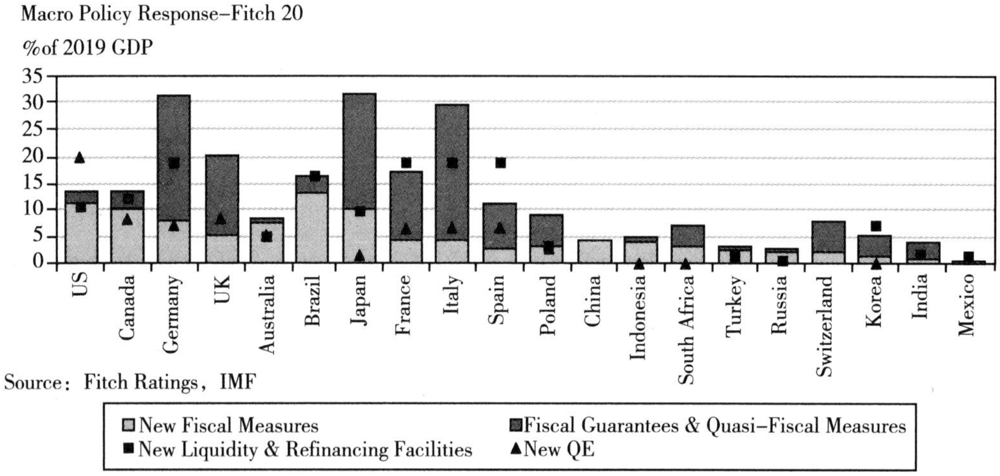


**图 8－3　主要经济体疫情应对宏观政策投入占 GDP 比例**

注：依次为美国、加拿大、德国、英国、澳大利亚、巴西、日本、法国、意大利、西班牙、波兰、中国、印度尼西亚、南非、土耳其、俄罗斯、瑞士、韩国、印度、墨西哥。

下方浅色为财政投入，上方深色为财政担保和准财政措施。

资料来源：惠誉官网，国际货币基金组织网站。

IVASS（保险监管机构）遵循欧洲保险与职业养老金监管局（EIOPA）的建议，要求保险公司谨慎支付股息和红利，以保护资本状况；要求保险公司每周提供最新的偿付能力比率。

意大利证监会（CONSOB）要求禁止卖空所有股票 3 个月，并降低了需要传达参与上市公司信息的最低门槛。这些措施旨在控制金融市场的波动，并加强在证券交易所上市的意大利公司的持股透明度。

不太重要的银行和非银行中介机构被允许暂时在第二支柱指南、资本留存缓冲和流动性覆盖率的水平之下运营，其提交修改后的不良贷款削减计划的截止日期被推迟到 6 月 30 日，其他报告和检查截止日期也被推迟。

意大利在汇率与国际收支政策方面未采取措施。

（2）意大利整体财政措施。2020 年 3 月 17 日，意大利政府采取了“治愈意大利”（Cura Italia）的紧急方案，投入 250 亿欧元，占 GDP 的 1.4%，包括以下措施：32 亿欧元用于加强意大利医疗保健系统和公民保护；103 亿欧元用于维持失业人员和个体工商户就业和收入的措施；64 亿欧元用于支持企业的其他措施，包括在受疫情影响最严重的城市推迟纳税和推迟支付公用事业账单；51 亿欧元用于支持信贷供应的措施，旨在为企业和家庭释放约 3500 亿欧元（占 GDP 的 20%）的流动性。

2020 年 4 月 6 日，流动性法令允许政府提供高达 4000 亿欧元的额外担保（占

GDP 的 25%）。这一担保计划加上之前的计划旨在为企业和家庭释放超过 7500 亿欧元（接近 GDP 的 50%）的流动性。

2020 年 5 月 15 日，意大利政府同意再拿出 550 亿欧元（GDP 的 3.5%）开展名为“重启”的一揽子财政措施。其中为家庭提供进一步的收入支持 145 亿欧元，为医疗系统提供资金 33 亿欧元，以及其他支持企业的措施，包括向中小企业提供补贴和税收延期共计 160 亿欧元。

2020 年 7 月 30 日，意大利议会批准了政府进一步 250 亿欧元（占 GDP 的 1.6%）的赤字偏差请求，用于 8 月初将批准的第三个支持方案，旨在扩大对家庭收入的支持。

（3）医疗措施①。32 亿欧元用于国民健康服务和支持公民保护，2020 年为医疗保健系统筹集 14 亿欧元的资金，其中 8.45 亿欧元用于招聘 2 万名医务工作者；意大利缓解医院负担，将全部设施奉献给感染新冠肺炎的患者，同时将未感染的患者转到其他设施；增加公共交通设施的清洁，如地铁、公共汽车、船只；增加医用材料（口罩、通风设备）采购和生产的措施；为医疗紧急情况而重新使用医疗设备和建筑物（如酒店）；激励口罩生产；鼓励退休医务人员重返工作岗位；无论是在私营部门还是在公共部门，灵活的工作方式都广受欢迎。

（4）对个人的财政措施。对个人的财政措施超过 100 亿欧元。1.5 亿欧元用于加强被迫休假员工的工资补贴计划，并为不符合这些措施资格的员工增加最后的资金。其中，约 13 亿欧元用于普通工资补贴计划，3 亿欧元用于已参加“特别收益整合基金”补贴方案的公司的工资补贴计划，33 亿欧元用于已参加“以减损方式并入现金”的公司。300 万欧元用于为不符合资格的员工建立最后的解决方案。

23 亿欧元用于向各类自雇和季节性工人一次性支付 600 欧元，并已经为不符合条件的人制定了最后的解决办法；因失业员工暂停偿还房地产抵押贷款一年，支付 4 亿欧元；受影响最严重的城市的个体经营者发放为期 3 个月、每月 500 欧元的津贴；13 亿欧元用于加强对 12 岁以下儿童的托儿支持，额外 15 天的工资替换率为 50%，而普通假期为 0 或 30%，也可以选择 600 欧元的转账支付托儿服务费用；3000 万欧元用于给医疗和执法部门的员工支付 1000 欧元的托儿费；5 亿欧元为残疾员工和照顾残疾亲属的员工增加 12 天带薪假期；1.3 亿欧元用于延长病假，以覆盖隔离所需的天数；9 亿欧元用于一次性奖金，奖励给疫情期间坚守岗位的员工；暂停偿还债务，包括抵押贷款。

（5）对企业的财政措施。对企业的措施包括：商业租金 60% 的税收减免为 5.4 亿欧元；5000 万欧元用于激励企业为工作场所消毒；受疫情影响最严重的城市将暂

① 医疗措施、对个人、企业的财政措施均为 3 月 17 日宣布的财政措施中的细节。

停缴纳 2 个月的税款和社会保险；对于年营业额低于 200 万欧元的公司，暂停所有 2020 年 3 月到期的税收和社会保障缴纳，相当于价值 100 亿欧元的延期付款；2020 年 5 月 31 日前，收入低于 40 万欧元、没有雇员的专业人士不适用预扣税；暂停税收征管档案的收集（价值 6 亿欧元）；因偿还意大利投资银行贷款被暂停一年，拨款 5000 万欧元，支持受疫情影响最严重的中小企业；受疫情影响最严重城市的电费、煤气费、水费和垃圾费暂停支付 2 个月（至 4 月底）；为中小企业贷款提供免费担保的资金增加至 17 亿欧元。资格范围扩大的同时，降低了入场费和费用。个人可为中小企业基金提供融资。最高担保金额从 250 万欧元提高到 500 万欧元，为受疫情影响最严重的公司提供进一步担保。为个体劳动者、自由职业者和个体企业家提供保障；暂停中小企业 6 个月的贷款还款（直至 9 月底）；政府为大中型企业的新贷款提供高达 100 亿欧元担保；5 亿欧元支持出口公司；通过将递延税项资产（DTA）转换为金融和工业企业的税收抵免，鼓励企业出售不良贷款；设立支持文化部门的基金，增加 2014—2020 年“发展和凝聚基金”的预支款。

3. 医疗卫生体系的脆弱性，使得财政健康度受到较大的冲击和影响。新冠疫情使意大利经济遭受重创，但不同经济部门受不同程度的影响，依赖外国游客的旅游业及依赖出口市场的制造业受打击严重，农业则受影响相对较小。根据意大利统计局的数据，意大利 2020 年第一和第二季度的失业率分别为 11.6% 和 8.3%。2020 年第一季度意大利经济萎缩 4.7%，幅度大于欧元区平均的 3.8%；第二季度意大利 GDP 环比一季度下降 12.8%，较 2019 年同期萎缩 17.7%，为 1995 年以来单季度最大降幅；第三季度经估算，GDP 环比第二季度增长了 16.1%，但同比 2019 年第三季度仍下降了 4.7%，国内部分和净出口部分均对 GDP 有积极贡献，意大利统计局的最新 2020 年经济增长率估算为 -8.2%。

2012 年之后，意大利的财政健康度一直在下滑（见图 8-1），意大利债务率一直居高不下，2018 年意大利全国政府债务总额占 GDP 的比率为 134.8%。三个国际机构中，穆迪的评价和预测是 2020 年 2 月初意大利疫情尚未暴发时做出的，因此相对乐观，预测意大利 2020 年 GDP 增长为 0.5%，但仍指出了意大利债务水平高、经济发展迟缓的特点。IMF 的预测和评价是 2020 年 2 月 28 日作出的，3 月 9 日又进行了补充，这时意大利的疫情刚刚暴发，其对意大利 2020 年 GDP 增长的预测已转为悲观，为 -0.6%，IMF 预计 2020 年意大利整体赤字将占 GDP 的 2.6%。惠誉的预测和评价是 2020 年 4 月 28 日作出的，此时意大利的疫情已经全面暴发，惠誉将意大利的长期信用评级从 BBB 下调至 BBB-，仅比垃圾级高一个等级，7 月 10 日又确认了这一评级。如表 8-6 所示，惠誉的最新预测显示，与 2019 年的估算相比，意大利 2020 年 GDP 增长率预计下降 9.8 个百分点，赤字率恶化 8.4 个百分点，债务率升高 25.2 个百分点。

表 8-6　惠誉 2、4、7 月预测比较

| | 2019 年 | 2020 年 | | |
|---|---|---|---|---|
| | 4 月估算 | 2 月预测 | 4 月预测 | 7 月预测 |
| 实际 GDP 增长（%） | 0.3 | 0.2 | -8.0 | -9.5 |
| 全国政府赤字率（占 GDP 比重,%） | -1.6 | -2.4 | -9.5 | -10 |
| 全国政府债务率（占 GDP 比重,%） | 134.8 | 136.6 | 155.9 | 160 |

资料来源：根据惠誉官网历次评级文件整理。

根据意大利统计局的数据，意大利 2020 年第一和第二季度的失业率分别为 11.6% 和 8.3%。2020 年第一季度意大利经济萎缩 4.7%，幅度大于欧元区平均的 3.8%；第二季度意大利 GDP 环比一季度下降 12.8%，较 2019 年同期萎缩 17.7%，为 1995 年以来单季度最大降幅；第三季度经估算，GDP 环比第二季度增长了 16.1%，但同比 2019 年第三季度仍下降了 4.7%，国内部分和净出口部分均对 GDP 有积极贡献，意大利统计局的最新 2020 年经济增长率估算为 -8.2%。

意大利的财政经济复苏存在一些有利因素，第二季度失业率下降，第三季度经济有所恢复。欧盟的购买计划和复苏基金都给予意大利强有力的支持，尤其是 PEPP 再次为意大利提供了举债的低利率机会之窗。意大利原本具有一定的经济实力和制度治理优势，受疫情影响的大区信用状况良好，预算做法强有力，债务较低，现金缓冲雄厚。但随着第二波疫情的猛烈暴发，意大利财政经济复苏的不利因素加大，自救乏力。欧盟原有的救助措施落地需要时间，是否有能力进行新救助尚不可知。

综合来看，意大利财政经济的未来走势可能有两种情况：一是在疫情重创之下更加一蹶不振，意大利国内财政政策空间有限，如果不能利用好欧盟复苏基金以及欧盟的援助政策，导致信用评级进一步下调，将使国债成本飙升，再次陷入债务危机，债务危机与经济危机相互强化，最终会陷入长期衰退。二是在疫情后的经济秩序重建中把握机遇，缓慢温和复苏。意大利经济的走向根本上还取决于本国、欧洲乃至全球的疫情控制，治疗手段的提高和疫苗的早日推广，因此全球和区域合作控制疫情、重建经济秩序和市场的重要性更加凸显。

## 三、小结与启示

### （一）从整体观的角度看待疫情风险、公共风险和财政风险的关系，某块“短板”决定整体公共风险的大小，也决定一国的财政健康度走势

各国抗疫实践说明，只有控制住疫情，才能减轻其对经济社会的影响，使财政健康得到保证，而医疗能力是抗疫的关键和利器。从意大利医疗体系存在的一些脆

弱性来看，我国今后需要在以下几方面进一步完善和加强医疗体系：

一是要加强疾病监测机制和卫生信息基础设施建设，如提高疾控中心的地位，创建烈性传染病电子上报和预警平台。

二是要建设医疗卫生系统的弹性和韧性，过剩产能并不总是负面的，医疗应留出适当的过剩产能，以应对意想不到的需求激增。当医护人员成为战士时，医疗系统需要可迅速动员医疗专业人员的“后备部队”，这需要创造性的方法，如：提高人均拥有医生、人均拥有护士、重症护理床位的数量和比例，使其达到国际中上水平；创建一支具有检测和治疗能力的医疗“常备军”，以防止未来的大流行；使医护队伍年轻化，提高待遇、创造机会留住医护人才；等等。

三是发展数字化医疗，以备疫情时期传染病及常规疾病的零接触、低接触治疗。

## （二）在疫情反复和长期化的背景下，抗疫投入要以“强力防控”和“精准救助”相结合，切忌盲目追求数量和比例

在疫苗大规模投入使用之前，新冠疫情很有可能在全球范围内长期化，在国内也可能出现反复。即使疫苗投入使用，有专家认为鉴于冠状病毒的复杂性，疫苗的有效期很可能只有半年至一年。因此，要作好长期抗疫的准备。

一是财政投入要量力而行，与疫情造成的经济冲击相当即可，不必一味追求高投入。

二是制定兜底措施，精准扶持受疫情影响最严重的个人和企业。意大利对个人的财政措施更精准细致，包括对个体工商业者（自雇）和零工经济从业者（季节性工人）的工资补贴和兜底保障政策、病假补贴和照顾病人的补贴，还有托儿补贴，这些都值得学习。2020 年国务院政府工作报告中提出了扩大失业保险保障范围，将参保不足 1 年的农民工等失业人员都纳入常住地保障。2020 年 6 月，北京市已开始为符合条件的失业人员发放阶段性失业补助金和生活补助，最长可领取 6 个月，根据参保缴费时间补贴标准为 880 元/月和 1480 元/月。2020 年 8 月，北京市从电影专项资金中安排 2000 万元资金作为影院疫情专项补贴。这些都说明我国精准救助方面的工作已经开展起来，未来可以根据疫情的反复或波动进一步完善和调整。

三是利用政府担保为受疫情影响的企业提供流动性。欧盟和意大利更多是通过政府担保和一些准财政措施为企业提供流动性，意大利财政投入加上政府担保和准财政措施投入占 GDP 的近 30%。与意大利相比，我国在政府担保和准财政措施上还有操作的空间。

## （三）加强制度建设、提高治理能力，是保持财政健康度长期稳定向好的定盘星

2020 年 3 月 12 日，我国第一时间援助意大利抗击疫情，意大利几乎全盘接受

了我国的抗疫治理模式，逐步走出了至暗时刻。我国在抗疫治理方面几近完美、无可挑剔，但是在很多其他治理领域的能力却亟待提高。如表 8 – 7 所示，中国的整体评级、财政实力评级明显好于意大利，但意大利的制度和治理评级则明显好于中国，其结果是中国的风险易感性评级仅略好于意大利。

**表 8 – 7　　　　中国与意大利评级比较（穆迪）**

| | 中国 | 意大利 |
|---|---|---|
| 整体评级 | A1 稳定 | Baa3 稳定 |
| 经济实力 | a1 | a3 |
| 财政实力 | a1 | ba3 |
| 制度和治理强度评级 | baa1 | a2 |
| 对风险事件的易感性评级 | baa | ba |

资料来源：根据穆迪评级文件整理。

因此，我们不能也不敢骄傲，要加快治理和制度建设。以财政治理为例，缺乏中长期经济和财政预测，《预算法》提出的跨年度平衡机制迟迟未能出台，预算报告体系有待完善，财政支出绩效管理水平亟待提高，财政指标体系的建设也相对滞后。为保持良好的财政健康度，应加强财政绩效、财政风险防控指标体系的建设，以便及时发现和管理不确定性，维护国家经济社会的稳定。此外，在惠誉评级的指标体系中，债务率是衡量一国财政健康度的高权重指标，我国也应注意公共债务的可持续性，尤其是对地方政府债务、国企债务以及一些隐性债务的控制。GDP 增长率也是衡量一国财政健康度高权重指标，是财政健康度的压舱石，只有经济增长保持一定增速，就业和财政收入才会有保证。

### （四）加强国家抗风险能力，尤其是应对“混合战争”的能力

无论新冠病毒的来源如何，2020 年的新冠疫情都是一场应对“病毒战”的演习。从古至今，战争都是对经济和财政杀伤力最大的因素。随着全球化的发展和技术不断进步，传统的大规模常规战争和小规模非常规战争，正逐步演变成界限更加模糊、作战方式更趋融合的混合战争，军事和非军事手段组成国家博弈新工具。混合战争可以融合贸易、货币金融、税收、石油、意识形态、电子信息网络、生化病毒等多方面的冲突、摩擦、破坏，以及小规模局部传统战争。在目前复杂多变的国际形势下，混合战争随时都在上演并可能日益隐蔽和复杂化。要维护和保持财政健康度，就必须提高甄别、应对混合战争的能力，并在相关的人才、技术、设备上有所投入。

## 本章参考文献


1. 2020 ARTICLE IV CONSULTATION—PRESS RELEASE；STAFF REPORT；AND STATEMENT BY THE EXECUTIVE DIRECTOR FOR ITALY，March 2020，https：//www. imf. org.

2. State of Health in the EU，Italy Country Health Profile 2019，https：//www. oecd. org.

3. Fitch Downgrades Italy to ‘BBB－’；Outlook Stable，RATING ACTION COMMENTARY/TUE 28 APR，2020，https：//www. fitchratings. com.

4. Fitch Affirms Italy at ‘BBB－’；Outlook Stable，Fri 10 Jul，2020，https：//www. fitchratings. com.

5. Moody's announces completion of a periodic review of ratings of Italy，Government of，Announcement of Periodic Review，07 Feb 2020，https：//www. moodys. com/.

6. Francesca Colombo，Resilient Health Systems：What we are learning from the COVID－19 crisis，Apr 02，2020，https：//www. oecd. org.

7. Coronavirus Fiscal Easing Announcements Exceed 7% of World GDP，Wed 03 Jun，2020，https：//www. fitchratings. com.

8. 经济合作与发展组织各国疫情应对措施跟踪. https：//oecd. github. io/OECD－covid－action－map/data/CoronavirusUpdate_AllCountries_Public. xlsx.

9. 国际货币基金组织各国疫情应对措施跟踪. Policy Tracker：Economic responses to COVID－19 by 193 countries，(Last updated：July 17，2020)，https：//www. imf. org/en/Topics/imf－and－covid19/Policy－Responses－to－COVID－19#I.

10. 财经观察：意大利经济复苏前景难料．新华网，2020－07－05.

11. 张晨星．意大利新冠疫情防控分析［J］. 国际研究参考，2020（5）.

12. 王湘穗．混合战争是当前国际政治博弈的重要工具［J］. 经济导刊，2018（11）.

13. 朱民，唐朝，郑重阳．新冠肺炎疫情下全球经济复苏之路探索——来自意大利的启迪［J］. 上海对外经贸大学学报，2020，27（4）.

# 第九章
# 预算稳定机制为俄罗斯财政健康续命

**本章导读:**

突如其来的新冠疫情，给本就脆弱的俄罗斯财政经济带来更加沉重的打击。2020年上半年，俄罗斯经济大幅下降，失业率连创新高，联邦财政赤字规模超GDP的2%，预计全年将达4.4%，这一数值约为2009年金融危机时期的两倍。作为国家发展的安全气囊，俄罗斯国家福利基金（原稳定基金）再次发挥了不可忽视的作用。在疫情发生前，国家福利基金就已为俄罗斯财政与经济积累了较多储备，占GDP的比重高达7.2%。在疫情蔓延全球、世界经济全面下行的情况下，储备充沛的国家福利基金为俄罗斯反危机计划提供了大量支持，同时弥补了因油价下跌造成的巨额财政收入短缺，有效发挥了平抑经济波动、减缓经济衰退、保障国家预算平衡的积极作用。

## 一、俄罗斯稳定基金的前世今生

俄罗斯政府于2004年建立稳定基金，将政府在资源丰沛期与资源价格上升期获得的部分超额收入储存起来，以备经济与财政遭遇危机时使用，达到稳定财政与经济、降低通货膨胀压力、减轻国民经济对能源的依赖等目标。2008年，俄罗斯将稳定基金拆分为储备基金和国家福利基金，前者主要用于熨平经济波动、抵御经济风险，后者则旨在增进国民福利，保障老年人权益。此后10年，由于油价上升趋势放缓及金融危机的冲击，俄罗斯储备基金支出增速远大于收入，最终几乎用尽，其资金被并入国家福利基金。由此，往日的稳定基金再次合二为一，并由国家福利基金继续发挥“熨平”经济波动、弥补财政赤字的功能。

## （一）俄罗斯稳定基金的发展与演变

进入21世纪后，国际油价进入上升轨道，俄罗斯的石油天然气部门获得了大量出口收入，矿产资源开采税及石油出口税收入随之大幅提升。由此，俄罗斯建立稳定基金，以跨期平滑国家收入，减少意外波动对财政预算的影响，增强联邦财政抵御经济危机的能力。

1. 储备超额收入，设立稳定基金。2000—2005年，国际能源价格持续飙升，使俄罗斯获得了大量石油关税与矿产资源开采税收入，财政收入得以大幅提升。2000年，俄财政收入约为GDP的15.5%，2005年这一比值升至23.7%，提高了8.2个百分点。与此同时，由于俄罗斯实行财政紧缩政策，财政支出的增长幅度远低于同期的财政收入。2000—2005年，财政支出占GDP的比重由14.2%上升至16.3%，仅提高2.1个百分点。由此，俄罗斯财政盈余得以大幅增长，其占GDP的比重由1.4%扩大至7.4%，增加了6个百分点。

在预算盈余不断上升的同时，能源与原材料出口导向使俄罗斯财政收入对世界经济的依赖程度也逐渐加深。2000年，石油与天然气税收收入占联邦财政收入的24.5%，2005年这一比重增长至42.6%。由资源产品出口推动的财政收入快速膨胀具有极强的偶然性和阶段性，极易受外部环境影响，而财政支出随政府支出责任的不断扩大呈刚性上升。因此，为减轻国际石油价格波动对经济的冲击，保障财政收支平衡，俄罗斯认为有必要建立一种长效的稳定机制，保障财政与经济平稳运行。为此，成立兼具储蓄、提高国民福利功能的“稳定基金”，成为俄罗斯保障财政长期可持续发展的重要选择。

2003年12月23日，俄罗斯颁布《俄罗斯联邦稳定基金法》，同时将该法律作为第13.1章列入《预算法典》，稳定基金于2004年1月1日正式成立。法律规定，当石油价格高于基准价格时，俄罗斯将石油部门的超额税收收入纳入稳定基金，在国际能源价格下跌或经济下行时调出，以熨平经济波动，促进预算平衡，保障俄罗斯经济稳定运行。

依据规定，俄稳定基金的主要收入来源包括两部分：一是当石油售价价格高于基准价格时，形成的矿产资源开采税及石油出口税超额收入；二是联邦财政盈余以及稳定基金的投资收益。其中，超额税收收入是俄罗斯稳定基金的主要收入来源。所谓超额税收收入是指以乌拉尔牌原油每桶20美元①为基准价格，超过基准价格形

① 随着国际原油价格不断提升，自2017年起石油基准价格被提高到每桶40美元，并从2018年开始每年对其进行2%的指数化调整。

成的税收收入。

2. 拆分稳定基金，成立国家福利基金。为合理有效地管理稳定基金，同时积极应对人口老龄化带来的养老问题，俄罗斯于2008年将稳定基金一分为二。稳定基金被拆分为储备基金与国家福利基金，前者的主要作用是缓冲国际油价下跌可能对俄罗斯财政产生的冲击，平抑财政经济波动；后者则更侧重于提升居民福利水平，维持联邦养老基金收支平衡，为养老保障制度的共同筹资计划①提供资金。

根据俄罗斯预算法典的规定，储备基金的总额应达到GDP的7%—13.5%。如果国际市场油价降至每桶30美元以下，该基金应能连续3年保障联邦预算的平衡②。受油价增速放缓、经济危机冲击，加上欧美制裁加重的影响，2010—2017年俄罗斯经济一直低迷不振，联邦财政入不敷出。为提振经济、弥补财政赤字，俄罗斯政府开始大幅支出储备基金。与2015年相比，2016年底俄罗斯储备基金的规模骤降至2030.7亿卢布，下降了56.8%，其占GDP的比重也由5.6%降至1%左右。至2017年初，储备基金几乎用尽，无法继续作为未来预算风险管理的工具。

而此时，俄罗斯国家福利基金尚有存余4万亿卢布，约为GDP的5%。在这种情况下，根据《俄联邦预算法典》修正案，俄储备基金在资金枯竭后将被关停，所有超额收入一并纳入国家福利基金管理，国家福利基金同时肩负“熨平”经济波动、弥补财政赤字的职责。由此，俄罗斯稳定基金再次合二为一，并发展成如今的国家福利基金，继续为联邦财政提供对冲风险的储备资金。截至2019年底，俄罗斯国家福利基金规模约7.8万亿卢布，占GDP的比重为6.8%，达到近10年最大值。

### （二）俄稳定基金在应对历次危机中的作用

自俄罗斯稳定基金被拆分以来，储备基金与国家福利基金被赋予不同的职能，二者通过弥补财政赤字、促进地区经济投资、减缓养老基金赤字等方式，保障俄罗斯财政经济稳定运行。在2008年金融危机和2014年国际石油价格暴跌这两轮较大规模的经济下滑阶段中，俄罗斯储备基金为弥补财政赤字、熨平经济波动发挥了重要的内在稳定作用。

1. 在2009年反危机计划中为金融行业注资。2009年，金融危机的影响不断扩

---

① 俄罗斯养老保障制度的共同筹资体系是在2008年开始实行的，旨在鼓励俄罗斯公民积极参与建立自己的养老金积累。即俄罗斯公民在一年内自愿向养老储蓄金账户中缴纳的金额超过2000卢布，那么每缴纳1000卢布，政府就在其个人养老储蓄金账户上相应地额外补充1000卢布，但补助金额每年不超过12000卢布。政府的补贴是从职工申请加入共同筹资的第二年开始的，资助年限为10年。

② 童伟．抵御经济危机的国家安全气囊——俄罗斯财政预算稳定机制分析［J］．俄罗斯中亚东欧研究，2010.

大，为抵御危机带来的冲击，俄罗斯相继推出了一系列反危机计划。充沛的储备基金为俄罗斯实施反危机计划提供了坚实基础。俄罗斯储备基金在2008年的初始资金为30579亿卢布（1252亿美元），此后规模不断扩大，至2009年3月增至48697亿卢布（1363亿美元）。2009年3月至2010年3月，储备基金连续13个月不间断支出，共计33165亿卢布，约为该阶段储备基金总支出的79%。截至2011年3月反危机计划完成，俄罗斯政府从储备基金中共支出42209亿卢布。此次的反危机计划重点是对俄罗斯的金融行业进行扶持，给予国有银行授信支持，提高银行业的效率和可信度，增强其在经济发展中的基础性作用。

在储备基金的支持下，经过两年的努力，俄罗斯经济开始回升。2011年国内生产总值同比上升4.3%，进出口总额同比增长30.2%，居民可支配收入同比增长3.5%，同时失业率也大幅下降。可以发现，俄罗斯储备基金在推进反危机政策的过程中发挥了举足轻重的作用。

2. 在2014年经济危机中扶持实体经济。伴随国际石油价格的回升，2011—2014年俄罗斯经济较为平稳。然而，2014年乌克兰危机暴发，由此引发的欧美经济制裁、国际油价下跌等不利因素，使俄罗斯经济再次陷入危机。为应对此次危机，俄罗斯先后于2015年、2016年制定反危机计划。与2009年优先支持社会政策的反危机计划不同，2015—2016年的反危机计划将控制通货膨胀作为核心目标，围绕稳定企业生产、刺激出口、实施进口替代措施、扶持能源出口企业等措施展开。该计划消耗了俄罗斯储备基金58936亿卢布，支出金额远高于2009年的反危机支出。

在两次经济危机中，俄罗斯储备基金为反危机计划提供了重要的资金来源，刺激疲软的俄罗斯经济，为财政注资。因此，俄罗斯储备基金也被赋予自动稳定器的功能，成为俄罗斯实施反危机政策调节的有力工具。

## 二、公共风险与财政风险猛增

新冠肺炎疫情是2020年世界经济发展的“黑天鹅”事件，作为全球重要经济体之一的俄罗斯，是受疫情深度影响的国家。截至2020年10月1日，俄罗斯新冠肺炎病毒感染人数超过100万人，死亡人数超过2万人①。在疫情冲击下，俄罗斯经济形势十分严峻，许多企业难以维持运营，失业人数不断攀升。为第一时间减缓疫情对社会与经济造成的负面冲击，俄罗斯推出一系列救助性措施、支持性货币与

① 资料来源：俄罗斯新冠肺炎病毒官方信息网站，https://xn--80aesfpebagmfblc0a.xn--p1ai/information/.

财政政策。在俄罗斯财政收入骤降的同时，财政支出刚性增长，财政赤字也不断攀升，联邦财政承担着巨大的风险与压力。

## （一）疫情放大了俄罗斯的公共风险

1. 疫情影响俄罗斯经济的主要途径。疫情对俄罗斯经济的影响表现在内部与外部环境两个方面。内部环境表现为国内供给与需求下滑引发的经济衰退，外部则面临油价下跌产生的冲击。

一方面，从内部环境看，国内供给和需求大幅下滑。出于疫情防控需要，俄罗斯从2020年3月16日开始实施隔离和出行限制，这些措施直接导致经济活动强度下降，大量企业停工停产，居民失业率上升，社会总供给由此减少。同时，受疫情影响，俄罗斯居民消费倾向急剧降低，用于防范风险的储蓄倾向上升，社会消费明显减少，最终导致总需求下降。此外，疫情导致经济活动中的投资活动几乎停滞，由于抗疫反危机支出挤占了相当一部分原本用于国家项目和“新投资周期”的资金①，加之社会总需求降低，企业收益下滑，社会投资增速大幅下跌。

另一方面，从外部环境看，疫情在全球蔓延，很多国家采取了“封城”措施，导致世界经济陷入衰退，国际油价暴跌。在这种情况下，市场普遍出现恐惧心理，对国际石油需求与市场价格下滑的趋势难以判断，由此对能源产品的需求大幅降低。这对尚未摆脱能源依赖的俄罗斯财政与经济打击巨大，能源出口收入萎缩进一步减少了政府公共支出与投资。不仅如此，原油价格波动形成的市场预期致使卢布汇率大幅下跌，增加了包括医疗物资等在内的商品进口成本②。

2. 疫情对俄罗斯经济与社会的冲击。

（1）经济大幅下滑使企业严重受挫。俄罗斯疫情于2020年3月正式暴发，严控疫情的措施于3月底全面实施。因此，疫情对俄罗斯经济的冲击主要从4月开始。俄罗斯联邦统计局数据显示，在2020年第一季度，俄罗斯主要经济指标呈增长态势，GDP同比增长1.6%，工业产值增长1.5%，加工工业增长3.8%。随着疫情的快速发展，第二季度俄罗斯的各项经济指标急剧下滑。与疫情暴发之前相比，4月底俄罗斯经济活动水平下降了30%，由于受到疫情冲击，国内25%的企业因资金链断裂需要资金支持。

---

① 在疫情发生之前，俄罗斯正在为实施“五月总统令”和“新投资周期”计划筹集资金，落实“五月总统令”中的13项国家项目。疫情暴发导致这些项目中断，抗疫反危机支出还挤占了相当一部分本应用于这些项目的资金。资料来源：Основные направления бюджетной, налоговой и таможенно－тарифной политики на 2019 год и на плановый период 2020 и 2021 годов. https://www.garant.ru/products/ipo/prime/doc/71966310/.

② 徐坡岭．新冠肺炎疫情对俄罗斯经济的影响：抗疫反危机措施、经济运行状况与增长前景［J］．新疆财经，2020.

受疫情冲击，俄罗斯第二季度经济形势急剧下滑，其中最严重的是4—5月，到6月经济下滑趋势出现转折，但依然不足以弥补前两个月的经济损失①。根据俄统计局的最新数据，2020年第二季度俄罗斯GDP与上年同期相比下跌8%，这是自2009年以来前两个季度首次出现GDP负增长②。在所有受冲击的行业中，服务行业的衰退最为明显，如酒店和餐饮服务业经济收入下降56.9%；此外，文化体育业经济收入下降28%，运输业收入下滑19.3%，对外贸易下降12.7%。

与其他发达经济体相比，俄罗斯第二季度经济下跌幅度仍较小。2020年第二季度美国GDP同比下跌9.5%，欧盟下跌14.1%，西班牙下跌22%，法国下跌19%，意大利下跌17.3%，均高于俄罗斯8%的下跌幅度③。俄罗斯GDP下降幅度小的主要原因是其经济结构特点。整体来看，服务业是受疫情影响最为严重的行业，而俄罗斯的服务业在整个经济中的份额远不及发达国家，其中受挫较大的中小企业占比也远低于美国和欧盟国家。据统计，俄罗斯中小企业规模占GDP的比重约为20%，而这一比例在美国高达80%④。

（2）失业率上升导致贫困人口数量增加。全国各地区企业经营受限，在疫情影响下俄罗斯工作岗位流失约28%，2020年4月失业率为5.8%，7月上升至6.3%，失业人数达473.1万人。俄罗斯中央银行于8月20日发布消息称⑤，自3月俄罗斯暴发疫情危机以来，失业人数累计增加了36%，6月失业人数就高达125万人。

俄罗斯失业率的上升直接导致居民可支配收入的骤降。2020年第二季度，俄罗斯人均可支配收入同比下降了8%，创下21世纪以来的最大跌幅。俄罗斯国立高等经济大学（НИУ ВШЭ）在2020年5—6月所做的一项民意调查显示，有23%的受访者表示疫情暴发后工资降低了，15%的受访者完全或部分失去了奖金，9%的受访者转为兼职工作，另外还有12%的受访者被迫无薪休假。

居民收入下滑进一步使生活在贫困线以下的人数急剧增加，截至2020年6月末，俄罗斯贫困人口达到1990万，与第一季度相比增加了130万人。据俄罗斯政府预测，在疫情冲击下俄罗斯2020年底的贫困率将同比上升1个百分点，达到13.3%。俄罗斯经济交易商（BCS Global Markets）首席经济学家弗拉基米尔·蒂霍米洛夫认为，随着解禁措施的实施，居民收入的下降趋势将有所放缓，2020年下半年俄罗斯的贫困率将逐渐下降。

---

① ЦБ оценил падение ВВП России за три месяца пандемии. https：//www. rbc. ru/economics/15/07/2020/5f0f01469a79474116fd47a7.

②④ Росстат уменьшил оценку падения ВВП на пике пандемии. https：//www. rbc. ru/economics/09/09/2020/5f58e8699a794783405417fc.

③ Путин сравнил данные о сокращении ВВП России с другими странами. https：//www. rbc. ru/economics/10/09/2020/5f5a04ed9a79476d5ab33aca.

⑤ В России за месяц прибавилось 125 тыс. безработных. https：//www. rbc. ru/economics/20/08/2020/5f3e9f4c9a794783bac54899.

（3）油价下跌使卢布汇率大幅下滑。2020 年初以来，在俄罗斯与沙特阿拉伯新一轮减产协议谈判破裂和新冠肺炎疫情的双重冲击下，原油价格急剧下跌。截至 3 月底，国际油价相比于年初水平下跌了 60%，达到 17 年来的最低点。仅 3 月 9 日当天，布伦特油价就下跌 30% 以上，低至 31.02 美元/桶；4 月 2 日，俄罗斯乌拉尔油价跌至 10.5 美元/桶，为 1999 年 3 月以来最低水平。

受疫情蔓延和油价暴跌的叠加影响，俄罗斯卢布汇率大幅下跌。2020 年 3 月 18 日，卢布自 2016 年 2 月以来首次跌破 1 美元 80 卢布的心理防线，与疫情暴发前相比下跌 24.9%。卢布贬值直接导致通货膨胀早于预期反弹。俄罗斯经济发展部认为，2020 年 2 月，俄罗斯年通胀率为 2.3%，预计全年重回 7%。通货膨胀反弹将给居民带来新的负担。经济学家预测，卢布急剧贬值将导致俄罗斯国内部分商品价格上涨，涨幅在 10% 和 35% 之间，其中儿童用品、服装和鞋类、消费电子产品、小家电和药品价格上涨最多；大部分采用进口零部件和设备的汽车品牌价格上涨 6%—10%；住房价格平均上涨 10%—15%①。由于实施进口替代政策，近年来俄罗斯产食品保障率不断提高，预期食品涨价幅度不大，约为 4%②。

## （二）俄罗斯采取救市措施，公共风险转化为财政风险

疫情暴发后，俄罗斯一方面通过隔离措施防止疫情扩散，另一方面推出一系列救助性、支持性货币与财政政策，防止隔离措施实施后出现大规模企业倒闭及大量失业。俄罗斯应对疫情的财政政策分两轮实施：第一轮支持的重点是防失业，实行带薪休假；第二轮的重点是用于企业员工薪金发放、防疫人员奖励、多子女困难家庭资助，从消费端为企业生产提供商品需求支持。具体包括以下方面：

1. 对公民提供社会保护与资金补贴。俄罗斯政府为多子女家庭中 3 岁以下的孩子提供每人每月 5000 卢布的补贴，在此领域的预算拨款将达 660 亿卢布。同时，自 2020 年 4 月 1 日起，俄罗斯按 6.1% 的系数对养老金进行指数化调整③，使平均社会养老金数额达到 9850 卢布，用于指数化的费用支出每月达 24 亿卢布，预计将有 380 万人受益。

此外，俄罗斯政府采取了一系列措施，对失业和困难群体进行救助：（1）将失业救济金提高至最低工资额（12130 卢布），在最后一个工作地工作至少 26 周并已在就业中心登记 1 年的公民，有望获得 12130 卢布的最高失业救济（之前为 8000 卢

---

① 李建民．油价下跌和新冠肺炎疫情下的俄罗斯经济：影响与政策选择［J］．俄罗斯学刊，2020.

② В России назвали товары которые подорожают из－за девальвации рубля，https：//www. rosbalt. ru/business/2020/03/11/1832038. html.

③ 2018 年和 2019 年该系数分别为 2.9%、2%。

布）。最低失业救济金也由5月1日的1500卢布上升至8月1日的4500卢布[①]。（2）向每个在3月1日后被解雇的失业者发放最大金额的资金福利。（3）失业的未成年子女父母还将获得额外补贴，如6—8月，每个育有18岁以下孩童的失业家庭每月可获得3000卢布的补贴。

2. 对中小企业进行救助和扶持。在疫情冲击下，许多中小企业因资金链断裂难以维持运营，最终导致相当一部分居民失去稳定工作，为居民生活带来了极大不安与威胁。鉴于此，俄罗斯出台的抗疫反危机计划涉及诸多举措，重点扶持中小企业发展。具体包括：

（1）将中小企业社会保险费率由30%下调至15%，并在4月及之后的9个月内对中小企业额外提供2850亿卢布的支持。

（2）中小企业可延迟6个月缴纳除增值税以外的所有税款，俄罗斯财政部称，2020年前两个季度的延期付款和分期付款将使预算花费超过1850亿卢布，其中约950亿卢布是税收和保险费[②]。

（3）提供必要资金增加对中小企业的优惠贷款。例如，向中小企业提供用于支付职工工资的紧急贷款，并以央行信贷额度为准，确定贷款利率为4%；已发放贷款的利息偿付期最长可延至6个月，贷款利息由联邦预算与央行自有资金各弥补1/3，企业自己缴纳1/3；向中小企业提供1500亿卢布的短期专项和优惠贷款计划[③]，为企业提供信贷支持计划，除中小企业外，受疫情影响的大中型企业也可申请。

（4）联邦预算向面临困境的中小企业提供811亿卢布的补贴资金，企业可为每位员工申请最低工资（12130卢布），但要求受助企业的在岗率不低于90%。

（5）实施税收松绑，降低出租人的财产税，为降低租金或租户延期付款创造条件[④]。在租赁协议中，将新冠肺炎疫情传播视为不可抗力，受损严重的中小企业可暂时不支付租房罚金，出租人不得中断对其的租房和公共服务。

3. 对重点行业内特定企业实施扶持。除对困难的中小企业实施救助与补贴以外，俄罗斯对关乎国家和财政安全的重点行业也实施了一系列救助措施。截至2020年8月，有近1400家企业被列入受疫情影响的骨干型企业名单中[⑤]，这些企业可享受延期纳税、成本补贴、优惠贷款和政府担保等优惠政策。

4. 改善医疗设施、补贴医护人员。俄罗斯拨款500亿卢布用于建设新的传染病

---

① https://xn--80aesfpebagmfblc0a.xn--p1ai/what-is-done/social-measures/podderzhka_bezrabotnyh.html.

② https://www.rbc.ru/economics/08/05/2020/5eb574f99a79472f4dd170bc.

③ 徐坡岭．新冠肺炎疫情对俄罗斯经济的影响：抗疫反危机措施、经济运行状况与增长前景［J］．新疆财经，2020.

④ 李建民．油价下跌和新冠肺炎疫情下的俄罗斯经济：影响与政策选择［J］．俄罗斯学刊，2020.

⑤ https://data.economy.gov.ru/.

救助中心，购买特殊救护车与所需医疗设备，建设16座“方舱医院”。政府还为参与抗疫的医护人员提供额外资金奖励，按照现役军人标准，对医生提供补充保险，自2020年4月起发放，为期3个月[①]。

## 三、国家福利基金的有效对冲作用

### （一）疫情发生前俄罗斯财政储备情况

2019年，俄罗斯在六个方面明确了财政政策的目标，使当年预算收入同比增长近4%，实现财政盈余近2万亿卢布，债务风险可控，国家福利基金规模也不断增加。但与2018年相比，俄罗斯财政收入增幅有所下滑，支出刚性增长，联邦财政盈余规模缩减。

1. 石油税收收入减少，财政收入增幅下降。2019年，俄罗斯联邦财政收入201712亿卢布，相比于2018年的194544亿卢布增长了3.7%；其占GDP的比重为18.4%，同比下降0.3个百分点。该年俄联邦财政收入的上升主要靠非石油税收收入拉动。2019年俄罗斯非石油税收收入122439亿卢布，同比增长17.4%；同期，俄罗斯石油税收收入为79273亿卢布，同比下降12.2%。由此，俄联邦财政收入中石油税收收入占比明显降低。2019年俄石油税收收入占财政总收入的比重为39.3%，较2018年减少了7.1个百分点。

俄罗斯石油税收收入份额之所以出现回落，主要原因在于以下几点：首先，为减轻石油企业的出口关税负担，提高企业国际竞争力，弱化国际油价波动的冲击，俄罗斯于2019年开始下调原油出口关税税率，使原油及石油制品的出口关税收入降低。其次，2019年国际原油均价约为57美元/桶，相比于2018年的65美元/桶明显下滑，国际油价下跌导致俄罗斯石油税收收入规模大幅下降。再次，由于石油总产量下降，2019年石油产量较2018年减少约0.4%。最后，俄罗斯为石油加工公司提供税收减免，即将预算收入中部分原油消费税收入返还给石油加工公司，导致这部分财政收入额下滑[②]。

此外，2019年俄罗斯增值税收入有所提升。为减轻油价波动对财政收入的冲击，在努力减少石油税收收入份额的同时，俄罗斯希望进一步提升非石油税收收入的规模与比重。2018年8月，普京总统签署总统令，同意将增值税税率提高两个百分点，即由18%提升至20%，自2019年1月1日起执行。盖达尔研究所的专家指

---

① 李建民．油价下跌和新冠肺炎疫情下的俄罗斯经济：影响与政策选择［J］．俄罗斯学刊，2020.

② 自2019年1月1日起，俄罗斯开始对国内石油公司征收反向消费税，即向国内石油加工公司提供相应的消费税补偿，目的是为促进其在国内市场上销售石油产品，以弥补放弃出口石油产品而产生的收入损失。https：//www.interfax.ru/presscenter/639863。

出，相比于改变其他税种，在增加非石油税收收入的基础上提高增值税对经济的负面影响是最小的[①]。由此，2019 年俄罗斯增值税收入同比增长 14.5%，其占联邦预算税收收入中的比重也同比增加 4.3 个百分点（由 2018 年的 42.5% 上升至 2019 年的 46.8%）。

表面上看，俄罗斯财政收入中石油税收收入占比下降，非石油税收收入占比上升，财政收入结构有所优化，但由非石油税收收入增长推动的财政收入上升动力明显不足。2018 年，俄罗斯财政收入增幅达到 28.9%，远高于 2019 年的收入增幅（3.7%）。

2. 支出刚性增长，财政盈余有所下降。2019 年，俄罗斯联邦财政支出 182132 亿卢布，相比于 2018 年的 167130 亿卢布增长了 8.98%。其中，社会政策支出为 48704 亿卢布，占联邦财政总支出的 26.6%，仍是俄罗斯第一大支出；排名第二的是国防支出，为 29555 亿卢布，占比为 16.2%；国民经济支出为 27113 亿卢布，占财政总支出的 14.8%，排名第三。就增幅来看，2019 年俄财政支出中增长幅度最多的是环保支出，同比扩大了 1 倍；其次是住房和公共设施支出，同比增长 71.9%；再次是教育支出，同比上升近 18%。

财政收入增幅下降，以及财政支出刚性增长，导致俄罗斯财政盈余大幅缩减。2019 年，俄罗斯财政盈余为 19580 亿卢布，占 GDP 的比重为 1.8%，与 2018 年的 27415 亿卢布相比，减少了 7835 亿卢布，跌幅达 28.6%；同期，俄罗斯财政盈余占 GDP 的比重为 1.8%，同比降低 0.8 个百分点。

3. 国家福利基金规模扩大。截至 2019 年底，国家福利基金规模达到 77731.6 亿卢布，较 2018 年增长 92.6%，几乎翻了一番。根据《俄联邦预算法典》的规定，2019 年之后预算赤字主要通过发行国内债务进行弥补，而非使用福利基金。同时，俄罗斯更加注重基金收益，适当提高基金构成中美元和欧元的比重[②]。这些做法都保证了国家福利基金的充足度。

2019 年俄罗斯国家福利基金大幅扩增还有一个重要原因，即俄财政部于当年 7 月将 2018 年购买外国货币积累的外汇资金一次性记入了国家福利基金，包括 302 亿美元、257 亿欧元与 51 亿英镑，大幅提升了基金规模。因此，仅一个月的时间，福利基金的规模就增加了一倍，其占 GDP 的比重环比上升近 4 个百分点，达到 7.1%（见图 9－1）。2019 年 9 月，俄罗斯国家福利基金总量为 81704.9 亿卢布，占 GDP 的 7.4%，达到最大值。

---

① Макроэкономические эффекты от повышения НДС с 18% до 20%. https://www.iep.ru/ru/makroekonomicheskie－effekty－ot－povysheniia－nds－s－18－do－20.html.

② 丁超. 制裁背景下俄罗斯财政政策的演化逻辑与未来方向：以预算规则为线索［J］. 欧亚经济，2020.

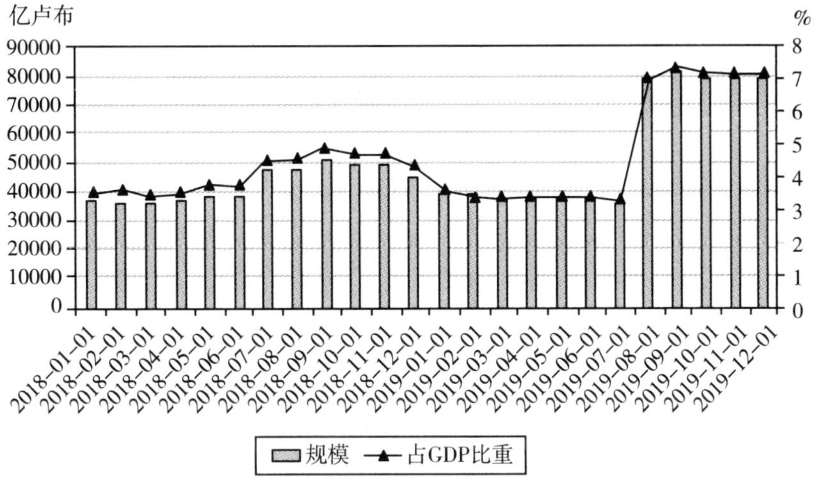


**图 9－1　2018—2019 年国家福利基金规模变化情况**

资料来源：俄罗斯财政部官方网站，https：//minfin. gov. ru/ru/document/? id_4 = 27068 － obem_fonda_natsionalnogo_blagosostoyaniya。

## （二）疫情冲击下俄罗斯财政储备迅速消耗

新冠肺炎疫情不可避免地冲击着俄罗斯财政平衡：一方面，油价下跌导致俄罗斯财政收入出现下滑；另一方面，一系列的反危机计划使联邦财政面临巨额支出。与之相伴的是俄罗斯联邦财政赤字的扩大，所产生的赤字规模甚至超过 2009 年金融危机时的财政缺口。从内部与外部环境因素考虑，疫情对俄罗斯财政健康的影响路径如图 9－2 所示。

1. 联邦财政收入骤降。迄今为止，俄罗斯财政收入仍严重依赖能源产业，资源开采税和原油出口关税收入是联邦财政的重要税收收入，约占联邦预算收入的 40%。受油价下跌的影响，俄罗斯于 2020 年 5 月调低了原油出口关税，由之前的 52 美元/吨下调至 6. 8 美元/吨，下降了接近 87%①。加上疫情的冲击，俄罗斯联邦预算收入远低于上年同期收入（见表 9－1）。2020 年 1—9 月，俄罗斯联邦预算收入总额为 116883 亿卢布，占 2020—2022 年俄罗斯联邦预算②计划总收入的 56. 7%，与 2019 年同期相比减少 15684 亿卢布，跌幅达 11. 8%。

---

① Экспортная пошлина на нефть в России с 1 мая 2020 г. снизится в 7，6 раза. https：//neftegaz. ru/news/finance/542588 － eksportnaya － poshlina － na － neft － v － rossii － s － 1 － maya － 2020 － g － snizitsya － v － 7 － 6 － raza/.

② Федерального закона от 2 декабря 2019 г. № 380 － ФЗ《О федеральном бюджете на 2020 год и на плановый период 2021 и 2022 годов》（с изменениями）.

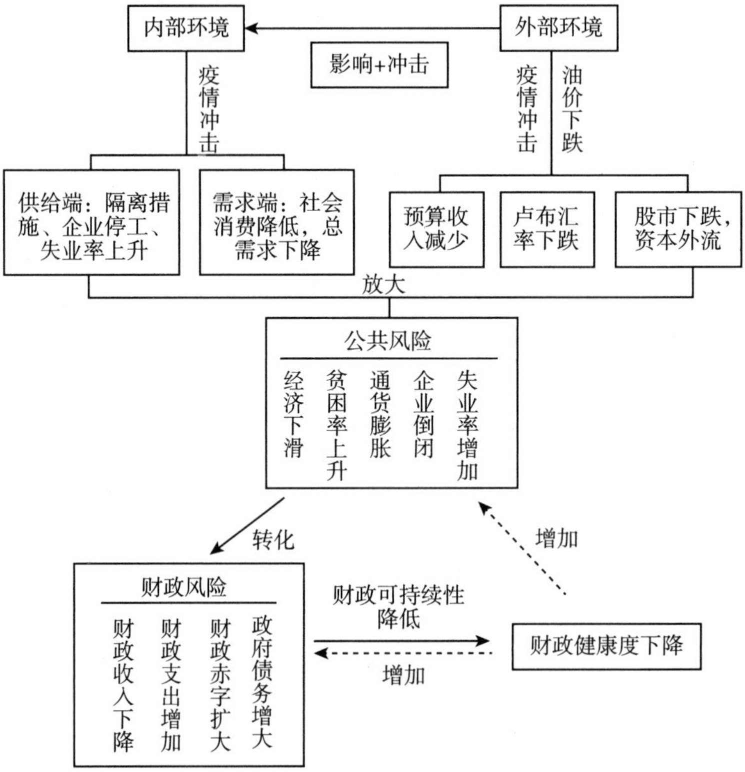


**图 9－2　疫情影响俄罗斯财政健康度逻辑**

**表 9－1　2019—2020 年上半年俄罗斯联邦预算收入情况对比**

| 收入项目 | 2019 年上半年 | 2020 年上半年 | 变化量 |
|---|---|---|---|
| 预算收入：<br>总数（亿卢布） | 95499 | 90915 | －4584 |
| 占 GDP 比重（%） | 8.7 | 8.6 | |
| 石油税收收入（亿卢布） | 41219 | 26610 | －14609 |
| 占总收入比重（%） | 43.2 | 29.3 | |
| 非石油税收收入（亿卢布） | 54280 | 64304 | 10024 |
| 占总收入比重（%） | 56.8 | 70.7 | |
| 国家福利基金收入（不包括投资管理收入）（亿卢布） | 95338 | 90762 | －4576 |
| 国家福利基金投资管理收入（亿卢布） | 160 | 152 | －8 |

资料来源：Оперативный доклад об исполнении федерального бюджета и бюджетов государственных внебюджетных фондов январь－июнь 2020 года. https：//ach.gov.ru/upload/iblock/635/6355465c8c52f3ed915cc39757263157.pdf#page=12。

导致俄罗斯联邦财政收入大幅下降的主要原因有两个（见图 9－3）：一是矿产资源开采税收入减少了 11339 亿卢布，同比降幅达 36. 4%；二是原油出口关税收入下降 6181 亿卢布，与 2019 年同期相比降低了 53. 6%。根据国际能源和大宗商品报价机构阿格斯的估算，油价下跌将导致 2020 年俄罗斯石油部门的收入减少 180 亿美元，最终引发俄罗斯预算收入损失 500 亿美元。

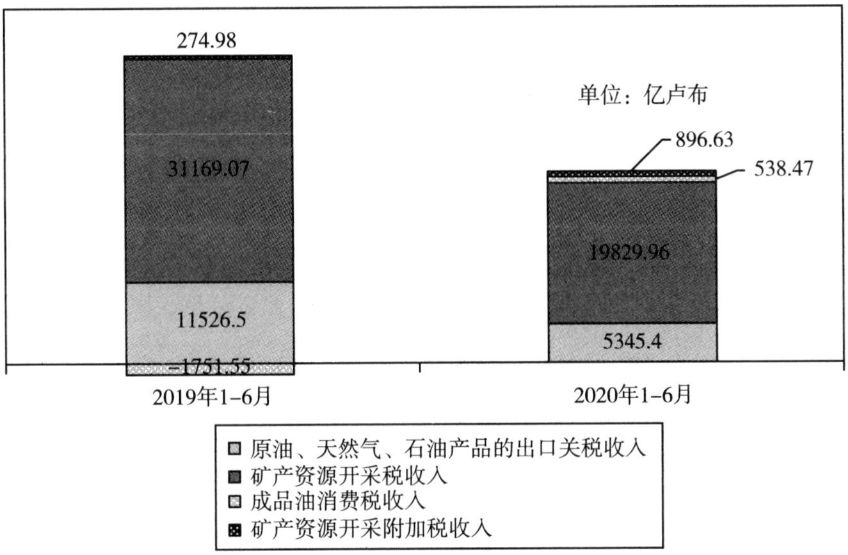


**图 9－3　2019－2020 年上半年联邦预算收入中石油税收收入变化情况**

资料来源：Оперативный доклад об исполнении федерального бюджета и бюджетов государ－ственных внебюджетных фондов. http：//ach. gov. ru/upload/iblock/982/ Оперативный% 20доклад% 20янв－июнь% 2020202. % 20Ключевые% 20выводы. pdf。

2. 联邦财政支出大幅扩张。2020 年 1—9 月，俄罗斯联邦预算支出 149880 亿卢布，与 2019 年同期相比增加 30390 亿卢布，涨幅达 25. 4%。依据 2021—2023 年俄罗斯联邦预算①，至 2020 年底，俄罗斯联邦财政支出将达到 23734 亿卢布，同比增长 29. 7%。其中，民生支出将是俄罗斯联邦财政支出的核心，教育、医疗、住房、社会政策等民生支出约为财政支出的 35. 5%；全国性问题支出将首次超过国防支出，达到 36391 亿卢布，同比扩大近 1. 6 倍，占财政总支出的比重为 15. 3%；国防支出将达到 33089 亿卢布，为财政支出的 13. 9%。

由于受到疫情冲击，自 2020 年 3 月 27 日起，俄罗斯央行开始实施大规模抗疫支持计划。据俄政府新闻局公布的数据，3 月中旬之后的一个月内，俄罗斯实施危

① Пояснительная записка к проекту федерального закона “О федеральном бюджете на 2021 год и на плановый период 2022 и 2023 годоф”.

机计划的财政支出规模约为2.1万亿卢布。截至5月初，用于反危机计划的财政支持总费用超过当期GDP的6.5%。6月2日，俄罗斯又发布经济复苏计划，提出将分适应、复苏、积极增长3个阶段拨款5万亿卢布重点资助500项经济活动，并于2021年逐步实施完成，以克服疫情引起的经济衰退，最大程度减缓GDP下跌趋势，最终稳定增加居民的实际收入。

俄罗斯一系列的救助与补贴措施，使财政用于医疗、住房与国民经济的支出也大幅上升。据预测[①]，2020年俄罗斯医疗卫生支出为12647亿卢布，较2019年同比增长近90%；住房和公共设施支出约为38399亿卢布，同比上涨42.2%；国民经济支出达到31907亿卢布，同比提升近18%（见表9-2）。

**表9-2　　2020年俄罗斯联邦财政支出预测情况**

| | 绝对额（亿卢布） | 占财政支出比重（%） | 占当年GDP比重（%） | 同比增幅（%） |
|---|---|---|---|---|
| 总计 | 237342.07 | 100 | 20.9 | 29.7 |
| 全国性问题 | 36391.05 | 15.3 | 3.2 | 155.6 |
| 国防 | 33088.65 | 13.9 | 2.9 | 12.0 |
| 国家安全和执法 | 23591.42 | 9.9 | 2.1 | 6.5 |
| 国民经济 | 31906.52 | 13.4 | 2.8 | 17.7 |
| 住房和公共设施 | 3839.92 | 1.6 | 0.3 | 42.2 |
| 环境保护 | 3017.20 | 1.3 | 0.3 | 50.9 |
| 教育 | 10112.30 | 4.3 | 0.9 | 17.5 |
| 文化影视 | 1449.38 | 0.6 | 0.1 | 13.5 |
| 医疗卫生 | 12646.69 | 5.3 | 1.1 | 86.5 |
| 社会政策 | 57670.91 | 24.3 | 5.1 | 18.4 |
| 体育项目 | 743.74 | 0.3 | 0.1 | 15.0 |
| 大众传媒 | 1011.92 | 0.4 | 0.1 | 27.5 |
| 债务偿还 | 8969.56 | 3.8 | 0.8 | 9.5 |
| 转移支付 | 12902 | 5.4 | 1.1 | 26.8 |

资料来源：Пояснительная записка к проекту федерального закона “О федеральном бюджете на 2021 год и на плановый период 2022 и 2023 годоф”。

3. 赤字形势严峻，债务规模扩大。持续下降的财政收入与不断增长的财政支

① Пояснительная записка к проекту федерального закона “О федеральном бюджете на 2021 год и на плановый период 2022 и 2023 годоф”.

出，使俄罗斯财政重回赤字状态。依据2020—2022年俄罗斯联邦预算，2020年俄计划实现预算盈余8761亿卢布，但疫情的冲击使当前的实际状况十分艰难，仅半年时间，俄罗斯就产生了较大规模的预算赤字。截至2020年9月1日，俄罗斯联邦预算赤字达32997亿卢布，超出同期GDP的2%。俄罗斯财政部副部长弗拉基米尔·科利切夫表示，至2020年底，俄罗斯联邦预算赤字将达到4.72万亿卢布，约占GDP的4.4%[①]，这一赤字规模约为2009年[②]的两倍。

为弥补猛增的预算赤字，俄罗斯开始增发国内债券。2020年7月31日，俄罗斯出台联邦法律《关于对俄罗斯联邦预算法以及某些联邦立法的修正案》（第263-ФЗ号），批准了2020年俄罗斯政府的内债规模可达4.1万亿卢布，这是近15年的最大值。截至8月1日，俄罗斯政府内债规模为114025.5亿卢布，与1月1日相比增加了12306.2亿卢布，增幅达12.1%（见图9-4）。俄罗斯联邦对外贸易银行首席执行官安德烈·克斯汀在一次战略论坛中指出，当前俄罗斯政府的内债规模完全处于可控范围，有继续增加的空间，且俄罗斯正面临加速经济复苏的任务，因此建议通过发行国债来补充联邦财政的不足[③]。俄罗斯财政部表示，俄罗斯将于2020年第四季度继续发行约2.3万亿卢布的债券，截至年底，俄打算将借债规模扩大一倍[④]。

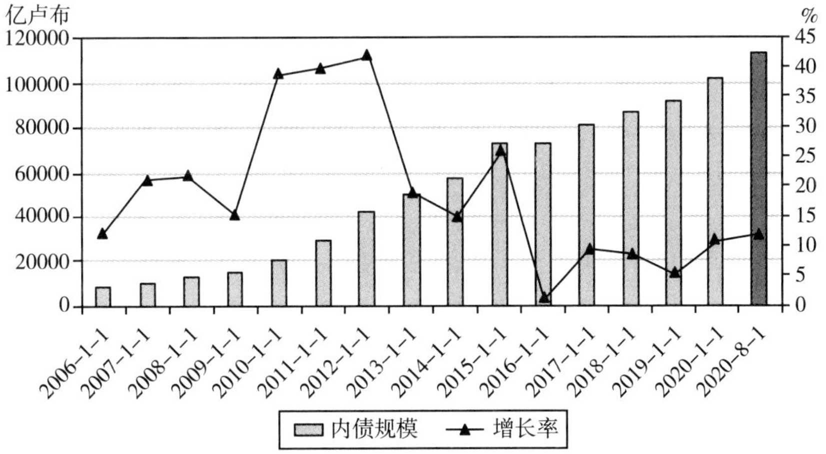


**图9-4　2006—2020年俄罗斯内债规模变化情况**

资料来源：http：//global-finances.ru/vnutrenniy-dolg-rossii/。

① Дефицит федерального бюджета России в 2021 году составит 2, 75 трлн руб. https：//tass.ru/ekonomika/9476029.

② 由于受到金融危机的影响，2009年，俄罗斯国民生产总值创下独立后的最高跌幅，联邦财政收入也严重受创，当年俄罗斯联邦财政赤字为2.32万亿卢布。

③ Минфин понизил оценку дефицита бюджета в 2020 году до 4% ВВП Но будущее госфинансов зависит от нефтяных цен. https：//www.rbc.ru/economics/08/09/2020/5f5789a59a7947e8efc72047.

④ Минфин решил более чем вдвое увеличить заимствования в 2020 году. https：//www.rbc.ru/economics/02/07/2020/5efe001b9a794739d21684de.

## （三）疫情背景下俄罗斯国家福利基金的对冲作用分析

依据俄罗斯政府的计划，联邦财政赤字主要由发行国债来补充，但为了确保债务水平保持在可控范围，国家福利基金也发挥着不可或缺的补充功能。在疫情暴发之后的几个月内，俄罗斯国家福利基金的规模不降反增，这为俄罗斯应对财政危机提供了有效缓冲。

1. 俄罗斯国家福利基金持续消耗3个月。截至2020年9月1日，俄罗斯国家福利基金达到132566.6亿卢布（1776.1亿美元），同比增长62.3%，与年初相比增加54836亿卢布，扩大了70.5%（见图9-5）。

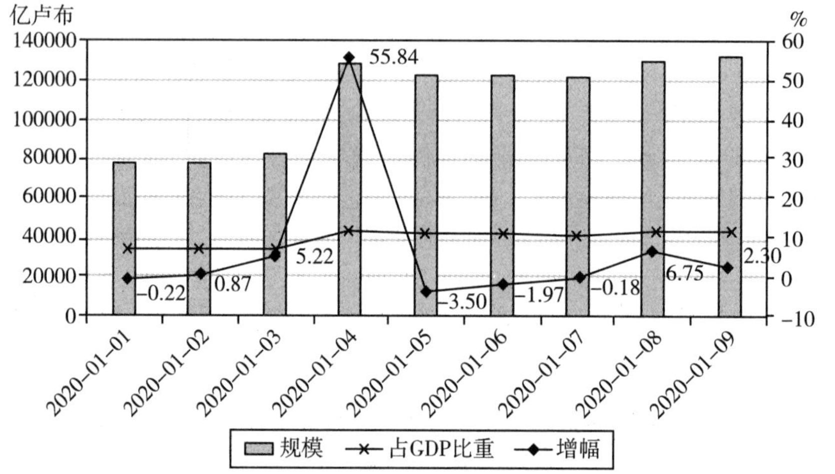


**图9-5　2020年俄罗斯国家福利基金规模变化情况**

资料来源：俄罗斯财政部官方网站，https：//minfin. gov. ru/ru/document/？id_4 = 27068 - obem_fonda_natsionalnogo_blagosostoyaniya。

2020年4月初，俄罗斯国家福利基金规模已达到128557.5亿卢布（1653.8亿美元），环比增长了46062亿卢布，涨幅达55.8%。该月国家福利基金得以大幅上涨的原因主要有两个：一是与2019年7月情况相同，俄罗斯财政部针对上一年购买外国货币积累的外汇资金，一次性从联邦政府的经常账户记入了国家福利基金，使基金的规模得以大幅上升。二是由于卢布贬值，外汇市场的汇率差给基金带来了一定的汇兑收益。由于国家福利基金主要是通过购买外汇的形式存入俄罗斯中央银行，因此外币升值使基金的实际资产有所上升。在2020年前4个月中，卢布贬值所产生的汇率差使俄罗斯国家福利基金增值91.75亿卢布。俄罗斯联邦政府财政金融大学教授康斯坦丁·奥尔多夫认为，美元汇率每上升10卢布，就能为国家福利基金带来约1.7万亿卢布的收益①。由此，面对国际油价大幅下跌，俄罗斯国家福利基金的规模不但没有减少，反而有所增长。

疫情暴发后，俄罗斯国家福利基金持续消耗3个月。2020年5月，福利基金规模下降至124058亿卢布，6月降至121615亿卢布，7月又进一步减少到121396亿卢布。4—7月，基金规模累计下降7162亿卢布；占GDP的比重也由11.3%降低至10.7%，降低0.6个百分点。

2. 为经济部门提供资金支持。俄罗斯国家福利基金为反危机计划提供了重要支持，用于刺激经济复苏，降低疫情对金融部门与实体经济等的冲击。在疫情的影响下，俄罗斯社会总需求骤降，许多企业面临资金链断裂的风险，企业运营严重受挫。俄罗斯战略研究中心（ЦСР）的调查结果显示，新冠疫情使俄罗斯近1/3的企业濒临破产，尤其对贸易服务行业、建筑业以及医疗卫生和制造业造成的冲击更为明显。由此，俄罗斯启动抗疫反危机计划，重点扶持相关行业及中小企业，尽量降低社会与经济动荡，而国家福利基金为财政提供了重要的补充与支撑作用。

在俄罗斯政府的抗疫反危机计划中，国家福利基金被当作弥补财政资金的主要来源。以此为基础，2020年3月21日俄罗斯财政部开始执行优先行动计划，确定了3000亿卢布的财政资金以应对当前局势，主要措施包括进口药品零关税、简化政府采购程序等。31日，俄罗斯财政部又预留1.4万亿卢布用于控制疫情蔓延，主要用于健康措施支出、公民社会救助、支持联邦主体延期支付预算贷款等②。

此外，俄罗斯国家福利基金还为信贷机构提供信贷支持，给中小企业以及实体经济部门提供贷款或注入资金，以保证企业平稳运行，同时保证危机中国家重点项目的顺利实施。截至2020年9月，俄罗斯政府从国家福利基金中支出5805亿卢布，专门用于支持金融机构与受疫情影响严重的企业。其中，为中小企业提供贷款支持300亿卢布，向住房抵押贷款公司借款400亿卢布，为实体经济部门提供627亿卢布的资金支持等（见表9-3）。

在财政支持得到充分保障的情况下，俄罗斯拿出国家福利基金约2.3万亿卢布，用于支持金融企业与实体部门，刺激经济复苏，约为同期反危机支出的88.1%③。在采取一系列反危机措施后，俄罗斯经济下降趋势明显放缓。根据俄罗斯统计局最新评估，2020年第三季度俄罗斯国内生产总值下滑5%，比预计的5.9%减少近1个百分点。工业生产情况也有所改善，5月俄罗斯工业产值同比下滑9.6%，7月下滑

---

① Девальвация рубля приносит триллионы: эксперты назвали опасный инструмент наполнения ФНБ. https：//www. mk. ru/economics/2020/06/21/devalvaciya - rublya - prinosit - trilliony - eksperty - nazvali - opasnyy - instrument - napolneniya - fnb. html。

② 徐坡岭．新冠肺炎疫情对俄罗斯经济的影响：抗疫反危机措施、经济运行状况与增长前景［J］．新疆财经，2020.

③ Растратить ФНБ за два года было бы неправильно. https：//www. vedomosti. ru/economics/characters/2020/05/05/829608 - ne - hochetsya - dolgovuyu - spiral.

8%，8月下滑7.2%。同时，俄罗斯居民失业状况得以控制，全国失业率没有继续大幅上升，7—8月的失业率稳定在6.3%的水平。因此，在俄罗斯反危机措施中，国家福利基金发挥了较为积极的作用。

**表9－3　　俄罗斯国家福利基金向企业提供贷款与资金支持**

| 项　　目 | 金　　额 |
|---|---|
| 向俄罗斯信贷机构提供贷款支持 | 291.8亿卢布 |
| 向中小企业提供贷款支持 | 300亿卢布 |
| 对住房抵押贷款公司的借款 | 400亿卢布 |
| 确保俄罗斯对外经济银行的权益资本充足 | 3364.1亿卢布 |
| 对实体经济部门的资金支持 | 574.9亿卢布用于资助莫斯科地铁购置及租赁项目<br>52.1亿卢布用于资助机场建设项目 |
| 其他领域资金支持 | 822.1亿卢布 |
| 总计 | 5805亿卢布 |

资料来源：俄罗斯财政部官方网站，https：//minfin. gov. ru。

3. 弥补预算收入短缺以降低财政缺口。受油价暴跌的冲击，2020年俄罗斯预算收入大幅下降，尤其是与石油天然气相关的关税以及矿产资源开采税收入减少尤为明显。2020年上半年，俄罗斯取得的石油税收收入仅为上年同期的65%，受此影响，尽管非石油税收收入增长约20%，但仍无法弥补巨大的收入缺口，使上半年联邦财政总收入同比下滑近5%。

根据俄罗斯预算法典规定，当油价低于42.4美元/桶时，俄罗斯央行可在公开市场拍卖国家福利基金中的等值外汇，以弥补油价下跌导致的预算收入短缺。2020年4月，在疫情暴发初期，国家福利基金账面可流动资金为128558亿卢布，占同期GDP的11.3%。其中，福利基金在俄罗斯中央银行单独账户的外币结构为572.3亿美元、494.8亿欧元、96.2亿英镑（见表9－4）。4—8月，俄罗斯财政部出售了国家福利基金在中央银行账户中的部分外汇储备，共计6650亿卢布，用于填补由于油价下跌导致的财政收入短缺，这一数额约为石油税收收入的25%。

尽管如此，俄罗斯联邦财政仍出现大量赤字，在弥补联邦预算收入的基础上，俄罗斯财政部又开始使用国家福利基金填补联邦财政缺口。2020年8—10月，俄罗斯中央银行共出售6407万美元、5440万欧元与1096万英镑，共计1103.3亿卢布记入联邦预算账户，用于弥补预算赤字。

据复兴资本投资银行经济学家索菲亚·多涅茨预测[①]，2020年乌拉尔石油的平均价格约为41美元/桶，在这种情况下，截至年底俄罗斯需要从国家福利基金拨款近4600亿卢布，专门用于弥补预算收入不足导致的财政缺口。

**表9－4　　　　俄罗斯国家福利基金储备结构对比**

| 项目 | 2020年4月1日 | 2020年9月1日 | 2020年10月1日 |
|---|---|---|---|
| 俄罗斯中央银行单独账户中的储备 | 572.3亿美元、494.8亿欧元、96.2亿英镑；14942.5亿卢布 | 531.6亿美元、457.8亿欧元、88.8亿英镑；2.62亿卢布 | 528.2亿美元、454.9亿欧元、88.2亿欧元；5.21亿卢布 |
| 俄罗斯对外经济银行存款 | 5775.6亿卢布 | 5805.02亿卢布 | 5802.43亿卢布 |
| 投资国外债券 | 30亿美元 | 30亿美元 | 30亿美元 |
| 投资与国内基础设施项目相关的有价证券 | 2125.96亿卢布，41.11亿美元 | 2548.46亿卢布，41.13亿美元 | 2548.46亿卢布，41.13亿美元 |
| 信贷机构优先股 | 2789.92亿卢布 | 2789.92亿卢布 | 2789.92亿卢布 |
| 存放在俄罗斯对外经济银行与天然气工业银行的账户中，用于资助国家批准的基础设施项目 | 1384.34亿卢布 | 1384.34亿卢布 | 1384.34亿卢布 |
| 俄罗斯储蓄银行普通股 | — | 25627.15亿卢布 | 25677.97亿卢布 |

资料来源：俄罗斯财政部官网站，https：//minfin.gov.ru/ru/perfomance/nationalwealthfund/news/。

## （四）对俄罗斯国家福利基金发挥抗疫反危机作用的思考

1. 疫情暴发前俄罗斯财政储备较充足，具备应对危机的一定条件。在疫情所导致的停工停产以及油价下跌的冲击下，俄罗斯经济陷入衰退之中，但总体来看，俄罗斯具备应对此次危机的有利条件。由于经历了较长时间的经济制裁，俄罗斯实施

① Минфин начал тратить ФНБ на покрытие бюджетного дефицита. https：//www.rbc.ru/economics/07/09/2020/5f55f0219a794734f2af270d.

进口替代等反制裁措施，推行国内发展战略，具备一定的自给自足能力。面临世界经济的衰退与危机，相对于其他国内日用消费品高度依赖外部的经济体，俄罗斯抗冲击能力相对较强。

在疫情发生之前，俄罗斯的财政状况、外汇储备都处于良好状态，具备应对疫情的基本条件。首先，2018—2019 年俄罗斯联邦预算一直处于盈余状态，财政盈余占 GDP 的比重一度超过 3%。其次，俄罗斯外汇储备较为充足，2020 年 3 月上旬达 5810 亿美元，截至 5 月 1 日，俄仍有 5673 亿美元的外汇储备，高于同期外债额。同时，俄罗斯的公共债务水平较低，2020 年初，俄罗斯公共债务仅占 GDP 的 12.3%，远低于《米斯特里赫条约》规定的 45% 的国际通行警戒线标准。

不仅如此，俄罗斯拥有较充足的超额储备。截至 2020 年 3 月 1 日，俄罗斯国家福利基金中用于补充石油和天然气收入的资金总额超 10 万亿卢布，占 GDP 的 9.2%。俄罗斯财政部表示，在 25—30 美元/桶的油价下，国家福利基金的规模可弥补其在 6—10 年的对冲损失，满足联邦预算的支出需求。在抗疫和稳就业的背景下，俄罗斯财政资源消耗很快。在这种情况下，利用国家福利基金填补石油税收行业预算收入的损失，既不会增加国家财政负担，也不必承担石油价格周期下跌的后果。

2020 年 3 月油价暴跌之后，乌拉尔原油价格已接近俄罗斯 2020—2022 年中期预算平衡点的预期石油价格，即 42.4 美元/桶。政府财政盈余和国家福利基金持续消耗了 3 个月，下半年财政压力较大。但总体来看，俄罗斯财政风险等级仍可维持在较低水平上，政府债务水平处于可控范围。截至 2020 年第二季度末，俄罗斯公共债务占 GDP 的比重仍低于 20%。由此，俄罗斯财政部经济专家组负责人古尔维奇认为，俄罗斯可以通过增加国内债务来解决财政资金的不足，而不必担心宏观经济稳定被破坏。他认为，在内需大幅下降的情况下，俄罗斯通货膨胀不会强劲增长，并建议中央银行购买政府债券以增加货币供应量。

2. 对于国家福利基金反危机作用的讨论。新冠肺炎疫情作为公共卫生危机，对经济的冲击不同于一般的经济周期影响，疫情发展的不同阶段需要不同的应对政策。针对政府的救市措施以及国家福利基金的使用情况，俄罗斯地方政府、议会各党团与经济学界提出了不同意见，并分别致信总统和政府，要求扩大财政支持规模和力度。

自由派的经济学家们一致认为，当前政府的救助措施规模远远不够，发达国家的财政支持规模占 GDP 的 10%—20%，而俄罗斯不超过 GDP 的 1.5%。在保守情况下，应将反危机支持规模提高到 GDP 的 4%—6%；在激进情况下，提高到 8%—10%。仅在 2020 年至少应花费国家福利基金的 50%，应从中拨出 2 万亿卢布一次性发放给俄罗斯公民，对公民和企业提供最直接的金融支持。

同时，莫斯科、圣彼得堡及其他不同地区地方杜马及联邦会议的议员指出，在俄罗斯实行自我隔离制度之后，联邦政府将所有责任移交给了州政府，但州政府无权使用国家福利基金，公民们已然处于严峻形势中。议员们要求国家履行宪法社会责任，利用国家福利基金向俄罗斯所有公民发放现金，成人每人 2.5 万卢布，儿童每人 1.5 万卢布，以度时艰。

而俄罗斯启动量化宽松政策的建议受到财金主管部门的明确反对。财政部部长西卢阿诺夫在接受采访时指出，在两年内花光国家福利基金是错误的选择，财政部不准备消耗更多的福利基金。他认为，在救市方面，俄政府的任务是帮助真正有需要的人，而不是攀比谁花的钱更多。

在这种情况下，俄罗斯政府面临艰难权衡。财政援助的规模与疫情的规模和持续时间紧密相关，很难准确估算。俄罗斯社会要求政府扩大支持力度的呼声不断，但钱从何来？俄罗斯长期的通胀史和高通胀预期使管理层不能用力过猛，货币政策不宜采取明显的扩张态势。由于油价的大幅下跌，未来国家福利基金可能只出不进，快速消耗殆尽。早在 2020 年 3 月，俄罗斯财政部还乐观估计，国家福利基金的储备可以在油价为 25—30 美元/桶的情况下弥补 6—10 年的财政收入短缺，但在此期间俄罗斯乌拉尔油价就已跌破 20 美元/每桶。西卢阿诺夫指出，随着油价波动与疫情发展，在国家福利基金的支持下俄罗斯已经耗资数万亿美元，照这样发展下去，福利基金仅能支撑 3—4 年就会被用完。在未来形势尚未明朗的情形下，国家福利基金的这种过快消耗会将俄罗斯财政置于较被动的状态，无疑会对俄罗斯财政健康产生不利影响。

3. 俄罗斯国家福利基金的发展趋势。2020 年 9 月，俄罗斯联邦政府向国家杜马提交了《2021—2023 年联邦预算草案》。根据该预算草案，与 2019 年底出台的《2020—2022 年联邦预算》计划数额相比，俄罗斯未来两年的预期财政盈余全部转化为财政赤字①，俄罗斯显然为疫情付出了沉重代价。增发国债仍是俄政府弥补财政赤字的主要方式。而国家福利基金将承担一部分弥补赤字的功能，其主要作用是为经济复苏预留充足的储备，以在经济低迷之时注入资金，减缓经济衰退，保障国家预算平衡，促进经济社会平稳发展。

2021—2023 年，俄罗斯国家福利基金规模将持续扩大，由 124873 亿卢布升至 134744 亿卢布，累计增长 79%（见表 9－5）。其中，预计用于联邦预算缺口的补贴资金在 2021 年为 950 亿卢布，2022 年与 2023 年均为 38 亿卢布。其余的储备一部分存放于中央银行的专门账户中，这部分资金由 2021 年的 82382 亿卢布增至 2023 年的 92527 亿卢布；另一部分则存放于其他金融资产账户中，包括用于投资管理的资金，金额约为国家福利基金总储备的 33%。

① 据 2019 年 12 月出台的俄罗斯《2020—2022 年联邦预算》（第 380－Ф3 号）预测，2021 年与 2022 年俄罗斯预算盈余分别为 701.4 亿卢布、372.7 亿卢布。至于对非油气收入的补偿，考虑到俄罗斯之前的国家债务水平较低，这部分预算赤字将主要通过发行国债和出售俄储银行股票所获的利润来弥补。

**表 9-5　2021—2023 年俄罗斯联邦财政主要指标变化情况**

| | 2021 年 | 2022 年 | 2023 年 |
|---|---|---|---|
| 财政收入（亿卢布） | 187651 | 206375 | 222627 |
| 占 GDP 比重（%） | 16.2 | 16.6 | 16.8 |
| 财政支出（亿卢布） | 215201 | 218850 | 236713 |
| 占 GDP 比重（%） | 18.6 | 17.6 | 17.8 |
| （-）赤字/（+）盈余（亿卢布） | -27550 | -12475 | -14086 |
| 占 GDP 比重（%） | 2.4 | 1.0 | 1.1 |
| 赤字补充资金来源： | | | |
| 政府债务（亿卢布） | 29376 | 20990 | 23878 |
| 国家福利基金补充（亿卢布） | 950 | 38 | 38 |
| 年末国家福利基金规模（亿卢布） | 124873 | 126382 | 134744 |
| 占 GDP 比重（%） | 10.8 | 10.2 | 10.1 |
| 存放在中央银行的福利基金数量（亿卢布） | 82382 | 84021 | 92527 |
| 存放于其他金融资产中的福利基金数量（亿卢布） | 42491 | 42362 | 42218 |

资料来源：Пояснительная записка к проекту федерального закона“О федеральном бюджете на 2021 год и на плановый период 2022 и 2023 годоф”。

## 四、小结与启示

### （一）重视超额储备所发挥的抵御经济与财政危机功能

俄罗斯的财政稳定在很大程度上依赖于以能源出口为主的收入，是一种典型的资源型财政。但过分依赖能源出口的经济结构存在极大的不稳定性，一旦遭遇资源枯竭或资源价格下跌，国家的财政与经济形势就有可能由盛转衰。因此，确保财政的长期稳定和可持续发展，是许多资源型国家或地区面临的重要问题。正如我国的抚顺和大庆，丰富的煤炭与石油资源曾为当地财政与经济带来十分丰厚的收入，但资源生产期的超额收入未被有效储存，随着资源逐渐枯竭，曾经的巨额收入也被消耗殆尽。

俄罗斯将超额石油税收收入储备起来，用于弥补必要时的财政支出，对于缓解油价下跌导致的财政收入骤减，发挥了不容忽视的缓冲和调节作用。当经济高涨时，俄罗斯将财政超额收入存入稳定基金，避免财政收入的盲目消耗，防止非正常财政支出的扩张，对经济起到“降温”作用；而当经济遭遇危机时，政府运用之前储备的基金，弥补财政赤字，为反危机计划注入资金以实现反危机目标，对经济起到

“提振”作用。

在此次疫情中，充沛的财政储备在一定程度上提升了俄罗斯应对危机的信心。在经济衰退以及油价下跌导致收入大量减少时，国家福利基金能使政府不必削减支出或提高税率来保障预算平衡，从而避免了可能加剧宏观经济波动的财政紧缩。由此，建立长期可持续的财政预算稳定调节机制具有重要意义。

### （二）我国预算平衡机制有待完善

2007 年，我国建立中央预算稳定基金，从 2006 年财政超收收入中划入 500 亿元。随后，各地根据当地实际情况，建立本级预算稳定调节基金。作为财政资金的“蓄水池”，预算稳定调节基金储备一般公共预算的超收收入，弥补未来有可能遭遇的预算缺口。我国虽然设立了预算稳定调节基金，但仍存在一些问题。

一是缺少对基金规模的管理。《预算稳定调节基金管理暂行办法》（财预〔2018〕35 号）明确了预算稳定调节基金的定义，即为实现宏观调控目标，保持年度间政府预算的衔接和稳定，各级一般公共预算设置的储备性资金。尽管我国确定了预算稳定调节基金的定义，但缺少对基金规模的管理。若基金规模过小，则难以发挥其规范财政超收、完善跨年度平衡机制的作用；若规模过大，则会影响预算的正常编制，加大财政预算波动。

二是主要用途有待进一步明确。我国《预算法》规定：“各级一般公共预算按照国务院的规定可以设置预算稳定调节基金，用于弥补以后年度预算资金的不足。”即以丰补歉，但该法没有明确其具体用途，这增加了同级人大及其常委会预算监管的难度。由此，各级各地预算超收收入不能在当年支出，必须纳入预算调节基金，但这些资金往往在随后年度被直接用于财政支出，并不具有反危机的作用。不仅如此，在经济薄弱的地区，地方政府为加快经济发展，会加大政府投资，采取零地价甚至负地价的方式进行招商引资，分年度返还企业税收和土地出让金，再加上民生财政的刚性需求，地方政府不得不将当年储备的财政超收收入直接花掉。

三是结余基金管理不完善。《预算稳定调节基金管理暂行办法》第四章指出“各级一般公共预算的稳定调节基金应当在同级国库单一账户储存”。这强调了预算稳定调节基金的单一账户集中化存储管理，虽有利于减少基金使用的行政干预，但没有对基金结余的保值、增值做出明确规定①。

反观俄罗斯，在落实预算稳定调节过程中，俄罗斯将国家福利基金的形成、使用与管理都详细写入俄罗斯《预算法典》中，为福利基金提供了良好的法律保障，并真正在实践中运用了预算稳定调节机制的作用。

---

① 徐志，杨蓉洁．预决算偏离度视角下的预算稳定调节基金研究［J］．财政监督，2019.

## （三）建立预算稳定调节基金的长期资金筹集渠道

现阶段，尽管我国《预算法》对预算稳定调节基金进行了规定，但在实际建立过程中，由于各地区差异较大，预算管理水平各不相同，预算稳定调节基金的建设情况不尽完善，在长期中也没有形成稳定的筹资来源。

土地出让金是我国地方财政收入的主要来源，而土地资源的供给具有稀缺性，使地方政府通过出让城市土地存量、进行土地拆迁等方式获取土地纯收益的空间不断缩小，因此“土地财政”在长期来看具有极大的不稳定和不可持续性。鉴于此，可以考虑在土地出让金与预算稳定基金之间建立联系。尽管未来房产税可能成为地方政府的财政收入来源，但在房产税制度尚未完善，地方政府可出让土地规模不断减少的情况下，一旦土地出让收入出现绝对下降，地方政府无法在短时间内寻找新的财源，势必会对地方财政收支造成巨大压力，进而形成财政风险。

为此，可以考虑在土地出让收入尚未出现绝对下降，仍有调节和引导空间时，形成缓冲机制。可尝试按照一定比例将地方层级的超额收入计提存入预算稳定调节基金，为未来政府积累财力，合理分配政府代际间的土地收益，以避免在经济高涨期，增收的额外收入被不合需求的财政扩张所浪费。

同时，将土地出让金收入纳入预算调节基金，还可降低土地财政对地方财政造成的不稳定风险，使未来的财政在面临危机时，无须以破坏财政健康、恶化经济循环为代价，可在一定程度上减轻政府压力，兼顾财政的安全与稳定。

## （四）保持财政健康的最终目标是实现经济社会的稳定和可持续发展

从全球范围看，疫情防控是持久战和消耗战，如何应对疫情是对一国政府危机应对能力和社会治理能力的重要考验。如何权衡财政收支平衡与社会补贴规模，关系到经济社会的稳定与发展。在这一过程中，一味追求财政平衡，不考虑实际民情，有可能会形成财政与经济社会的恶性循环，进一步恶化财政健康。

在俄罗斯，由于政府支持有限，民众为找工作解决生计不顾限制令外出，这成为疫情不断反复的原因之一，疫情反复又加重财政支出压力，形成恶性循环。据俄列瓦达调查中心数据显示，俄罗斯有65%的家庭没有任何积蓄。在这种情况下，小规模、不到位的刺激计划最终的效果可能会与政府的初衷背道而驰，进一步加剧经济衰退。因此，财政健康固然重要，但其最终目标应该是保证居民生活水平，保证社会与经济平稳度过危机。

### 本章参考文献

1. 白忠涛．逆全球化浪潮中俄罗斯经济平衡的财政作用［J］．财政科学，2019（4）．

2. 丁超．制裁背景下俄罗斯财政政策的演化逻辑与未来方向：以预算规则为线索［J］. 欧亚经济，2020（3）.

3. 李建民．油价下跌和新冠肺炎疫情下的俄罗斯经济：影响与政策选择［J］. 俄罗斯学刊，2020（3）.

4. 童伟．俄罗斯中期预算改革：原因，现状及发展趋势［J］. 俄罗斯中亚东欧研究，2008（3）.

5. 徐坡岭．新冠肺炎疫情对俄罗斯经济的影响：抗疫反危机措施、经济运行状况与增长前景［J］. 新疆财经，2020（4）.

6. 中国财政科学研究院．世界主要国家财政运行报告（2019）［M］. 中国财政经济出版社，2020.

7. Харитоненко Лидия Богдановна，Шмиголь Наталия Сергеевна. Опыт управления резервным фондом и необходимость его учета в функционировании фонда национального благостояния［J］. Инновационная экономика：перспективы развития и совершенствования，2020，3（45）.

8. Акроэкономические эффекты от повышения НДС с 18% до 20%. https：//www. iep. ru/ru/makroekonomicheskie – effekty – ot – povysheniia – nds – s – 18 – do – 20. html.

9. Федеральный закон от 29 ноября 2018 г. N 459 – ФЗ "О федеральном бюджете на 2019 год и на плановый период 2020 и 2021 годов"（с изменениями и дополнениями）. https：//base. garant. ru/72116686/.

10. Исполнение федерального бюджета в 2019 году：новые антирекорды. https：//www. rea. ru/ru/org/cathedries/finpricekaf/PublishingImages/Pages/аналитические – материалы/Анализ%20исполнения%20федерального%20бюджета%20за%202019%20года. pdf.

11. 俄罗斯新冠肺炎病毒官方信息网站，https：//xn – – 80aesfpebagmfblc0a. xn – – p1ai/information/.

12. Основные направления бюджетной，налоговой и таможенно – тарифной политики на 2019 год и на плановый период 2020 и 2021 годов. https：//www. garant. ru/products/ipo/prime/doc/71966310/.

13. В России назвали товары которые подорожают из – за девальвации рубля，https：//www. rosbalt. ru/business/2020/03/11/1832038. html.

14. Экспортная пошлина на нефть в России с 1 мая 2020 г. снизится в 7，6 раза. https：//neftegaz. ru/news/finance/542588 – eksportnaya – poshlina – na – neft – v – rossii – s – 1 – maya – 2020 – g – snizitsya – v – 7 – 6 – raza/.

15. 俄罗斯财政部官方网站，https：//minfin. gov. ru.

16. Девальвация рубля приносит триллионы：эксперты назвали опасный инструмент наполнения ФНБ. https：//www. mk. ru/economics/2020/06/21/devalvaciya – rublya – prinosit – trilliony – eksperty – nazvali – opasnyy – instrument – napolneniya – fnb. html.

# 第十章 中国在构建确定性中维护了财政健康

**本章导读：**

在疫情暴发前，与主要国家相比，中国经济保持较高增速，经济实力显著增强，财政收入居世界前列，且中国政府部门债务率远低于以欧美为代表的发达经济体。随着疫情在各国本土暴发和蔓延，疫情冲击导致各国经济不同程度萎缩，失业率短期内大幅上升，社会不稳定风险上升，这不仅使各国面临的公共风险不断上升，还对全球经济带来较大负面影响。与其他国家不同的是，中国已在控制住国内疫情的背景下率先开启经济复苏之路，这对中国财政健康度的提升是重大支撑。

此次蔓延全球的新冠疫情，是重大的公共风险和公共危机事件，对于各国财政健康度也是重要的检验。在疫情暴发前，与美国、日本、英国、德国、意大利等主要国家相比，中国的财政健康度相对稳健。

## 一、比较健康的财政底子

在疫情暴发前，与美国、日本、英国、德国、意大利等主要经济体相比，中国经济一直保持较高增速，经济实力显著增强，财政收入居世界前列。从债务水平的国际比较来看，中国政府部门债务率远低于以欧美为代表的发达经济体。即使是与财政状况一直较为稳健的德国相比，中国政府的债务率也更低。虽然近几年，中国在推动积极财政政策“加力提效”的过程中，赤字规模有所上升，但政府的赤字安排并不是主要用于机构运转、人员工资等经常性支出，而是进行有效投资，形成可偿还债务的对应资产，这是中国赤字安排和许多国家不同的地方，也是中国财政可持续能力更强的重要原因。

## （一）经济实力显著增强，为稳健财政状况打下坚实基础

近20多年以来，中国经济一直保持较高增速，经济体量不断增加，经济实力显著增强，为稳健的财政状况打下了坚实的基础。如图10－1所示，1996—2019年，中国经济增速不仅高于同期全球经济平均增速，还在世界主要经济体中名列前茅。具体来看，1996—2019年，中国经济平均增速高达8.95%，同期全球经济平均增速为3.78%，美国、日本、英国、德国、意大利等主要经济体的经济平均增速分别为2.49%、0.88%、2.10%、1.41%、0.60%。目前，中国已经成为世界第二大经济体，是世界上唯一拥有联合国产业分类目录中所有工业门类的国家，也是全球制造业第一大国、货物贸易第一大国、商品消费第二大国、外资流入第二大国、外汇储备第一大国。

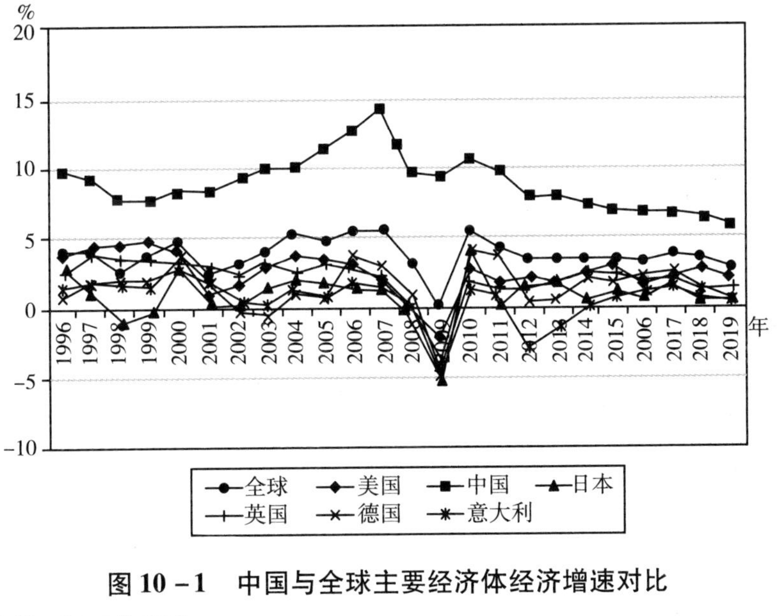


**图10－1　中国与全球主要经济体经济增速对比**

资料来源：Wind数据库。

2019年，尽管受到中美经贸摩擦的负面冲击，但是中国经济仍然实现了6.1%的中高速增长，经济总量逼近100万亿元大关。根据中国统计局公布的有关数据显示，2019年，中国国内生产总值为990865亿元，按年平均汇率折算达到14.4万亿美元，稳居世界第二位；人均国内生产总值为70892元，按年平均汇率折算达到10276美元，首次突破1万美元大关，与高收入国家的差距进一步缩小。与此同时，2019年，中国经济增速在经济总量1万亿美元以上的经济体中高居第一，对全球经

济增长贡献率约为30%，并继续发挥推动世界经济增长主要动力源的重要作用。由此可见，中国经济实力的显著增强，不仅为本国稳健的财政健康状况打下了坚实基础，还为世界经济注入了强大的信心和希望。

## （二）财政收入居世界前列，财政支出更侧重民生

近年来，随着国民经济的快速发展，中国财政收入持续较快增长，国家财政实力不断壮大，政府宏观调控和公共保障能力进一步增强。从绝对规模看，中国政府财政收入规模已经位居世界前列。2019年，中国政府财政收入为24401.89亿美元（见表10-1），大体相当于当年美国财政收入的41.85%，世界排名第二位，财政收入规模超过日本、德国、意大利、英国等主要发达国家。财政收入可以说是经济晴雨表。回顾新中国成立70年，中国的财政收入由62亿元攀升至约19万亿元，大增3063多倍。日益增长的财政收入不仅对经济发展的支撑与调控非常重要，还是维持中国稳健的财政健康状况的重要支撑因素。

**表10-1　　中国与全球主要经济体财政收入规模对比**　　单位：亿美元

| 国家 | 2002年 | 2005年 | 2010年 | 2015年 | 2016年 | 2017年 | 2018年 | 2019年 |
|---|---|---|---|---|---|---|---|---|
| 美国 | 32664.59 | 40233.93 | 43304.94 | 57626.30 | 63003.96 | 60837.68 | 62547.43 | 58306.68 |
| 日本 | 6977.55 | 8026.68 | 12273.42 | 8652.72 | 9353.43 | 9179.26 | 9397.27 | 9693.08 |
| 德国 | 9198.38 | 12323.46 | 14821.38 | 15056.10 | 15726.68 | 16847.58 | 18313.89 | 18006.81 |
| 意大利 | 5605.41 | 7937.44 | 9722.31 | 8733.44 | 8731.56 | 9145.69 | 9652.27 | 9419.51 |
| 英国 | 6359.88 | 9661.93 | 9430.24 | 11049.81 | 10282.55 | 10333.72 | 11061.93 | 10955.23 |
| 中国 | 2283.89 | 3867.88 | 12280.75 | 27614.04 | 27640.28 | 25598.56 | 23990.41 | 24401.89 |

注：除美国外，其他国家财政收入按当年平均汇率折算为美元。
资料来源：CEIC数据库。

从包括公共财政、国有资本经营、政府性基金和社会保险基金在内的全口径财政收支结构来看，中国财政收支总量和结构的变化轨迹正在向高收入国家靠拢。从财政支出结构看，2012年之后，中国社会保障、科学技术、医疗保健支出在财政总支出中的占比快速提高。具体来看，中国社会保障支出在总支出中的占比从2012年的6.71%提高到2019年的8.12%，中国科学技术支出在总支出中的占比从2012年的2.38%提高到2019年的2.62%，中国医疗保健支出在总支出中的占比从2012年的3.78%提高到2019年的4.64%。从财政收入结构看，2012年之后，中国税收收入在总收入中的占比下降，政府性基金收入、社会保险基金收入、非税收收入和国有资本经营收入的占比上升。具体来看，中国税收收入在总收入中的占比从2012年的53.61%下降到2019年的43.64%，中国政府性基金收入在总收入中的占比从2012年的20%上升到2019年的23.35%，中国社会保险基金收入在总收入中的占比从2012年的16.74%上升到2019年的22.97%，中国非税收收入在总收入中的占比

从2012年的8.87%上升到2019年的8.95%，中国国有资本经营收入在总收入中的占比从2012年的0.8%上升到2019年的1.1%。不过，与全球主要发达国家相比，中国一般政府支出占GDP的比重仍属于中等偏低水平。

## （三）中国政府债务水平较低，债务率远低于主要发达国家

从债务水平的国际比较来看，中国政府部门债务率远低于以欧美为代表的发达经济体。即使是与财政状况一直较为稳健的德国相比，中国政府的债务率也更低。根据国际货币基金组织（IMF）公布的数据显示，2001—2019年，美国、日本、英国、意大利、德国和中国等国家的政府债务率均有不同程度的上升。但在此期间，中国政府债务率始终低于美国、日本、英国、意大利、德国等发达国家。2019年，中国政府债务率为54.39%，日本、德国、意大利、英国、美国等发达国家的政府债务率分别为237.38%、59.75%、134.77%、85.41%、108.98%（见图10-2）。由此可见，从政府债务率的国际比较来看，中国的政府债务率不仅低于德国、意大利等欧元区国家，也低于日本和美国。另外，截至2019年，中国政府债务率的总体水平不仅低于全球主要经济体的负债水平，还低于60%的国际警戒线。虽然近几年，中国地方政府偿债能力总体水平有所下降，局部地区债务风险有所上升，但是中国政府负债仍处于安全区间，政府债务风险总体可控。

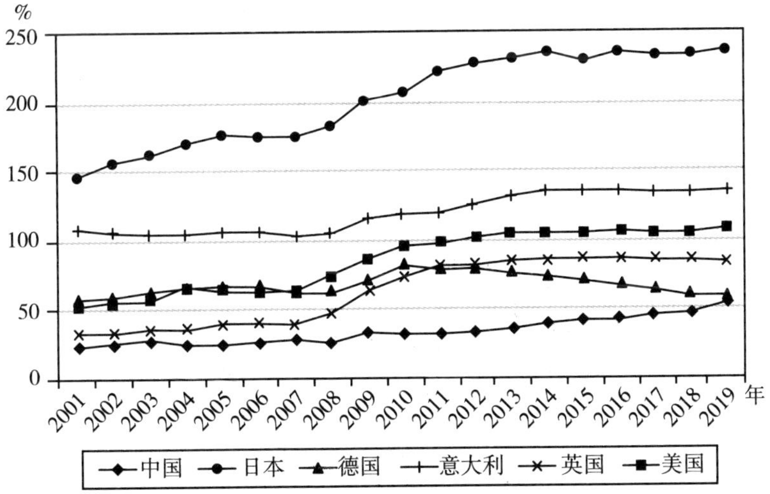


**图10-2　中国与全球主要经济体政府债务率比较**

资料来源：CEIC数据库。

## （四）赤字率上升较快，赤字安排主要是有效投资

近几年来，中国在推动积极财政政策“加力提效”的过程中，赤字规模有所上

升。根据中国统计局公布的数据显示，2016—2019 年，中国的赤字规模分别为 2.18 万亿元、2.38 万亿元、2.38 万亿元和 2.76 万亿元。从赤字率看，2016—2019 年，中国的赤字率分别为 2.9%、2.9%、2.6% 和 2.8%，赤字率始终控制在国际通用的 3% 控制线以内。不过，如果参考 IMF 公布的赤字率数据，那么无论是与自身纵向比较，还是与全球主要经济体横向比较，中国近几年的赤字率均表现出上升较快的特征。具体来说，根据 IMF 公布的数据显示，2017—2019 年，中国赤字率分别为 3.84%、4.65% 和 6.37%，赤字率呈现稳步上升态势。特别是 2019 年，中国 6.37% 的赤字率高于美国（5.78%）、日本（2.82%）、意大利（1.64%）和英国（2.08%），如图 10-3 所示。需要指出的是，IMF 公布的赤字率数据由于考虑了专项债、城投债等内容，口径偏大，但该指标更适合用于国际比较。

虽然中国近几年的赤字率有所上升，但政府的赤字安排并不是主要用于机构运转、人员工资等经常性支出，而是进行有效投资，形成可偿还债务的对应资产，这是中国赤字安排和许多国家不同的地方，也是中国财政可持续能力更强的重要原因。2019 年 3 月 17 日，财政部部长刘昆就在十三届全国人大二次会议新闻发布会上表示，尽管 2019 年中国财政收支平衡压力比较突出、平衡非常困难，但中国还是积极加大重点领域投入力度。例如，2019 年，中国准备中央本级科技支出 3543 亿元，同比增长 13.4%，支持科技创新和技术攻关；安排了中央基建投资 5776 亿元，同比增加 400 亿元，重点支持重大基础设施建设、创新驱动和结构调整、社会事业和社会治理、节能环保与生态建设等重大项目，推动经济持续健康发展。另外，2019 年，中国在平衡好稳增长和防风险的过程中，还积极通过加大减税降费力度和着力保障重点支出的方式，保持财政和经济的可持续发展。

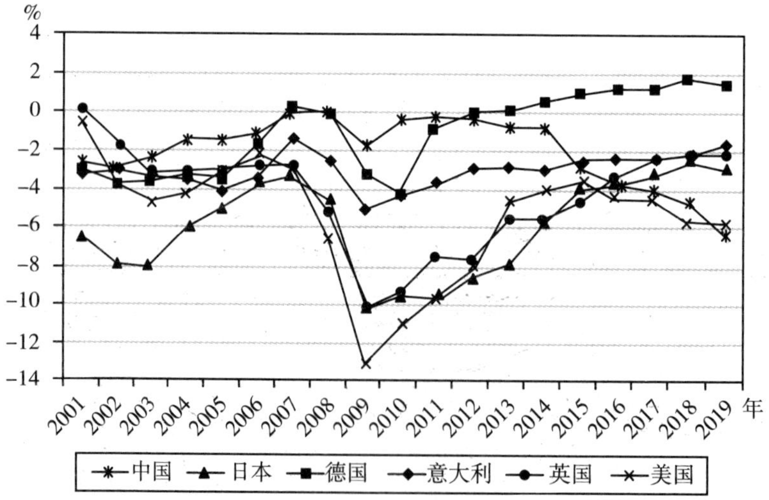


**图 10-3　中国与全球主要经济体政府收支差额占 GDP 的比重**

资料来源：CEIC 数据库。

## 二、通过疫情控制最早构建了确定性

根据世界卫生组织（WHO）发布的数据显示，截至2020年11月8日，中国累计确诊新冠肺炎人数为92195人，累计死亡4748人。中国是全球最早暴发新冠肺炎疫情的国家，在中国共产党的坚强领导下，在全国各族人民的共同努力下，中国也是最早实现国内疫情稳定的国家。特别是在目前国外疫情正处于大流行的情况下，中国国内疫情持续好转。在全球疫情持续蔓延背景下，中国已经在常态化疫情防控中全面推进复工复产。

### （一）在主要经济体中实现"唯一"正增长

2020年7月16日，中国国家统计局发布2020年上半年国民经济运行数据，中国二季度GDP同比增长达3.2%（见图10－4），这意味着中国经济在一季度增速下降6.8%之后"由负转正"，并率先开启经济复苏之路。国际货币基金组织（IMF）在最新一期《世界经济展望》中预测中国将成为2020年唯一一个实现同比正增长的主要经济体，并预测2021年中国GDP同比增长将达到8.2%。

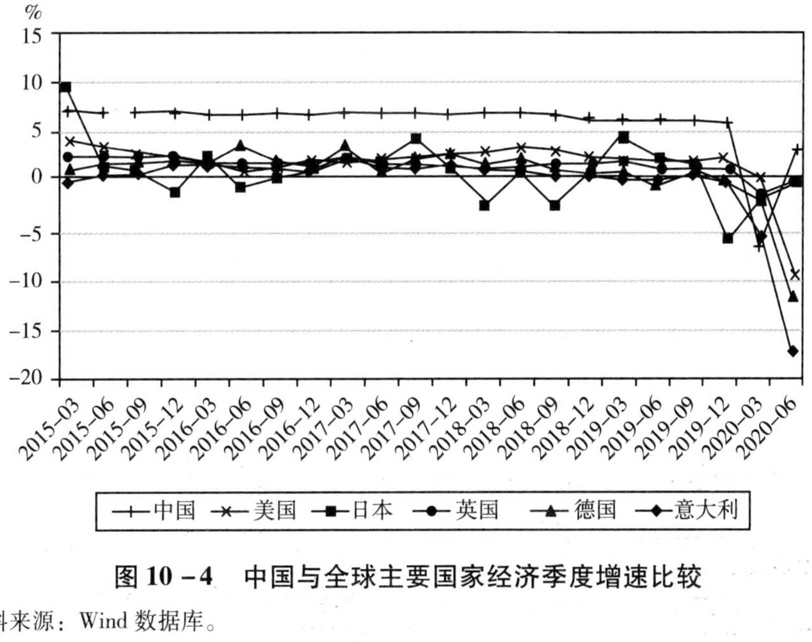


**图10－4　中国与全球主要国家经济季度增速比较**

资料来源：Wind数据库。

### （二）就业平稳，社会稳定

从就业情况看，中国国家统计局2020年3月16日发布的数据显示，2020年1月和2月中国城镇调查失业率分别为5.3%和6.2%（见图10－5）。不过从2020年上半年走势看，中国的城镇调查失业率呈现逐步下降态势，6 月城镇调查失业率已经回落到 5.7%。

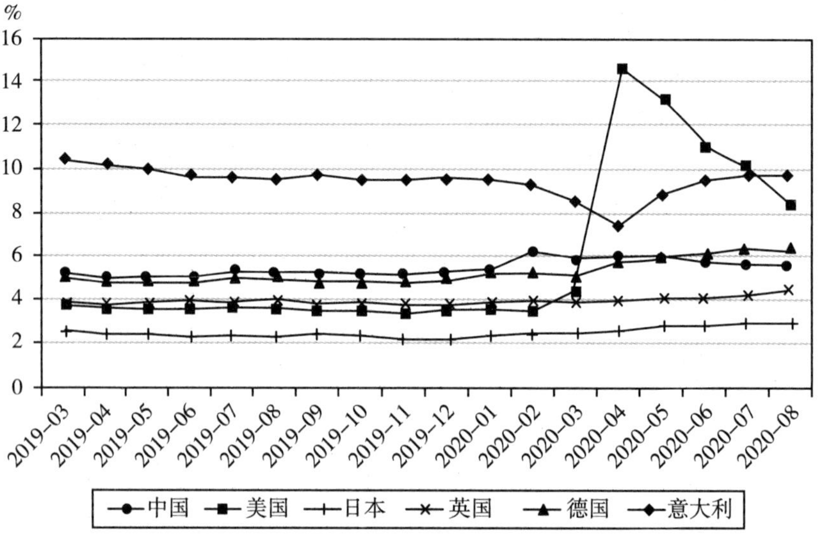


**图 10－5　中国与主要国家失业率比较**

资料来源：Wind 数据库。

## （三）消费者信息指数虽下滑，但高于同期主要经济体

从消费情况看，根据中国国家统计局发布的数据显示，2020 年 6 月中国消费者信心指数为 112.6（见图 10－6），较上月下滑 3.2 个百分点，但高于同期主要经济体。

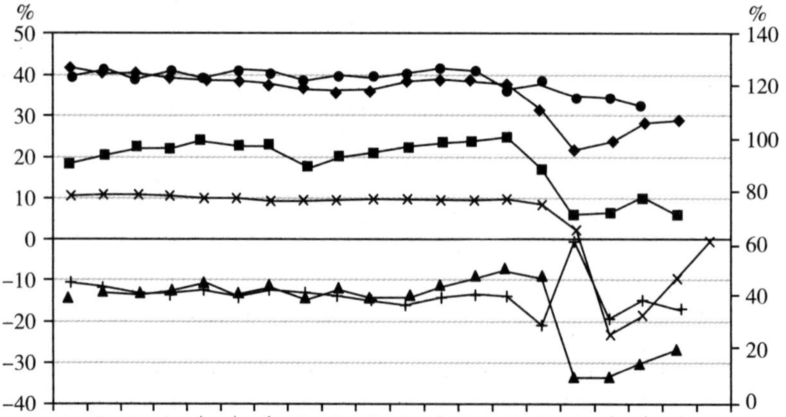


**图 10－6　中国与主要国家消费者信心指数**

资料来源：Wind 数据库。

## 三、财政运行健康稳健

### （一）以大规模财政政策对冲疫情风险

为应对新冠肺炎疫情的影响，中国以更大的政策力度对冲疫情影响。

一是适当提高赤字率。2020 年，中国将财政赤字率从 2.8% 提高至 3.6% 以上，赤字规模比 2019 年增加 1 万亿元，达到 3.76 万亿元。

二是适度加大政府债券发行力度，增加政府投资，对冲经济下行压力。2020 年，中国安排地方政府专项债券 3.75 万亿元，比 2019 年增加 1.6 万亿元。同时发行 1 万亿元抗疫特别国债。发行抗疫特别国债是中国在新冠疫情这一特殊时期的特殊举措，是在抗击疫情的特殊情况下实行的特定政策性支持。为了充分发挥好抗疫特别国债的作用，中国明确提出 1 万亿元抗疫特别国债将全部转给地方，并建立特殊转移支付机制，让资金直达市县基层、直接惠企利民，资金将主要用于保就业、保基本民生、保市场主体，包括支持减税降费、减租降息、扩大消费和投资等。

三是加大减税降费力度，对冲企业经营困难。在继续执行 2019 年出台的下调增值税税率和企业养老保险费率等的同时，强化阶段性政策，出台实施支持疫情防控保供和复工复产的税费政策并延长执行期限，延缓小微企业、个体工商户所得税缴纳，延长阶段性减免社保缴费政策。预计全年为市场主体新增减负超过 2.5 万亿元。在货币政策方面，中国并没有像欧美经济体那样出台大规模资产购买计划，甚至实施无限量化宽松，而是通过让稳健的货币政策更加灵活适度，综合运用多种货币政策工具有效应对疫情冲击。具体来说，2020 年以来，中国央行通过 3 次降准共释放了 1.75 万亿元长期资金，以及三批次共 1.8 万亿元再贷款再贴现额度，为实体经济注入流动性。

### （二）赤字增幅相对温和，债务可控

在各国财政赤字不同程度上升之时，中国赤字率增幅相对温和。具体来说，2020 年，中国的赤字率将达到 11.23%（见图 10－7），较 2019 年上升 4.86 个百分点。

各国政府债务规模大幅增加，而中国政府债务率相对稳健。根据 IMF 公布的数据显示，2020 年中国政府债务率的上升幅度略高于德国，低于美国、英国、意大利与日本。具体来说，2020 年，中国政府债务率将达到 64.94%（见图 10－8），较 2019 年上升 10.55 个百分点。

根据中国财政部 2020 年 8 月 6 日发布的《2020 年上半年中国财政政策执行情况报告》显示，收入方面，2020 年上半年，全国一般公共预算收入 96176 亿元，同

比下降 10.8%。其中，疫情冲击导致税基减少，以及为支持疫情防控保供、企业纾困和复工复产采取减免税、缓税等措施，拉低收入增幅 10 个百分点。

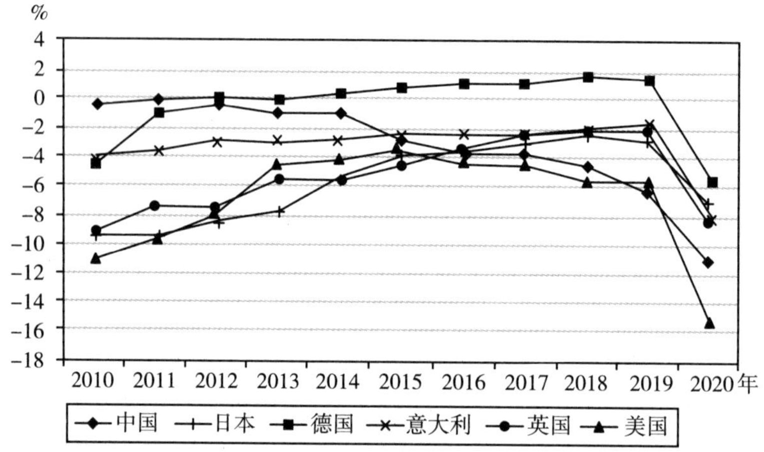


**图 10－7 中国与主要国家赤字率比较**

资料来源：Wind 数据库。

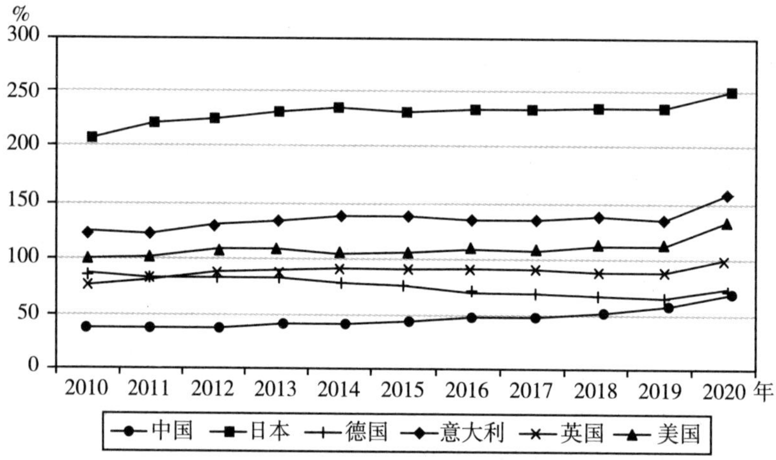


**图 10－8 中国与主要国家政府债务率比较**

资料来源：Wind 数据库。

由此可见，疫情冲击导致各国财政赤字不同程度上升，政府债务规模大幅增加，财政收支矛盾进一步加剧。但是，与美国、德国、日本、意大利、英国等国家相比，面对新冠肺炎疫情，中国政府迅速果断地采取措施控制疫情传播，并成为全球最早控制住新冠肺炎疫情并恢复经济的主要经济体。这使得与上述国家相比，尽管中国同样受到了新冠疫情对财政健康度的负面冲击，但是中国赤字率增加幅度相对较小，政府债务率相对稳健，财政收支矛盾相对温和，财政风险上升幅度相对偏小。

## 四、以改革为财政长期健康构建确定性

在不确定性中找到自身发展的确定性，要强化战略思维和忧患意识，通过改革防范化解发展过程中的重大风险，让改革跑赢风险、避免危机。

### （一）预防风险，减少应急

强调应急管理体系的完善是正确的，但更应强调事前的公共风险防控，减少应急事件的发生，尤其是要减少重大突发应急事件发生。对于人民健康来说，减少生病才是第一要务，治疗是迫不得已的措施。医学科研投入、人才培养、设施建设都应当以预防为中心。一国的健康水平，首先不是取决于有多少大医院和治疗技术水平有多高，而是决定于预防疾病的能力。新中国 70 年人均寿命的迅速提高，主因是预防疾病做得好，预防疾病的体制适合当时的国情。

对国家来说，加快构建公共风险管理机制，是减少公共危机的前提，也是减少公共风险对财政健康度冲击的前提。

现代社会是高风险社会，其特点是不确定性大，风险的传染性、整体性和公共性越来越强，衍生出了我们不曾完全认识的“公共风险”。公共风险是社会共同体乃至全球共同体的风险，是最需要防范的国家发展风险和人类发展风险，是国家治理也是全球治理的实质所在。

有效治理公共风险，在不确定的世界构建起我们自身发展的确定性，很重要的一点是，政府应当“嵌入”社会当中，而不是游离于社会之外来实施管控。深入社会、深入群众，引导社会、引导群众，让社会和群众参与到治理中来，有参与感、体验感，比获得感更重要。

国家治理的总目标是防范公共风险，避免公共危机。从社会治理来看，应增强社会的稳定性、和谐度以及提高社会诚信水平。就其具体目标来说是多元的，当物质财富相对充裕之后，健康安全成为第一位的目标。公共服务、公共卫生起着基础性的作用。第二个目标是秩序安全。社会舆论影响力在转型，自媒体快速发展，专家群体公信力、政府公信力下降，权威中心日渐模糊，极化现象增多。这仅仅靠着政府的管制无法应对。提升公民素质，强化社会的自组织、自管理、自约束能力已经变得十分必要且非常紧迫。公民教育以及各种公益性非政府组织的重要性日渐加大，这对社会行为的有序性具有基础性作用。第三个目标是正义安全。社会理性、社会价值观事关社会的公平正义，实质民主比形式民主更重要。公平正义缺失的社会是不安全的，也是难以发展的。社会主要矛盾变化，人民美好生活需要的重要内容就包括公平正义。法律、慈善、救济、互助、分配等都与社会公平正义紧紧地联

系在一起。要实现上述目标，社会力量必须参与进来，让群众有参与感，通过参与而产生的获得感才是可靠的，才是没有后遗症、无风险的。

### （二）严肃财经纪律，实现“过紧日子”常态化

在当前收支矛盾压力加大的背景下，应对我国的财政风险加以控制，尤其考虑到我国隐匿的财政风险，财政风险评估普遍偏低。而国际市场的评判则会充分考虑隐性赤字和隐性债务因素。我国主权信用评级被下调，将会引发财政风险和公共风险的相互强化，不利于稳定国际社会对我国的预期。当前，应借疫情冲击强调进一步强化“过紧日子”之势，大力调整优化支出结构，提升财政可持续性，为国家发展构建更大的确定性。

严格的财政纪律能够创造更大的财政空间，用于支持经济社会发展的薄弱环节，也可以用来应对充满不确定性的财政挑战和公共风险。

德国长期以来一直恪守欧盟财政契约和国内财政纪律。借鉴德国经验，我们要进一步严格财政纪律，完善财政管理框架，在中央文件和相关法律中细化“过紧日子”相关条款，将“过紧日子”常态化。通过财政“过紧日子”，倒逼各级政府和部门调整思维方式、转变职能、提升决策水平，更好地处理政府与市场、政府与社会的关系，政府管不了、管不好的事，下决心通过改革放权减轻自身负担，同时激发市场活力和社会创造力。

### （三）运用零基预算理念打破支出固化

经济下行叠加疫情影响，财政形势异常严峻，预算的大部分已被部门的惯性支出“锁定”，要实现“六稳”和“六保”，难有活钱。在此背景下，运用零基预算理念来打破支出固化，是一个很好的选择。零基预算理念最大的优势是它提供了一种全面优化财政支出的方法。零基预算是一种预算理念而非具体预算方法，其实质是基于风险的预算理念。近年来 OECD 国家运用零基预算理念削减财政支出、优化支出结构取得了很好的效果，其核心要件是“支出审查、绩效预算、风险导向、聚焦关键部门、程序控制”。

具体来说，一是在部门预算绩效管理流程中加入支出审查条款，将是否聚焦化解重大公共风险作为审查的基本依据。对部门支出开展全面审查，可以减少部门间任务的重叠和冲突，改进部门绩效目标、增强其约束性。目前我国所实施的预算绩效管理只强调了支出要重点关注的内容，并没有支出审查方面的要求。建议在预算绩效管理中加入支出审查条款，并在建立全过程预算绩效管理链条中加入“开展支出审查”和“以聚焦化解重大公共风险作为支出审查依据”等内容。二是按照“聚焦重点先行试点、形成经验全面推开”的原则开展部门支出审查。建议对中央部门

1000 亿元以上的支出项目轮流开展支出审查，5—8 年实行全覆盖。对于 1000 亿元以下的支出项目实行一定比例的抽查。在试点选择上，可以先行聚焦社会关切的重要项目和资金，如一些法定支出，以及产业发展、扶贫、公共卫生等领域的项目和资金。建议首先对有可能妨碍公平竞争、拖累市场效率的扶持企业创新和产业转型升级的资金开展跨部门支出审查。地方可比照中央的做法按各地情况实行。三是设立支出审查跨部门联合协调机制。为切实推行零基预算理念、开展支出审查，建议由人大预算部门、财政部门、审计部门等联合设立支出审查工作协调机构，协调机构办公室设立在财政部门。协调机构的主要职能包括：确定和评价各个部门的“关键活动”，建立和评估绩效指标，分析项目预算与支出，总结并提出预算安排建议；等等。同时，借鉴英国的做法，在财政部门设立成本计算部门，对公共支出领域进行定期的快速审查，为支出审查工作协调机构决策提供依据。

### （四）加快数字化转型

疫情使得我国产业形态和消费方式发生了很大变化，基于数字化技术的无人车间、无人商店、网上消费和平台型企业等蓬勃兴起，新经济形态、新商业模式不断涌现，为化解疫情冲击提供了缓冲空间。

数字化是一次技术革命，也将引发社会革命，将会彻底颠覆传统的生产、生活方式和社会结构。数字化生存是现代社会转型和国家转型发展的基本特征。此次疫情冲击反映出，我国数字化转型增强了经济的韧性，抗风险的能力也更强。经过此次疫情的洗礼，以人工智能、5G 应用、万物互联等数字技术为基础的新业态、新模式和新经济将迎来新的发展机会。经济数字化与传统经济一个重要差别是更强调“人”的发展，而不是“物”的发展。此次疫情，倒逼更适应数字社会和数字经济的工作方式、消费方式和商业模式不断涌现，这对推动经济的高质量发展有深远意义。

相比于经济数字化，我国数字化运用的短板是政府部门，国家治理的数字化基础设施明显滞后，数字技术没有成为应对公共风险的有效手段。在这次疫情抗击中充分暴露出数字化基础设施的不足，制约了政府能力。数字税已经在部分发达国家开征，数字财政、数字政府、数字治理将是国家数字化中的应有之义。这也是治理现代化和国家竞争力的新基础。经过这次疫情冲击，我国应当趁势而上，加快政府数字化进程，尤其在生物安全和健康领域，补上这块短板。

**本章参考文献**

1. 刘尚希．公共风险论［M］．北京：人民出版社，2018.

2. Taylor A，COVID－19 relief pushes U. S. budget deficit to a record $3. 1T，2020－10－9，https：//apnews. com/article/virus－outbreak－business－economy－2bcc6fc65429d957b7f8275b2203f76d.

3. CBO, The 2020 Long – Term Budget Outlook, https://www.cbo.gov/publication/56598.

4. Jeff Stein, U.S. government debt will nearly equal the size of the entire economy for first time since World War II, CBO finds, September 3, 2020, https://www.washingtonpost.com/us – policy/2020/09/02/government – debt – economy – coronavirus/.

5. DREW DESILVER, The U.S. budget deficit is rising amid COVID – 19, but public concern about it is falling, AUGUST 13, 2020, https://www.pewresearch.org/fact – tank/2020/08/13/the – u – s – budget – deficit – is – rising – amid – covid – 19 – but – public – concern – about – it – is – falling/.

6. ロイター，米経済、完全回復なお遠い　下方スパイラルの恐れも = FRB 議長，2020 年 10 月 6 日，https://jp.reuters.com/article/usa – fed – powell – idJPKBN26R2U1.

7. Jon Hilsenrath，トランプ氏の経済政策、コロナ前後で評価は?，2020 年 10 月 16 日，https://jp.wsj.com/articles/SB11558895924352213554804587039093370467520.

8. MF, World Economic Outlook Update, June 2020: A Crisis Like No Other, An Uncertain Recovery, https://www.imf.org/en/Publications/WEO/Issues/2020/06/24/WEOUpdateJune2020.

9. Statistics Bureay of Japan, Implementation of Regular Surveys Taking into Consideration Countermeasures against the Novel Coronavirus Disease (COVID – 19).

(Labour Force Survey, Family Income and Expenditure Survey, Retail Price Survey).

http://www.stat.go.jp/english/info/covid – 19/index.html.

# 附录
# 财政健康度相关指标简介

财政的健康稳定运行是政治、经济和社会稳定的压舱石，科学系统地衡量国家或地区的财政健康度，国际组织已有一套成体系的方法。本附录选取穆迪国级评级的主权评级方法、惠誉国际评级的主权评级方法、OECD 的幸福指数三套指标体系进行简单介绍。

## 一、穆迪主权评级方法

穆迪 2019 年 11 月更新的主权评级方法中，解释了评估全球主权国家信用风险的一般方法，包括定性和定量因素。穆迪利用计分卡（scorecard）进行总体评级，在大多数情况下，计分卡用来大致了解主权评级领域的信用概况，并以概要的形式解释主权债务评级时通常使用的许多最重要因素，计分卡中的指标可以使用历史或前瞻性数据进行评估，也可以同时使用两者。

评级方法还讨论了其他评级考量因素，这些因素在计分卡之外进行评估，通常是因为该因素的信用重要性在被评估者之间存在很大差异，或者该因素只在特定情况下对一部分被评估者重要。因此，计分卡显示结果与实际评级之间会有些差异。

穆迪分九部分对主权评级方法进行了介绍，包括评级方法的使用范围、主权评级概览、穆迪主权债务评级的总体方法、计分卡框架、计分卡指标的讨论、未在计分卡中充分反映的其他评分考量、发行级和工具级评级的分配、方法的假设、限制因素。

穆迪的方法适用于全球主权政府，主权国家是指一个国家的最高一级政府，即中央政府，穆迪也用这种方法对中央银行进行评级。主权债务被用来为政府运作提供资金。大多数国家发行债券、票据和票据的组合，其债务结构基于资本市场深度、市场条件和政府偏好。在全球绝大多数债务资本市场上，各国政府是最大的借款人，它们的信用状况为其他债券发行者提供了基准。

主权国家拥有行政权，包括承担债务。主权国家与其他债务人有许多不同之处。这些特征包括：（1）主权国家控制支出或增加税收以偿还未偿债务的能力；（2）没有更高的权力迫使解决债务；（3）即使在发生违约事件后，国家存活的可能性也很高，也就是说，国家很少会消失。

穆迪评级方法的记分卡包括四个因素：经济实力、制度和治理实力、财政实力、对事件风险的敏感性。一些因素包括二级指标和三级指标。记分卡是面向发行者评级的。记分卡显示的结果为字母数字评分表，每级字母分三个刻度。分配的评级是在穆迪 21 点评级表上表达的，通常但不总是在三个刻度的范围内。穆迪主权债务评级总体方法流程分为五个步骤：第一步根据经济实力、制度和治理实力两个因素得出经济弹性，第二步根据经济弹性、财政实力推导出政府融资实力，第三步根据政府融资实力和风险易感性得出计分卡结果的大致范围，第四步加入其他评级考量，第五步得出最后的发行级和工具级评级。经济实力包括三个二级指标，分别为增长力度、经济规模、国民收入。增长力度下有两个三级指标，分别为平均实际 GDP 增长和实际 GDP 增长的波动性；经济规模的衡量指标是名义 GDP；国民收入的衡量指标是人均 GDP。

制度和治理实力包括两个二级指标，分别为制度的质量、政策有效性。制度的质量下有两个三级指标，分别为立法和行政机构的质量、公民社会有司法的力量；政策有效性下设两个三级指标，分别为财政政策有效性、货币和宏观经济政策的有效性。

财政实力包括两个二级指标，分别为债务负担、债务负担能力。债务负担下设两个三级指标，分别为全国政府债务/GDP、全国政府债务/收入；债务负担能力下设两个三级指标，分别为全国政府利息支付/收入、全国政府利息支付/GDP。

风险易感性包括四个二级指标，分别为政治风险、政府流动性风险、银行业风险、外部脆弱性风险。政治风险包括国内政治风险和地缘政治风险；政府流动性风险包括资金的易得性和再融资风险；银行业风险包括两个三级指标，分别为银行业信贷事件的风险、国内银行资产总额/GDP；外部脆弱性风险未设三级指标。

## （一）经济实力

经济的内在实力是衡量主权国家应对冲击的弹性的关键指标。主权国家产生足够的收入以偿还中期债务的能力依赖于持续的经济增长和繁荣，以及财富和积累。在过去的主权违约中，经济疲软（无论是突然而严重的，还是较为温和但持续时间较长）一直是决定性因素之一。外部竞争力的削弱也是违约风险的指标之一，其原因或者是重大贸易冲击，或者通过逐渐侵蚀，导致出口收入的损失。大型、多样化、灵活的经济体比小型、集中、不灵活的经济体更能适应经济冲击。

过去的主权违约通常发生在严重持续经济压力的背景下，这强调了主权经济实力对于降低违约可能性的重要性，尤其是在发生不利冲击，以及严重或长期的经济低迷时，这一因素包括三个二级指标。

1. 增长力度。经济增长水平低或不稳定，如果持续数年，就会扩大债务偿还的挑战，并使沉重的债务负担难以为继。长期的低增长通常意味着在解决经济增长的内部或外部结构性制约因素方面存在挑战，长期低增长还会减少进行经济和财政改革的余地，这些改革往往涉及用短期经济成本换取较长期的经济和财政收益。而经济强劲持续增长的主权国家通常更有能力实施有利于债务信用的改革，保持有力的预算绩效，管理较大的债务负担，或扭转因国内或外部冲击造成的债务比率上升。此外，波动的高速增长会削弱财富创造和竞争力，降低经济承受冲击的能力，降低政府寻求稳定、可预测政策的能力。

增长力度用以下两个三级指标来衡量：（1）平均实际国内生产总值（GDP）增长。穆迪以 10 年平均值为基础，计算或估计实际国内生产总值（GDP）的平均增长水平，包括最近 5 个报告年度的平均值和对接下来 5 年增长的估计。（2）实际 GDP 增长的波动性。穆迪根据最近 10 年实际 GDP 增长水平的标准差来计算或估计实际 GDP 增长的波动性。

2. 经济规模。规模是衡量一国经济多样性和复杂性的重要指标，极大地影响其抵御冲击的能力，进而影响主权国家产生稳定收入流以偿还债务的能力。例如，一个非常小的国家具有竞争力，但风险敞口集中于少数部门，可能会受到经济突变的影响，损害主权国家从经济内部筹集收入的能力，从而损害其信用。更大、更多样化的经济体通常对冲击更有弹性，意味着政府产生稳定收入以支持未偿还债务的能力更大。

经济规模用名义 GDP 来衡量，穆迪使用最新报告的年度名义国内生产总值，按市场汇率以 10 亿美元计。

3. 国民收入。从与人口规模相关的产出中捕获的收入，是主权国家创收潜力的进一步指标。穆迪使用购买力平价（PPP）来衡量人均收入，因为它提供了不同国家和货币情况下，与人均收入相关的购买力水平的更大可比性。高收入通常与低违约风险密切相关。收入越高，通常意味着抵抗经济或财政冲击的能力越强。收入也可以作为衡量一国经济实力其他特征的指标，包括一国经济内部的基本竞争力，例如劳动力和资本的可用性和质量。

国民收入用人均 GDP 来衡量，穆迪使用最新估计的年终人均国内生产总值（购买力平价），以美元计算。对于没有估计相对价格水平的国家，使用未经价格水平调整的人均 GDP 作为替代。

## （二）制度和治理实力

制度和治理的实力是主权信用的重要决定因素，影响对投资者至关重要的法律和监管环境的可预测性和稳定性。制度和治理是政府偿债意愿的有力信号，影响到主权国家制定和执行经济、财政和货币政策的能力和意愿，以支持增长、社会经济稳定和财政可持续性，从而保护债权人的长期利益。

穆迪国家的制度和治理框架的定义是广义的，包括所有参与规则和规范的形成、执行以及政策制定过程的国家和非国家行为体。政府机关彼此之间相互制衡，容许对政策和其他公共行动进行仔细审查，并从公众的意见中获得信息，也是国家制度和治理框架的一部分。

制度弱点和主权债务违约之间有明显的联系，部分原因是政府支付意愿减弱，但也因为制度上的弱点放大了其他信贷弱点，例如结构性增长挑战或影响主权国家支付能力的巨额债务累积。该因素包括以下两个二级指标。

1. 制度的质量。主权国家制度质量的核心方面是立法和行政机构的质量、民间社会和司法的力量。

透明、可预测和健全的立法和行政机构是主权信用状况强弱的重要推动因素。在立法和执法机构薄弱，法律、法规和社会规范的制定和执行不可预测、不透明和不可靠的情况下，主权债务投资者的地位就会相应地更加不确定，信用风险也会更高。在这种环境下，行政和立法能力往往较弱，对增长、债务和投资者信心产生长期负面影响。

司法部门以及更广泛的民间社会的力量也很重要，因为这些机构可以对国家的立法者或行政部门起到制约作用。它们执行法治、控制腐败并加强规范，通常会保护债权人利益，并支持有效决策。

当一般执法环境薄弱时，治理机制的效率通常较低，对法治的遵守程度也较低，社会规范更加不确定，从而削弱营商环境的整体实力，包括还款文化。

2. 政策有效性。国家机构设计和执行政策，以增强经济和财政实力的意愿和能力，是主权信用状况的重要方面。缺乏政策稳定性或政策立法能力较弱的主权国家通常会表现出较大的经济惰性，并且更难以适应变化或冲击，这一考量适用于所有发展阶段的经济体。例如，立法和行政机构质量建设不足的新兴经济体，在设计和实施多年期经济和社会计划方面，更普遍地说，在释放国家增长潜力方面会面临困难。同样，在发达经济中，由于缺乏协商一致意见、社会经济政策的设计不稳定或立法程序的复杂性和僵化而造成的改革惰性，可能会降低其对竞争力减弱和其他结构性挑战的适应能力。

穆迪对政策有效性的评估主要集中在两个核心方面，即财政政策有效性、货币和宏观经济政策的有效性。有效的财政政策支持中期债务可持续性，在经济扩张时期创造财政能力，使一国能够在不永久损害政府信贷质量的情况下，经受住不可避免的周期性衰退、或有负债变现等可预见的财政挑战。长期维持正面债信的财政政策能力也可以支持投资者信心，从而提高债务负担能力。投资者通常非常重视公共债务的可持续性，因为这表明政府没有足够的财政实力来履行其社会经济职责或保护经济不受冲击，可能会削弱企业信心和投资。

通过稳健的货币和宏观经济政策预防和纠正宏观经济失衡，是支持长期可持续经济增长的关键。即使在最发达的经济体内，宏观经济失衡也会加剧，随着时间的推移会削弱竞争力，损害社会凝聚力。根据一国经济发展的阶段和一国经济模式的基本特征，宏观经济失衡可以表现为多种形式，包括通胀上升、汇率和投资流入波动、经常账户赤字高企、不可持续的外债和资产价格泡沫。

### （三）财政实力

主权国家的财政实力是其债务负担可持续性的直接指标。持续的财政失衡往往导致杠杆率上升和债务负担能力恶化，最终使主权国家更容易受到金融冲击的影响，并面临无法履行债务的风险。“财政实力”的评估包括两个二级指标，每个二级指标下有两个三级指标。

1. 债务负担。这个二级指标有两个三级指标：一是主权债务相对于 GDP 的比例，即相对于经济规模的比例；二是主权债务相对于政府整体收入的比例，即主权国家基于其实际收入的偿债能力。相对于国内生产总值（GDP）较高的债务水平限制了主权国家为经济提供财政支持的能力，特别是在经济或金融紧张时期，从而抑制了经济的增长前景。

高债务负担往往是由持续不断的财政不平衡的积累造成的。除了反映这种传统财政弱点之外，高债务水平也可能是承担或有负债的结果（例如金融机构或国有企业的资本化），或者是由本币贬值和外币计价债务存量共同推动的债务存量调整引起的。两个三级指标的公式如下：

全国政府债务/GDP：分子是全国政府债务总额，分母是名义 GDP。

全国政府债务/收入：分子是全国政府债务总额，分母是全国政府收入。

2. 债务负担能力。这个二级指标是关于国家的偿债能力，也包含两个三级指标。第一个三级指标是全国政府利息支付占全国政府收入的比例，表示一国政府的偿债负担在其创收能力范围内的程度。以下三个变量影响该指标的数值：（1）债务负担能力的驱动因素是债务负担本身，债务存量相对于GDP的比重越大，债务负担能力越低；（2）债务利息支付所使用的利率，反映了债权人以较小或较大的风险溢价为政府赤字融资的意愿；（3）主权国家通过预算产生的收入，收入的价值越低，可用于支付利息的资金就越少。

全国政府利息支付占收入的高比重意味着需要将收入的很大一部分用于支付利息，从而挤占其他类型的支出。主权债务负担能力越低，偿还债务的社会成本就越高。偿债带来的不可持续的高社会成本，随着时间的推移，可能会削弱主权国家偿债的能力，并最终削弱其偿债的意愿。

第二个三级指标是全国政府利息支付占GDP的比重，该指标将分析范围从对财政收入满足政府偿债要求的直接能力，扩展到国民收入和产出满足政府偿债要求的更广泛能力。两个三级指标的公式如下：

全国政府利息支付/收入：分子是全国政府利息支付，分母是全国政府收入。

全国政府利息支付/GDP：分子是全国政府利息支付，分母是名义GDP。

3. 在记分卡上评估。二级指标债务负担和债务负担能力的评估使用全国政府层级的债务和财政指标。穆迪定义的全国政府债务的通常口径包括中央政府、省级（大区）政府、地方（市级）政府的债务，以及独立于中央政府的社会保障体系的债务。穆迪的计算或估计包括央行持有的政府债务，但通常不包括央行的债务。

穆迪通常在上述层级上划定口径，以反映观察到的中央和下级政府之间的高度相互依赖，以及收入来源和使用的重叠。在没有足够的报告数据来计算或估计全国政府债务口径的情况下，穆迪通常在数据可用性允许的范围内计算或估计该因素的指标，并评估因素核心指标之外与财政状况相关的任何信贷影响。还可以在中央政府层面计算或估计这一因素的度量标准，因为中央政府不存在来自较低层政府的溢出风险，或者溢出风险非常有限。如果有社会保障体系的话，会与之合并。例如，在财政责任划分非常明确和可信的联邦制度的少数情况下，穆迪可能只把评估的重点放在中央/联邦政府的财政上。

## （四）风险的易感性

在得出政府财务实力结果后，穆迪考虑主权国家对事件风险的敏感性，该因素只会降低政府财务实力的结果。对可能严重影响经济或制度，或导致公共财政紧张的突发极端事件的敏感程度，是衡量一国主权信誉度的重要指标。事件风险是多种多样的，通常包括国内政治和地缘政治风险、政府流动性风险、银行业风险和外部脆弱性风险四个二级指标。

1. 政治风险。来自国内政治或地缘政治的政治风险，可能会增加主权国家违约的可能性。具有挑战性的国内政治环境如政治不稳定，社会不满情绪高企或上升，宗教、种族或社会分裂，会对决策的稳定性和可预测性构成挑战，在更极端的情况下会导致内战和经济混乱。地缘政治风险还可能威胁经济、制度和财政稳定。例如，主权国家的信用状况可能受到外交政策好战的邻国尚未解决的政治或军事问题的影响。国与国之间的紧张局势升级，或由于他国干预可能丧失主权，都会对主权国家的信用造成压力。

2. 政府流动性风险。政府的流动性风险是衡量政府是否有能力履行其全部偿债义务的重要指标，特别是与偿债有关的偿债义务。政府流动性风险的核心方面是获得资金的难易程度。多数主权国家的现金流为负，每年都出现财政赤字。各国通常每年都有大量到期债务需要偿还或再融资。相对于再融资需求，各国通常拥有数量有限的高流动性、高质量资产，因此各国在一贯可靠的基础上获得新资金的能力是评估政府流动性的核心。即使那些在获得资金方面记录良好的国家，在获取资金时也对内外部态势非常敏感。

穆迪对政府流动性风险的评估基于前瞻性，在力所能及的范围内，考虑了可能阻碍获取流动性的事件。穆迪使用了情境分析评估二级指标，并考虑可能的资金来源，主权国家通常向不同类型的债权人借款。政府借款通常在国内信贷和资本市场发行债务，但也会在国际市场发行债务，一些政府还利用贷款市场或直接从商业银行借款。官方部门的贷款，包括来自双边贷款机构（国家）和超国家机构的贷款，是新兴经济体和前沿市场的另一个常见融资来源，其利率通常低于其他类型的贷款。在特殊情况下，当政府积累了大量的金融资产储备如主权财富基金时，各国也将能够依赖资产减值。

3. 银行业风险。由于银行在经济中扮演着至关重要的角色，系统性银行危机往往伴随着公共债务的实质性累积，原因是深度衰退、银行纾困或经济上代价高昂的债务重组造成的收入损失。系统性银行危机往往会阻碍或有时停止信贷供应，并妨碍政策效力，从而导致或加剧经济混乱。随之而来的经济危机也会对政府的营收产生不利影响。

4. 外部脆弱性风险。外部脆弱性风险是主权国家获得或偿还以外币计价融资能力的重要指标。经济依赖资本流入来支付进口款项和偿还外债。当风险偏好减弱时，投资者往往会调整其投资组合，减少对最依赖资本流入的经济体的投资，尤其是那些储备缓冲较低的经济体。反过来，资本流入的减少会侵蚀官方外汇储备，从而进一步抑制资本流入，使货币贬值，挑战支付外汇的能力。

## 二、惠誉主权评级标准

2020 年 4 月，惠誉国际评级更新了其主权评级标准，包括对主权债券发行者和发行机构的新评级和现有评级的标准。惠誉对主权评级的计算反映了惠誉专有主权评级模型（SRM）和定性覆盖模型（QO）的结合。

主权发行人违约评级（IDRs）和债券评级是对发行者及时全额对私营部门债权人履行债务义务的能力和意愿的前瞻性评估。主权国家被分配了两种 IDR，本地货币（LC）IDR 反映了以主权货币发行和支付的债务违约的可能性，而外币（FC）IDR 是对以外币发行的债务的信用风险的评估。这些标准适用于新的和现有的主权发行人和发行评级。

支付意愿和能力。惠誉对主权信用风险分析的方法是定量和定性判断的综合，捕捉到主权国家履行其债务义务的意愿和能力。主权国家的活动和政策行动对整个国家经济的表现产生深远的影响，也受到其经济表现的影响，而经济表现又影响到主权的信誉。

分析支柱。惠誉的主权评级分析方法是通过对以下四个分析支柱的评估，得出主权信用等级：一是结构性特征，是指使经济更多或更少易受冲击的特征，包括金融部门带来的风险、政治风险和治理因素；二是宏观经济表现、政策和前景，包括增长前景、经济稳定以及政策的一致性和可信性；三是公共财政，包括预算平衡、公共债务和财政融资的结构和可持续性，以及或有债务具体化的可能性；四是外部资金，包括经常账户平衡和资本流动的可持续性，以及外债（公共和私人债务）的水平和结构。

支柱的权重。结构特征通常在评级决策中占据最高权重，反映了其对主权信用的重要性，在主权评级模型中占权重最高的地位证明了这一点。其他三个支柱的权重通常较低但是可变的，特别是在危机情况下。

主权评级模型。惠誉采用其主权评级模型作为分配主权评级的起点。主权评级模型复制了评级标准的主要元素，并生成一个根据长期外币发行人违约评级量表校准的分数。主权评级模型是多元回归评级模型，而不是默认概率模型，使用了包括历史、当前和前瞻性数据的 18 个关键变量。

定性叠加。认识到没有一个定量模型能够完全捕捉到对主权信誉度的所有相关影响，惠誉采用前瞻性的定性叠加，来调整单个评级中未反映或未完全反映在主权评级模型结果中的因素。定性叠加包括一个应用于主权评级模型结果的刻度调整系统，上述的四大分析支柱的刻度调整范围为 +2/ -2，每次评级的总体刻度调整范围为 +3/ -3，特殊情况会在标准中进行解释。惠誉评级标准及流程如附表 1 所示。

**附表 1**

## 惠誉主权评级指标简表

| | 分析的支柱 | | | | |
|---|---|---|---|---|---|
| | 结构特征 | 宏观经济表现、政策和前景 | 公共财政 | 外部融资 | 产出/刻度调整 |
| 主权评级模型（SRM）<br>基于 18 个关键变量的回归时间点评级模型，旨在精确塑造惠誉主权评级标准。 | 1. 治理指标<br>2. 人均 GDP<br>3. 占世界 GDP 的份额<br>4. 违约或重组事件发生后的年数<br>5. 广义货币供应量 | 1. 实际 GDP 增长波动率<br>2. 消费物价通胀<br>3. 实际 GDP 增长 | 1. 政府总债务/ GDP<br>2. 全国政府利息（占收入的%）<br>3. 全国政府财政余额/GDP<br>4. 外币政府债务/全国政府债务 | 1. 储备货币的灵活性<br>2. 主权国家外国资产净额（占 GDP%）<br>3. 大宗商品依赖度<br>4. 外汇储备（能支付经常性外部开支的月数）<br>5. 外部利息偿付（占经常账户收入的%）<br>6. 经常账户余额 + 外国直接投资（占 GDP 的%） | 长期外币发行人违约评级等值分数<br>↓ |
| 定性叠加（QO）<br>对未明确包括在主权评级模型中的主要标准因素提供主观评估的前瞻性调整框架 | 1. 政治稳定和能力<br>2. 金融行业风险<br>3. 其他结构因素 | 1. 宏观经济政策的公信力和灵活性<br>2. GDP 增长前景（五年）<br>3. 宏观经济稳定性 | 1. 财政融资灵活性<br>2. 公共债务可持续性<br>3. 财政结构 | 1. 外部融资的灵活性<br>2. 外部债务可持续性<br>3. 面对冲击的脆弱性 | +3 to −3a<br>↓ |
| 潜在定性叠加刻度调整 | +2 to −2 | +2 to −2 | +2 to −2 | +2 to −2 | |
| 最终评级结果 | | | | | 最终长期外币发行人违约评级 |

## （一）主权评级模型

惠誉采用其主权评级模型作为该机构主权评级的起点，主权评级模型生成一个根据长期外币发行人违约评级量表校准的得分。它是一个评级模型，而不是违约概率模型，并结合了历史、当前和前瞻性数据。

1. 模型设计与推导。惠誉主权评级模型（SRM）是通过对2000—2018年所有适配评级主权国家的经济和金融变量集应用普通最小二乘法（OLS）估算出来的。SRM中包含的变量是基于其主权信用的基本原理、符号（+/-）与经济理论的一致性以及统计数据的指导。该模型使用经验数据，允许非常有限的判断分析输入（在初始校准之后），旨在提供一个透明、连贯的框架，用于比较不同地区和不同时间的主权国家。每年对OLS回归进行重新估计和审查，以将额外的数据纳入估计期间，并检验新的潜在变量，确保SRM的发展符合惠誉的评级标准。

2. 模型变量。SRM是使用了18个变量的多元回归模型，惠誉对经常账户和财政平衡等更加动态的变量采用集中3年平均值（因此纳入了惠誉对本年度的预测），以缓和波动对结果的影响。惠誉用来确定单个变量权重的系数在附录2中也有提及。

SRM中使用的18个变量来自一系列来源，包括主权发行方本身、国际清算银行、国际货币基金组织和世界银行。尽管某些数据点的可用性可能因地区和单个主权国家的不同而有所不同，但每次评级审查都会更新这些数据，至少每季度更新一次。

SRM的结构使用四大分析支柱，模型中这些支柱的权重由模型本身而不是通过分析干预来确定，并接受定期审查，如附表2所示。

**附表2　　主权分析支柱－主权评级模型权重**

| 分析支柱 | 结构特征 | 宏观经济表现、政策和前景 | 公共财政 | 外部资金 |
|---|---|---|---|---|
| 主权评级模型权重（%） | 53.7 | 10.9 | 18.0 | 17.4 |

提供这些权重只是解释说明，不涉及主观判断，也不用于估计系数或估计给定主权的模型结果。相反，它们是由标准化系数推导出来的，而标准化系数又是由在标准化数据上运行的完全等价的OLS回归推导出来的。当使用系数来计算SRM结果时，权重作为辅助项来辅助解释。它们直观地表明，预测评级的变化有多少可以用给定变量或一组变量的变化来解释。

3. 模型结果和应用。SRM的结果是一个按惠誉长期评级标准校准的分数，并与主权发行机构预测的长期外币发行人违约评级线性对应（见附表3），惠誉的主权分析师将SRM的结果作为评级过程的起点。

**附表3　　惠誉评级定量表**

| 长期外币发行人违约评级 | 主权发行人违约评级得分 |
|---|---|
| AAA | 16 |
| AA + | 15 |
| AA | 14 |
| AA – | 13 |
| A + | 12 |
| A | 11 |
| A – | 10 |
| BBB + | 9 |
| BBB | 8 |
| BBB – | 7 |
| BB + | 6 |
| BB | 5 |
| BB – | 4 |
| B + | 3 |
| B | 2 |
| B – | 1 |
| CCC + | 0 |

## （二）定性叠加模型

由于惠誉认识到，没有一种定量模型能够完全捕捉到对主权信誉度的所有相关影响，该机构还采用定性叠加（QO）来调整没有反映或没有完全反映在任何单个评级的SRM结果中的因素（见附表4）。QO用于对这些不能完全纳入评级标准中，或反映在SRM中的关键因素进行主观评估，并与标准保持一致。QO是将惠誉用于评估主权信誉度的定性要素正规化。

QO本质上主要是前瞻性的，部分基于惠誉的经济和金融预测，从而补充了SRM，后者包括历史数据和前瞻性数据的混合，一年预测作为某些变量三年平均值的一部分。QO包含一个应用于SRM结果的评级调整体系，每个四大分析支柱可能的刻度调整范围为+2/-2，整体评级刻度调整范围为+3/-3，下列某些情况除外。评级委员会决定对四个分析支柱的评级进行调整，主要反映SRM中尚未捕捉到的因素，见附表4中的定性叠加因素。此外，如有但不限于下列情况，可对QO评级进行调整：(1)一些相关因素/变量不包括在SRM中，因为它们是不可量化的，例如地缘政治风险；或者因为不能将该变量合并到SRM中，例如，因为该变量不能用于所有主权，或者在估计期间统计上不重要，但仍然被认为是相关的。(2)某些变量的数据被输入到SRM中，但数据存在不确定性或存在数据缺口。数据缺口的调整通常在相关的分析支柱中进行。对数据的调整更有可能是消极的，但在某些情况下可能是积极的。(3)SRM假设变量和SRM结果分数之间有一个定义好的关系，在大多数情况下是线性的，但是，一旦变量超过了某个阈值，脆弱性水平的增加速度就会比SRM所指示的更快。这一现象的一个相关例子是主权国家的全国政府债务比率，超过一定水平的债务增加对主权信用等级的负面影响可能大于SRM中所反映的影响。(4)输入SRM中变量的值与预测期内变量可能的发展存在差异。

在某些情况下，惠誉的主权评级委员会可能会扩大整体刻度调整范围，以解决主权评级模型无法迅速调整或应对此类情况的问题。这些情况可包括但不限于：(1)处于危机状态的国家，其中可能包括严重衰退、银行业危机、获得市场融资或求助于外部官方部门融资的能力受到限制；(2)从危机中恢复的国家（如上定义）；(3)过去5年内违约并被评为“D”或“RD”级别的国家；(4)在过去5年内被降级至少一个等级（即三个刻度）的国家；(5)显示出易受未来冲击迹象的国家。

**附表4　　定性叠加因素**

| 分析支柱 | 定　义 | 刻度调整 |
|---|---|---|
| 宏观经济展望、政策和前景 | • 宏观经济政策的公信力和灵活性　包括货币和财政政策的一致性、灵活性和可信度方面的连贯和稳健 | |
| | • GDP增长前景　中期相对于同类国家而言 | |
| | • 宏观经济稳定性　就不平衡的程度、失业水平和趋势，以及对不同经济部门增长的贡献而言 | |
| | 与SRM数据和结果相关的宏观前景、政策和前景非常强劲 | +2 |
| | 与SRM数据和结果相关的宏观前景、政策和前景强劲 | +1 |
| | 与SRM数据和结果相关的宏观前景、政策和前景一般 | 0 |
| | 与SRM数据和结果相关的宏观前景、政策和前景弱 | -1 |
| | 与SRM数据和结果相关的宏观前景、政策和前景非常疲弱 | -2 |

续表

| 分析支柱 | 定　　义 | 刻度调整 |
|---|---|---|
| 公共财政 | • 财政融资的灵活性　包括：市场准入记录，能够以可持续收益率和长期限发行本币债券，偿债记录，本地资本市场的深度，获得其他可能资金（如多边）的能力，在压力情况下预期的发债能力，拥有大量主权存款/主权财富基金资源 | |
| | • 公共债务可持续性　包括债务动态的峰值和轨迹，考虑了财政框架的可信度，融资成本（包括获得优惠资金的机会），老龄化相关的财政基本收支压力，主权资产，可能会体现在主权资产负债表上的潜在或有负债的范围和性质（来自银行部门、国有企业或国际承诺） | |
| | • 财政结构　重点是收入基础的广度、收入来源的集中度/多样化，以及就当前支出而言的预算刚性水平 | |
| | 相对于 SRM 数据和结果，公共财政异常强劲 | +2 |
| | 相对于 SRM 数据和结果，公共财政强劲 | +1 |
| | 相对于 SRM 数据和结果，公共财政一般 | 0 |
| | 相对于 SRM 数据和结果，公共财政弱 | -1 |
| | 相对于 SRM 数据和结果，公共财政异常疲弱 | -2 |
| 外部资金 | • 外部融资的灵活性　反映了经济的外部资金来源的弹性和范围（国内借款人在国际市场上以可持续收益率和长期期限进入市场的记录，获得其他外部资金来源的记录，外国政府或多边机构提供的显性或隐性担保或其他形式的支持，以及流动性状况） | |
| | • 外部债务可持续性　反映可能发展的任何外部不平衡的程度，以及外债的水平、趋势和结构 | |
| | • 面对冲击的脆弱性　反映出事件有可能使外部资金结构的弱点具体化 | |
| | 相对于 SRM 数据和结果，外部资金异常强劲 | +2 |
| | 相对于 SRM 数据和结果，外部资金强劲 | +1 |
| | 相对于 SRM 数据和结果，外部资金一般 | 0 |
| | 相对于 SRM 数据和结果，外部资金弱 | -1 |
| | 相对于 SRM 数据和结果，外部资金异常疲弱 | -2 |

| 分析支柱 | 定　　义 | 刻度调整 |
|---|---|---|
| 结构特征 | • 政治稳定和能力　包括政治风险的程度、根本政权更替和/或军事冲突的风险、更广泛的地缘政治风险、政治体系应对经济和财政挑战的能力，以及支付意愿 | |
| | • 金融部门风险　正如惠誉的银行业指标（BSI）和宏观审慎指标（MPI）所示，反映了落在主权国家之上的金融部门债务风险，金融体系的稳定水平和金融部门支持经济增长的能力。当 BSI 评分持平或低于主权长期外币发行人违约评级时，评级委员会将考虑是否应在 QO 中采用下调刻度。当 MPI 得分为“2”或“3”时，可在 QO 中下调刻度 | |
| | • 营商环境和经济韧性　在吸引投资的能力、监管环境、犯罪水平和关键行业的竞争水平方面 | |
| | 相对于 SRM 数据和结果，结构特征表现异常强劲 | +2 |
| | 相对于 SRM 数据和结果，结构特征表现强劲 | +1 |
| | 相对于 SRM 数据和结果，结构特征表现普通 | 0 |
| | 相对于 SRM 数据和结果，结构特征表现弱 | -1 |
| | 相对于 SRM 数据和结果，结构特征表现异常疲弱 | -2 |

## 三、OECD 幸福指数

经合组织是一直致力于寻找超越 GDP 来衡量社会进步的最佳方式，是这一研究领域的先驱。经过 10 多年对人们生活的领域的考察，2011 年，经合组织的“幸福生活方案”（Better Life Initiative）将这项工作推向高潮，该方案侧重于开发统计数据，捕捉对人们至关重要并影响其生活质量的各个方面，以便更好地理解人民和国家福祉的动力所在，以及实现更大进步需要做什么。根据衡量“经济绩效和社会进步委员会”的建议，经合发组织确定了对福利至关重要的 11 个方面，从健康、教育到当地环境、个人安全和对生活的总体满意度，以及收入等更传统的衡量标准。该方案的两个核心产品是名为《生活如何?》（How's Life?）的报告，以及幸福指数。

幸福指数被设计为网络交互式工具，旨在让人们参与有关幸福的辩论，并由此了解对他们来说什么最重要，该工具邀请参与者根据对 11 个主题的重视程度来比较各国的福祉。幸福指数每年更新，包括新数据和衡量不平等的额外信息。《生活如何?》每两年发布一次，通过 11 个维度观察人们的物质条件和生活质量。

OECD 幸福指数创立于 2011 年，代表的是国家和财政治理的效果和水平，是一国社会运行健康度的体现，与财政健康度息息相关。“幸福指数”的目的是让人们对教育、住房、环境等对经合组织国家福祉有贡献的关键指标进行可视化的比较，人们可以根据11个主题来了解各个国家的表现（见附表5）。

为什么选择11个关于福祉的主题？自1961年成立以来，经合组织一直帮助各国政府为各国公民更好的生活设计更好的政策。最近，经济合作与发展组织（OECD）积极参与了衡量幸福的辩论。基于上述经验，这11个主题反映了经合组织认定的在物质生活条件（住房、收入、工作），以及生活质量（社区、教育、环境、治理、健康、生活满意度、安全和工作—生活平衡）方面对幸福至关重要的东西。

每个主题都有1—4个具体指标。例如就业主题基于4个独立的指标——就业率、个人收入、长期失业率和工作保障。每个指标都可以比较男性和女性的结果，并看社会和经济地位对结果有多大的影响。今后，这些反映当前物质生活条件和生活质量的指标将辅之以描述长期福祉可持续性的指标。

该指数覆盖了35个经济合作与发展组织的成员国，加上了巴西、俄罗斯、南非等主要合作伙伴。随着时间推移，该指数将扩大至涵盖经合组织的另外三个主要伙伴国——中国、印度和印度尼西亚。

OECD幸福指数指标的选择基于一些统计标准，如相关性（外观效度、深度、政策相关性）和数据质量（预测效度、覆盖范围、及时性、跨国可比性等），并与经合组织成员国进行磋商。数据大多来自官方，如经合组织、国民经济核算、联合国统计局、各国统计局。有几个指标是基于盖洛普世界民意测验的数据得出的，该测验是盖洛普组织的一个部门，定期在全球140多个国家进行民意测验。

**附表5　　OECD幸福指数主题与指标**

| 序号 | 一级指标 | 二级指标 | 单位 |
|---|---|---|---|
| 1 | 住房 | 没有基本设施的住所 | 百分比 |
| | | 住房建设开支 | 百分比 |
| | | 人均房间数 | 比率 |
| 2 | 收入 | 家庭调整后可支配收入净额 | 美元 |
| | | 家庭净财富 | 美元 |
| 3 | 就业 | 劳动力市场的易崩坏度 | 百分比 |
| | | 就业率 | 百分比 |
| | | 长期失业率 | 百分比 |
| | | 个人收入 | 美元 |

续表

| 序号 | 一级指标 | 二级指标 | 单位 |
|---|---|---|---|
| 4 | 社区 | 支撑网的质量 | 百分比 |
| 5 | 教育 | 受教育程度 | 百分比 |
| | | 学生技能 | 平均分 |
| | | 受教育年份 | 年 |
| 6 | 环境 | 空气污染 | 微克每立方米 |
| | | 水质 | 百分比 |
| 7 | 公民参与 | 利益相关者参与制定法规 | 平均分 |
| | | 投票率 | 百分比 |
| 8 | 健康 | 预期寿命 | 年 |
| | | 健康自我评价 | 百分比 |
| 9 | 生活满意度 | 生活满意度 | 平均分 |
| 10 | 安全 | 夜晚独行的安全感 | 百分比 |
| | | 凶杀率 | 比率 |
| 11 | 工作与生活的平衡 | 工作时间过长 | 百分比 |
| | | 用于休闲和个人护理的时间 | 小时 |

## （一）住房

满意的居住条件是人们生活的最重要方面之一，住房对于满足庇护等基本需求至关重要，但这不仅仅是四面墙加屋顶的问题。住房应该提供睡觉和休息的地方，使人们感到安全，有隐私和个人空间，可以培育家庭，所有元素都应有助于房子成为家。当然，人们能否负担得起适当的住房也是问题。

在住房方面，重要的是考察居住条件，例如人均房间数以及住房是否有基本设施。以住宅的房间数除以居住的人数，可以看出居住的拥挤度。过度拥挤的住房可能对身心健康、与他人的关系以及儿童的发展产生负面影响。此外，密集的居住条件往往表明水和污水处理设施供应不足。OECD 国家平均每人拥有 1.8 个房间，基础设施上，经合组织国家 95.6% 的住宅拥有私人室内冲水马桶。

住房成本占家庭预算的很大部分，如果把租金、燃气、电、水、家具和维修等因素加总的话，对许多个人和家庭来说，是最大的单项支出。在 OECD 国家，家庭平均花费其调整后可支配收入总额的 20% 左右来维持住房，住房成本在家庭预算中的比例最高是新西兰和英国的 26%，最低是韩国的 15%。

## （二）收入

虽然金钱可能买不到幸福，但它是实现更高生活水平和更大福祉的重要手段。更高的经济财富还能改善获得优质教育、医疗和住房的机会。

家庭调整后可支配收入净额是指家庭每年在纳税和获得转移支付后的收入或收益的金额，代表家庭可用来购买商品或服务的钱。家庭调整后可支配收入包括来自经济活动的收入（工资和薪金、个体企业主的利润）、财产性收入（股息、利息、租金）、现金社会福利（退休养老金、失业津贴、家庭津贴、基本收入补贴等），以及实物社会转移支付（免费或降价获得的商品和服务，如医疗保健、教育和住房）。在 OECD 成员国中，家庭调整后可支配收入净额为每年 30563 美元。

家庭净财富指的是家庭所持有的金融和非金融资产的总财富以及负债（如贷款）的净额。家庭净财富包括储蓄、货币黄金、货币和存款、股票、证券和贷款，以及主要住宅、其他房地产、交通工具、贵重物品和其他非金融资产（如其他耐用消费品）。家庭净财富是家庭经济资源的重要组成部分，可以抵御经济困难和脆弱性。例如，拥有高于平均水平财富的低收入家庭要比根本没有财富的低收入家庭富裕。在经合组织成员国中，平均家庭净财富估计为 408376 美元。

收入和财富数据考虑了生活成本，并根据购买力平价（PPPs）进行了调整，购买力平价比较各国不同的货币之间购买力的关系，反映了家庭消费可比数量的商品和服务时生活成本的差异。近年来，许多经合组织国家的家庭平均收入有所提高，金融财富也有所增加。尽管生活水平普遍提高，但仍有一些群体被甩在了后面，不平等现象在同一时期也有所加剧。在经合组织国家中，收入最高的 20% 人口的平均净可支配收入估计为每年 69477 美元，而收入最低的 20% 人口的平均净可支配收入估计为每年 11026 美元。一些经合组织国家，如澳大利亚、卢森堡和美国，收入分配的不平等程度要比其他国家严重得多。

## （三）就业

工作具有明显的经济效益，但有一份工作也有助于个人与社会保持联系，建立自尊，发展技能和能力。就业率高的社会也更富裕，政治更稳定、更健康。

1. 就业率。在整个经合组织中，年龄为 15—64 岁的劳动年龄人口中，约 68% 拥有带薪工作。就业率最高的是冰岛（86%）和瑞士（80%），最低的是南非（43%）、土耳其（52%）、希腊（53%）和意大利（58%）。受教育程度高的人的就业率通常较高。在整个经合组织中，估计有 78% 的受过高等教育的人有带薪工作，而没有受过高等教育的人估计只有 52% 有带薪工作。

尽管在过去 15 年里女性就业率稳步上升，但与男性相比，女性获得工作的可能性仍然较小。2016 年，经合组织国家平均有 60% 的女性有工作，而男性则为 76% 。性别差异在土耳其和墨西哥特别大，在加拿大、冰岛和北欧国家相对较小。妇女就业率上升的原因有的是经济和社会的结构变化，有的是诸如提供托儿设施等政策因素，这些设施使有年幼子女的母亲更容易重返工作岗位。

2. 长期失业率。失业人员是指那些目前没有工作，但愿意工作并积极寻找工作的人。长期失业会对幸福感和自我价值感产生巨大的负面影响，并导致技能的丧失，进一步降低就业能力。这种影响会持续很长一段时间，即使是在重返工作岗位之后。在整个经合组织中，失业一年或更长时间的劳动力比例目前约为 1. 8% 。

创造更多更好的就业机会是政府面临的主要挑战。就长期失业而言，经合组织成员国男女之间的平均水平没有差别。面对人口老龄化和社会支出增加，为有工作能力的人提供就业机会已成为当务之急。

3. 平均收入。工资和其他与就业相关的金钱福利是工作质量的重要方面之一。工资是大多数家庭的主要收入来源，对工资进行分析还能显示工作报酬的公平程度。经合组织成员国的人均年收入为 43241 美元，但各成员国的平均收入差异显著。美国、卢森堡和瑞士的平均收入是东欧国家、智利、哥伦比亚、希腊、匈牙利、墨西哥、葡萄牙和南非的两倍多。

4. 就业保障。就业质量的另一个基本因素是就业保障的程度，即失业时预期的收入损失、失业时间长度和能得到多少政府财政援助之间的关系。经合组织国家的失业员工平均收入会减少 7% ，面临失业高风险的员工更容易受到伤害，特别是在社会保障网络较小的国家。希腊的失业员工收入下降约 30% ，其次是西班牙约 23% ；而相比之下，冰岛、日本、卢森堡和瑞士失业员工的收入仅下降不到 2% 。

### （四）社区

人类是社会生物，与他人接触的频率以及人际关系的质量是幸福的关键决定因素。研究表明，与其他方式相比，与朋友相处会带来更高的平均积极情绪、更低的平均消极情绪。

强大的社会网络或社区，可以提供情感支持，无论是在好还是坏的时期，以及获得工作、服务和其他物质的机会。在经合组织中，89% 的人在需要的时候有可以依靠的人。男性和女性之间差别不大，90% 的女性认为自己拥有这种社会支持，而男性只有 88% 。

虽然性别对社会网络支持的影响不大，但社会支持的可得性与人们的教育水平有明显的关系。一般来说，受过高等教育的人在需要帮助时可以依靠的人比只受过初等教育的人要多。

薄弱的社会网络会导致有限的经济机会，与他人缺乏联系，最终产生孤立感。社会孤立的原因可能是家庭破裂、失业、疾病或经济困难。一旦被社会孤立，个人可能面临更大的困难，在作为有贡献的成员重新融入社会，以及实现个人工作、家庭和朋友方面的愿望方面都会面临困难。

## （五）教育

教育在向个人提供赖以有效参与社会和经济所需的知识、技能和能力方面发挥着关键作用。此外，教育还可以改善人们的健康、公民参与、政治利益和福祉等。研究表明，受过教育的人寿命更长，更积极地参与政治和社区活动，犯罪更少，对社会援助的依赖更少。

1. 受教育年份。在瞬息万变的知识经济中，教育是为生存而学习技能。但是，未来几代人需要接受多少年的学校、大学或培训学习呢？根据5—39岁的在校生人数来判断，经合组织成员国的人均教育年限为17年。人均教育年限最短的是哥伦比亚接受14年的教育，最长的是澳大利亚接受21年以上的教育。

2. 受教育程度。拥有良好的教育极大地提高了找到工作和挣足够的钱来享受高质量生活的可能性。受教育程度高的人受失业的影响较小，通常是因为他们在劳动力之中更具吸引力。终生收入也随着教育程度的提高而增加。此外，劳动力市场所需的技能越来越以知识为基础。这种需求的变化使得几乎所有经合组织国家都将中等以上学历或高中学历列为找工作的最低资格。因此，高中毕业率可以很好地反映一个国家是否让学生做好了准备，以满足就业市场的最低要求。

平均而言，经合组织中年龄为25—64岁的成年人中，有79%完成了中等以上教育，如果加上南非和俄罗斯，该比例为60%。在一些国家，情况正好相反，墨西哥和土耳其25—64岁的人口中有60%或更多没有完成中等以上教育。然而，大多数经合组织国家中，女性比男性更有可能完成高等教育或大学学位，这是对历史模式的逆转。平均来看，经合组织国家中年龄为25—64岁的女性中有39%的人接受过高等教育，而男性只有33%

3. 学生的技能。毕业率虽然重要，却与教育质量关系不大。经合组织的国际学生评估项目（PISA）审查了义务教育接近尾声的学生（通常在15岁左右）获得的一些知识和技能的程度，这些知识和技能对于全面参与现代社会至关重要，特别是在阅读、数学和科学方面。

2015年，PISA测试了来自72个国家的学生，包括经合组织国家、巴西和俄罗斯联邦。研究人员对这些学生的阅读能力、数学技能和科学水平进行了测试。研究表明，这些技能比上学或接受正规教育的年数更能可靠地预测经济和社会福祉。经合组织地区的学生平均得分为486，女孩平均得分为487，男孩为485。

在经合组织国家中，日本表现最好，平均 PISA 得分为 529，其次是爱沙尼亚 524，加拿大和芬兰均为 523。表现最差的墨西哥的平均得分为 416，最好和最差之间的差距是 113。非经合组织国家巴西和日本的差距更大，平均表现相差 134。

表现最好的学校系统设法为所有学生提供高质量的教育。例如，在加拿大、爱沙尼亚、挪威和俄罗斯联邦，无论其社会背景如何，学生往往表现优异。而在法国、匈牙利和卢森堡，社会经济背景最低的学生和社会经济背景最高的学生之间的差距超过了 115，表明学生的社会经济背景往往会对成绩产生影响。经合组织成员国中，社会经济背景最高和最低的学生在 PISA 得分上的平均差距为 82。

### （六）环境

本地生活环境的质量直接影响人们的健康和福祉。未被破坏的环境是满足的源泉，改善心理健康，使人们能够从日常生活的压力中恢复过来，以及进行体育活动。例如，能够进入绿色空间，是生活质量的重要组成部分。此外，经济不仅依赖健康、有生产力的员工，还依赖水、木材、渔业、植物和作物等自然资源，保护环境和自然资源仍然是我们这一代和后代的长期优先事项。由于消费、空气和水污染、气候、工业和贸易等方面的差异，经合组织各国家都有自己独特的环境问题。但各国也需要共同协作和努力，因为某些环境问题如气候变化和臭氧破坏等不分国界。

1. 空气污染。室外空气污染是直接影响人们生活质量的重要环境问题之一。尽管国家和国际都采取了干预措施并减少了主要污染物的排放，但在全球范围内，城市空气污染对健康的影响继续恶化，到 2050 年，空气污染将成为导致过早死亡的首要环境原因。城市中心的空气污染往往来源于交通以及木柴或煤的小规模燃烧，从长远来看与一系列健康问题有关，从轻微的眼部刺激到短期上呼吸道症状、哮喘等慢性呼吸道疾病、心血管疾病、肺癌。其中一些并发症可能是致命的，需要住院治疗，儿童和老年人会特别脆弱。

PM2. 5 是微小到足以被吸入肺最深处的颗粒物，在经合组织国家受到监测，因为它会损害人类健康并缩短预期寿命。一些经合组织国家暴露于 PM2. 5 的人口比例已经下降。然而仍有大约一半国家中 90% 以上的人口暴露在浓度高于世界卫生组织指导标准每立方米 10 微克的环境中。平均而言，经合组织国家的 PM2. 5 浓度约为每立方米 13. 9 微克。《经合组织环境展望 2050》预计，全球因接触 PM10 和 PM2. 5 而过早死亡的人数将从 2000 年的 100 多万增加到 2050 年的 350 万左右。

2. 水质。获得洁净水是人类福祉的根本。在世界许多地区，管理水资源以满足这一需求是重大的挑战，而且这个挑战还在不断增加。许多人正饱受水质不佳和数量不足之苦。尽管经合组织国家在减少水污染方面取得了重大进展，尤其是工业和城市污水处理厂等固定来源的水污染。但农业和城市污水的扩散污染仍是挑战，淡水质量的改善不易辨别。平均来看，经合组织国家中81%的人对水质感到满意。

## （七）公民参与

对政府的信任是社会凝聚力和福祉的来说至关重要。如今人们比以往任何时候都更要求政府提高透明度。谁决策、为什么决策和怎么决策？对于问责政府、维护公众对公共机构的信心、支持企业公平竞争至关重要。更高的透明度不仅是维持公营机构廉洁的关键，还有助于更好的治理。事实上，公开和透明可以通过最小化欺诈、腐败和公共资金管理不善的风险，最终改善公共服务。

1. 投票率。高投票率可以衡量公民对政治进程的参与程度。投票率是指在选举中投票的注册人口的百分比。在民主国家，高投票率是可取的，它增加了政治制度反映大量个人意愿的可能性，也增加了政府享有高度合法性的可能性。即便投票权在幸福指数所涵盖的所有国家都是普遍的，但并不是每个人都能行使这项权利。在最新的选举数据中，经合组织国家的平均投票率为68%。研究表明，受教育程度高的人比受教育程度低的人更有可能投票，老年人比年轻人更有可能投票。在大多数经合组织国家中，男性和女性的投票比例几乎没有差别，但德国男性投票率比女性高约7个百分点，爱沙尼亚女性投票率比男性高约6个百分点，据估计俄罗斯女性投票率比男性高出近8个百分点。

富裕程度也会影响投票的可能性，选民投票率通常会随着个人收入的增加而增加，据估计人口中最富有的20%和最贫穷的20%之间投票率的平均差距为13个百分点。这一差距在韩国达32个百分点，在英国达21个百分点。

选民参与是衡量公民和政治参与的现有最佳手段，原因有几个（高质量的数据、广泛的国家间可比性）。然而，这一方法并不理想，特别是由于选举体系的制度差异。尽管在一些国家，选民投票率是强制的，但它仍然是衡量公民参与程度的有用指标。

一般来说，妇女在当选代表中占少数，虽然人数在过去10年中略有增加，但仍远低于相等。在经合组织国家议会中，平均只有29%的席位由女性占据。

2. 利益相关者参与制定法规。公众参与决策可以促进政府的问责、友好的营商环境和公众对政府机构的信任。实际上，国家的法律法规包含了大量有关社会组织方式、游戏规则和政治决策的信息，如果公民能够参与这些法律法规的制定，就更有可能遵守规则。

利益相关者参与制定法规，衡量在制定主要法律和附属法规时，国家行政部门与利益相关者的接触程度。这一指标衡量了咨询方法、公开性、透明度和反馈机制等要素。该指标以两个复合指标（分别涵盖主要法律和附属法规）的简单平均值计算。

## （八）健康

良好的健康很重要，它还带来许多其他好处，包括受教育的机会和就业市场的增加、生产力和财富的提高、医疗成本的降低、良好的社会关系，当然还有更长的寿命。

1. 预期寿命。预期寿命是使用最广泛的健康衡量标准，尽管它只考虑了人们寿命的长短，而没有考虑生活质量。过去50年来，经合组织国家的预期寿命有了显著提高。经合组织国家出生时的平均预期寿命达到80岁，比1960年增加了10多年。女性的平均寿命比男性长约5年，分别为83岁和78岁。经合组织中预期寿命最高的国家是日本，平均为84岁。拉脱维亚、立陶宛和墨西哥的预期寿命最低，为75岁。巴西的预期寿命为75岁，俄罗斯和南非分别为72岁和58岁。最近的分析表明，医疗保健支出的增长促进了预期寿命的提高，但生活水平提高、环境改善、生活方式改变和教育增加等也是重要的推动因素。综上所述，这些解释了各国在预期寿命方面的差异，以及随着时间的推移而发生的变化。通过更加重视公共卫生和疾病预防，特别是在处境不利的群体中，以及通过改善医疗保健系统的质量和绩效，可以在人口健康状况和预期寿命方面取得进一步进展。

包括癌症、心血管疾病、慢性呼吸系统疾病和糖尿病在内的慢性（非传染性）疾病目前是经合发组织国家致残和死亡的主要原因。其中许多疾病是可以预防的，因为它们与可改变的生活方式有关。不吸烟、适量饮酒、积极运动、饮食均衡、不超重或肥胖的人早死的风险比那些有不健康习惯的人低得多。

2. 自我报告健康。大多数经合组织国家定期进行健康调查，允许答复者就其健康的不同方面提出报告。常见的问题“你的健康状况如何?”是收集自我感知健康状况数据的一种方式。尽管这一问题具有主观性质，但得到的答案可以很好地预测人们未来的医疗保健使用情况。在整个经合组织中，约69%的成年人认为他们的健康状况“好”或“非常好”。在加拿大和新西兰，88%的成年人报告身体健康；而在日本和韩国，只有不到40%的人认为自己的健康状况“良好”或“非常好”。文化和框架因素可能影响对这一关于健康状况的广泛问题的反应。

与女性相比，男性更有可能称自己的健康状况良好，经合组织中平均有71%的男性认为自己的健康状况“好”或“非常好”，而女性的这一比例为67%。法国、葡萄牙、土耳其和英国的差距最大。年龄和社会地位也会对答案产生影响。毫不奇怪，老年人、失业者、受教育程度或收入较低的人健康状况较差。在经合组织国家中，可支配收入最高的20%的成年人中，约有78%认为自己的健康状况“好”或“非常好”，而可支配收入最低的20%的成年人中，这一比例约为61%。

### （九）生活满意度

衡量感觉可能是非常主观的，但在比较不同国家的生活质量时，这是对更客观数据的有益补充。主观数据可以提供对健康、教育、收入、成就和社会条件的评价，而问卷调查则被用来衡量生活满意度和幸福感。

生活满意度衡量的是人们如何评价其整体生活，而不是目前的感受。当被问及对生活的总体满意度时，得分范围为0—10，经合组织成员国的平均得分为6.5。然而经合组织成员国的生活满意度并不均等，希腊、葡萄牙和土耳其等一些国家的总体生活满意度相对较低，平均得分为5.5分或更低。在排名的另一端，丹麦、芬兰、冰岛、挪威和瑞士的得分达到7.5分。

### （十）安全

人身安全是福祉的核心要素，需防范人身攻击或成为其他类型犯罪的受害者的风险。犯罪可能导致生命和财产的损失，以及身体疼痛、创伤后压力和焦虑。犯罪对人们幸福的最大影响之一是由此引起的脆弱感。

1. 夜晚独行的安全感。根据最近的数据，经合组织国家中约68%的人说他们觉得夜间独行是安全的。然而，国家之间存在着重大差异。在芬兰、挪威、斯洛文尼亚、冰岛和瑞士，85%或以上的人说他们感到安全，而在智利，这一比例略低于50%，在巴西和南非，这一比例不到40%。拉脱维亚更接近经合组织的平均水平，为62%。

2. 凶杀率。凶杀率（每10万居民中被谋杀的人数）仅代表最极端形式的接触犯罪，因此不能提供有关更典型安全条件的信息。然而，它仍是衡量一个国家安全水平的更可靠的指标，因为与其他犯罪不同，谋杀通常都要向警方报告。根据最新数据，经合组织的平均谋杀率为每10万居民3.7起谋杀案。

在大多数经合组织国家，男性的凶杀率通常高于女性，根据最近数据，男性的凶杀率为每10万人6.3人，女性为每10万人1.2人。然而，虽然男性更有可能成为凶杀受害者，但女性是家庭暴力和亲密伴侣暴力的主要受害者。欧盟警方记录的犯罪数据显示，性暴力的受害者中86%是女性。在整个经合组织成员国中，76%的男性和61%的女性在夜间独自在自己居住的地区散步时感到安全。

社会地位也会影响受害率和安全感。高收入、高学历的人通常有更高的安全感，面临犯罪的风险也更低。这可以解释为，他们可以负担得起更好的安保，较少接触青年帮派或毒品走私等犯罪活动。

### （十一）工作与生活的平衡

在工作和日常生活之间找到合适的平衡是所有员工都面临的挑战，家庭尤其受到影响。成功地将工作、家庭责任和个人生活结合起来的能力对家庭中所有成员的幸福都是重要的。政府可以通过鼓励支持性和灵活的工作方式来帮助解决这一问题，使为人父母的员工更容易在工作和家庭生活之间取得更好的平衡。

1. 工作时间过长。有证据表明，长时间工作会损害个人健康、危及安全并增加压力，花在工作上的时间过长将导致无法在工作与生活上掌握平衡。经合组织11%的员工每周工作50小时以上。到目前为止，土耳其是长时间工作人口比例最高的国家，为33%，其次是墨西哥（近29%）和哥伦比亚（近27%）。总的来说，更多的男性工作时间很长。在经合组织成员国中，工作时间过长的男性员工比例超过15%，而女性员工的这一比例约为6%。

2. 用于休闲和个人护理的时间。而且人们工作的越多，花在其他活动上的时间就越少，如个人护理或休闲。休闲时间的数量和质量对人们的整体健康很重要，可以带来额外的身心健康益处。经合组织的全职员工平均每天要花63%的时间（15个小时）在个人护理（吃饭、睡觉等）和休闲（与朋友和家人社交、爱好、游戏、电脑和电视等）上。女性从事有偿工作时间的减少并不一定会带来更多的休闲时间，因为在被研究的20个经合组织国家中，男性和女性用于休闲的时间大致相同。

## 四、三套指标体系的比较和借鉴

从上文可以看出，三套指标都能在不同程度上反映受评国的财政健康程度。穆迪的指标体系相对更加注重制度治理和风险，关于财政实力的评估更加简洁，指标总共只有四个。惠誉的指标体系更加学术化，由两个模型组成，综合了定量和定性分析，公共财政的定量和定性指标更加细致和多样，更为关注结构特征和外部融资。OECD幸福指数指标体系代表着财政治理的成果、财政投入的绩效，是社会健康度的体现，蕴含着财政社会学。社会健康度和财政健康度是互为因果的关系，如果社会治理已经达到令民众相当满意的程度，那么财政经济运行的环境也会较好，出现风险的概率低，财政需要填补的缺口少，说明财政目前和未来的健康度都会有较好的保证。

穆迪和惠誉的评级都包括中国，OECD幸福指数目前尚未包括中国，但表示未来会纳入。从上述三套指标的情况来看，如果建立有中国特色的财政健康度指标体系，可用于省级、地区级、县级、乡镇级的财政运行状况分析和比较。应当将三套指标体系加以融合，要有穆迪评级体系的寓繁于简，也要有惠誉评级体系的科学细致，还应加入 OECD 幸福指数体系的财政社会学成分。当然，设计变量和指标时，要考虑统计标准，以及数据相关性和数据质量，如覆盖范围、及时性、完整性、可用性、可比性等。指标体系应定期审查和更新，要纳入反映中国特点的变量和指标，如“克强指数”。

## 参考文献


1. Fitching ratings, Sovereign Rating Criteria, 2020 - 4.
2. Moody's investors service, Sovereign Ratings Methodology, 2019 - 11.
3. http：//www. oecdbetterlifeindex. org/countries/canada/.

# 后　记

有人称2020年为“地狱之年”，这并非毫无理由。突如其来的新冠疫情，加大了全球主要国家面临的公共卫生风险、经济下行风险与社会不稳定风险。为了应对这些风险，各国纷纷出台财政金融刺激政策降低疫情冲击。这些举措虽能在短期内降低疫情对各国经济社会的冲击，但大规模经济刺激政策引发赤字率、政府债务率抬升的后果，对各国的财政健康度带来重大冲击，这些问题非常值得我们关注。

2019年12月初，财科院党委就立项要研究主要国家财政健康度问题，而这个时候新冠疫情尚未露出端倪。财政健康，作为衡量国家治理能力和治理水平的重要指标，对于提高财政可持续性、防范化解重大风险具有重要作用，是各国政府持续关注的焦点和国家治理的重点。我们对财政健康度的定义是：财政健康度是财政应对公共风险冲击的能力指数。2020年的新冠疫情在全球肆虐，各国为了应对疫情这一重大公共风险冲击，出台了大规模的财政政策措施来对冲，恰好给我们提供了观察和评价各国财政健康度极佳的机会。从这个角度看，财科院党委立项具有先见之明。

当今世界面临百年未有之大变局，世界进入动荡变革期。现在的中国是一个成长起来的大国，利益遍布全球，风险也来自于全球。随着全球不确定性增加、全球风险加剧，要使财政与公共风险治理要求相匹配，走向现代化，必须基于全球风险治理的视角审视财政问题。基于上述背景，中国财政科学研究院外国财政研究中心更名为中国财政科学研究院全球风险治理研究中心，研究视野拓展为外国财税动态、全球风险的财政维度、财政与全球风险治理、双边与多边机制中的财政关系。全球风险治理研究中心计划倾力打造“全球风险治理专题报告”，本书是其中的第一本著作。

本书是集体研究的成果，研究团队几经讨论，数易其稿，反复打磨，方得成书。本书撰写组是一个致力于从事财政与全球风险治理研究的团队，由中国财政科学研究院刘尚希院长任顾问，傅志华副院长担任组长，李成威主任担任执行组长。团队成员和执笔分工如下：全书总撰、导论，傅志华、李成威；第一章，张晓云、李成威、于雯杰、杜崇珊；第二章，李成威、景婉博、金殿臣；第三章，李欣；第四章，张晓云、李成威、杜崇珊；第五章，李欣；第六章，于雯杰；第七章，金殿臣；第八章，刘翠微；第九章，田雅琼；第十章，金殿臣；附录，刘翠微；林琳同志参与了部分文字工作。

感谢读者对中国财政科学研究院全球风险治理研究长期以来的关心与支持，感谢中国财政经济出版社胡博编辑为本书出版付出的辛勤劳动。由于时间仓促且水平有限，不当之处在所难，敬请各位读者和老师批评指正！

**中国财政科学研究院全球风险治理研究中心**
2020 年 11 月 23 日

**图书在版编目（CIP）数据**

全球风险治理专题报告：疫情冲击下主要国家财政健康度研究/傅志华等著. -- 北京：中国财政经济出版社，2021.1
（中国财政科学研究院年度智库报告）
ISBN 978 - 7 - 5223 - 0274 - 4

Ⅰ.①全… Ⅱ.①傅… Ⅲ.①财政管理体制－研究报告－世界－2020 Ⅳ.①F811.2

中国版本图书馆 CIP 数据核字（2020）第 263872 号

责任编辑：胡　博　　　　责任印制：刘春年
封面设计：陈宇琰　　　　责任校对：徐艳丽

中国财政经济出版社 出版

URL：http：//www.cfeph.cn
E - mail：cfeph@cfeph.cn

社址：北京市海淀区阜成路甲 28 号　邮政编码：100142
营销中心电话：010 - 88191522
天猫网店：中国财政经济出版社旗舰店
网址：https：//zgczjjcbs.tmall.com
北京财经印刷厂印刷　各地新华书店经销
成品尺寸：185mm×260mm　16 开　15.75 印张　307 000 字
2021 年 1 月第 1 版　2021 年 1 月北京第 1 次印刷
定价：78.00 元
ISBN 978 - 7 - 5223 - 0274 - 4
（图书出现印装问题，本社负责调换，电话：010 - 88190548）
本社质量投诉电话：010 - 88190744
**打击盗版举报热线：010 - 88191661　QQ：2242791300**